€ 2,–

Ullstein Sachbuch

Jean-Paul Sartre

Ist der Existentialismus ein Humanismus? Materialismus und Revolution Betrachtungen zur Judenfrage

Drei Essays

Mit einem Nachwort von Walter Schmiele

Ullstein Sachbuch

Ullstein Sachbuch
Ullstein Buch Nr. 34500
im Verlag Ullstein GmbH,
Frankfurt/M – Berlin
Titel der französischen Originalausgabe:
L'Existencialisme est un Humanisme
Matérialisme et Révolution
Réflexions sur la Question Juive

Neue, durchgesehene Ausgabe

Umschlagentwurf:
Hansbernd Lindemann

Lizenzausgabe des Europa Verlags,
Zürich
Printed in Germany 1989
Druck und Verarbeitung:
Ebner Ulm
ISBN 3 548 34500 X

Juli 1989
195.–198. Tsd.

CIP-Titelaufnahme
der Deutschen Bibliothek

Sartre, Jean-Paul:
Drei Essays / Jean-Paul Sartre. Mit e.
Nachw. von Walter Schmiele. – Neue,
durchges. Aufl., 195.–198 Tsd. –
Frankfurt/M; Berlin: Ullstein, 1989
(Ullstein-Buch; Nr. 34500:
Ullstein-Sachbuch)
Enth. u. a.: Ist der Existentialismus ein
Humanismus? [Einheitssacht.:
L'existencialisme est un humanisme
<dt.>]. Materialismus und Revolution
[Einheitssacht.: Matélisme et revolution
<dt.>]. – Früher als : Ullstein-Buch;
Nr. 35001: Ullstein-Materialien
ISBN 3-548-34500-X
NE: Sartre, Jean-Paul: [Sammlung
<dt.>]; GT

INHALT

IST DER EXISTENTIALISMUS EIN HUMANISMUS?

Ich möchte hier den *Existentialismus* gegen eine gewisse Anzahl von Vorwürfen, die gegen ihn erhoben worden sind, verteidigen.

Gegen den Existentialismus erhobene Kritiken

Zunächst hat man ihm vorgeworfen, die Menschen einzuladen, in einem Quietismus der Verzweiflung zu verharren (weil, da alle Lösun=gen verbaut sind, man beachten müsse, daß Handeln in dieser Welt gänzlich unmöglich ist), und bei einer beschaulichen Weltanschauung zu landen — was übrigens, da Beschauung eine Luxushaltung ist, uns zu einer bourgeoisen Philosophie zurückführe. Dies sind vornehmlich die Vorwürfe der Kommunisten.

Die Kritik der Marxisten

Von anderer Seite hat man uns vorgeworfen, das menschlich Schmäh=liche zu unterstreichen; überall das Schmutzige, das Verdächtige und das Klebrige zu zeigen und eine gewisse Anzahl von lachenden Schön=heiten, die Lichtseite der menschlichen Natur zu vernachlässigen — so zum Beispiel laut Fräulein Mercier, einer katholischen Kritikerin, das Lächeln des Kindes zu vergessen.

Die einen wie die andern werfen uns vor, uns an der menschlichen Solidarität verfehlt zu haben, die Vereinzelung des Menschen in den Blickpunkt zu stellen — zum großen Teil übrigens, weil wir, wie die Kommunisten sagen, von der reinen Subjektivität ausgehen, das heißt von dem cartesianischen »Ich denke« — und das bedeutet nochmals: von dem Moment, wo der Mensch *in seiner Einsamkeit* zu sich kommt — was uns in der Folge unfähig mache, in die Gemeinbürgschaft mit den Menschen, die außerhalb des Ich sind und die ich in dem »Cogito« nicht erreichen kann, zurückzukehren.

Die Kritiken der Katholiken

Und von christlicher Seite wirft man uns vor, Wirklichkeit und Ernst der menschlichen Unternehmungen zu verneinen. Denn wenn wir die göttlichen Gebote und die in der Ewigkeit verzeichneten Werte unterdrückten, so bleibe uns nichts als das streng Freibleibende, da jeder tun könne, was er wolle, und unfähig sei, von seinem Standpunkt aus die Standpunkte und die Handlungen der andern zu verurteilen.

Auf diese verschiedenen Vorwürfe versuche ich heute zu antworten; deshalb habe ich dieser Darlegung den Titel gegeben: »Ist der *Existentialismus ein Humanismus?*« Viele werden sich wohl wundern, daß man hier von Humanismus spricht. Wir werden versuchen, zu zeigen, in welchem Sinne wir das meinen. Auf jeden Fall können wir von Anfang an sagen, daß wir unter Existentialismus eine Lehre verstehen, die das menschliche Leben möglich macht und die anderweit erklärt, daß jede Wahrheit und jede Handlung eine Umwelt und eine menschliche Ichheit einschließt. Der Hauptvorwurf, der gegen uns erhoben wird, ist, wie man weiß, derjenige, der schlechten Seite des menschlichen Lebens den Nachdruck zu verleihen. Kürzlich erzählte man mir von einer Dame, die, als sie aus Nervosität ein vulgäres Wort fallen ließ, sich entschuldigte: Ich glaube, ich werde Existentialistin.

Naturalismus und Existentialismus

Demnach wird also Häßlichkeit dem Existentialismus gleichgeachtet; und darum erklärt man uns für »Naturalisten«; und *wenn* wir es sind, kann man sich doch wundern, daß wir weit mehr Schrecken und Ärgernis erregen, als es der eigentliche Naturalismus heute tut. Jemand, der ohne weiteres einen Roman von Zola wie »La Terre« schluckt, ist angeekelt, sobald er einen existentialistischen Roman liest; derselbe, der die Lebensweisheit der Völker – die höchst traurig ist – für sich anwendet, findet uns noch trauriger. Und dennoch, was ist illusionsloser, als zu sagen »Charité bien ordonnée commence par soi-même« (Jeder ist sich selbst der Nächste), oder »Oignez vilain il vous poindra, poignez vilain il vous oindra« (Machst du zum König einen Knecht, so behandelt er dich schlecht usw.)? Man kennt die Gemeinplätze, die man für dieses Thema verwertet und die immer dasselbe beweisen:

Die Weisheit der Völker

Man soll nicht gegen die etablierten Mächte kämpfen, man soll nicht gegen den Strom schwimmen, man soll nicht über seine Stellung hinaustrachten, jede Handlung, die sich nicht einer Überlieferung einfügt, ist

Romantik, jeder Versuch, der sich nicht auf eine geprüfte Erfahrung stützt, ist dem Mißlingen geweiht; und die Erfahrung zeigt, daß die Menschen immer nach unten drängen, daß es starke Kräfte braucht, um sie zu halten, sonst ist die Anarchie da. Aber es sind eben die Leute, die immer diese traurigen Sprüche wiederkäuen, welche jedesmal, wenn man ihnen eine mehr oder weniger abstoßende Handlung unterbreitet, sagen: Wie menschlich ist das — die Leute, die sich an realistischen Chansons weiden — diese Leute sind es, die dem Existentialismus vorwerfen, zu düster zu sein — und in einem Grade, daß ich mich frage, ob sie ihm nicht eher gram sind wegen seines Optimismus als wegen seines Pessimismus. Was in der Lehre, die ich Ihnen auseinandersetzen will, beängstigend wirkt, ist es im Grunde etwa die Tatsache, daß sie dem Menschen eine Möglichkeit der Wahl läßt? Um das zu wissen, müssen wir die Frage auf einer streng philosophischen Ebene noch einmal prüfen. Was nennt man Existentialismus?

Die existentialistische »Moae«

Die meisten Leute, die dieses Wort gebrauchen, wären recht verlegen, es zu rechtfertigen — denn heute, wo es zu einer Mode geworden ist, erklärt man etwa, daß ein Musiker oder ein Maler Existentialist sei. Ein kleiner Feuilletonist der »Clartés« signiert als »*Der Existentialist*«; und im Grunde hat das Wort heute einen solchen Umfang und eine solche Ausdehnung angenommen, daß es überhaupt nichts mehr bedeutet. Es scheint, daß mangels einer avantgardistischen Lehre, ähnlich dem Surrealismus, die skandal- und bewegungssüchtigen Leute sich an diese Philosophie wenden — die ihnen übrigens in diesem Betracht nicht dienen kann; in Wirklichkeit ist sie die wenigst sensationelle, die strengste Lehre; sie ist ausschließlich für Fachgelehrte und für Philosophen bestimmt.

Es gibt zwei existentialistische Schulen

Und dennoch läßt sie sich leicht definieren. Verwickelt werden die Dinge dadurch, daß es zwei Arten von Existentialisten gibt: die ersten, welche Christen sind, unter die ich Jaspers und Gabriel Marcel (dieser katholischer Konfession) einreihen würde; und auf der andern Seite die atheistischen Existentialisten, zu denen Heidegger und auch die französischen Existentialisten und ich selber zu stellen sind. Gemeinsam haben sie die Überzeugung, daß die Existenz der Essenz vorangehe, oder, wenn Sie wollen, daß man von der Ichheit ausgehen muß. Was soll man genauer darunter verstehen? Betrachten wir ein Artefakt, zum

Beispiel ein Buch oder ein Papiermesser, so ist dieser Gegenstand von einem Handwerker angefertigt worden, der sich von einem Begriff hat anregen lassen; er hat sich auf den Begriff Papiermesser bezogen und zugleich auf eine vorher bestehende Technik der Erzeugung, welche zu dem Begriff gehört und im Grunde ein Rezept ist. Somit ist das Papiermesser zugleich ein Gegenstand, der auf eine bestimmte Art hergestellt wird und anderseits eine bestimmte Verwendung hat; und man kann sich nicht einen Menschen vorstellen, der ein Papiermesser anfertigte, ohne zu wissen, wozu der Gegenstand dienen soll. Wir werden also sagen, daß in bezug auf das Papiermesser die Essenz – das heißt die Summe der Rezepte und der Eigenschaften, die erlauben, es anzufertigen und es zu bestimmen – der Existenz vorangeht, und so ist die Anwesenheit mir gegenüber solch eines Papiermessers oder solch eines Buches determiniert. Wir haben also hier ein technisches Bild der Welt, in der, kann man sagen, die Erzeugung der Existenz vorausgeht.

Wenn wir einen Schöpfer-Gott annehmen, so wird dieser Gott meistens einem höherstehenden Handwerker angeglichen; und was für eine theologische Lehre wir auch betrachten, ob es sich um eine Lehre wie die von Descartes oder von Leibniz handelt, wir räumen immer ein, daß der Wille mehr oder weniger dem Verstand folgt oder ihn wenigstens begleitet, und daß Gott, wenn er schafft, genau weiß, was er schafft.

Der Mensch und Gott in der Philosophie des 17. Jahrhunderts

Demnach ist der Begriff Mensch im Geiste Gottes dem Begriff Papiermesser im Geiste des Handwerkers anzugleichen, und Gott erzeugt den Menschen nach Techniken und einem Begriff, genau wie der Handwerker ein Papiermesser nach einer Definition und einer Technik anfertigt. So verwirklicht der individuelle Mensch einen bestimmten Begriff, der im göttlichen Verstande ist. Im 18. Jahrhundert wird in den atheistischen Lehren der Philosophen der Begriff Gottes abgeschafft, aber nicht ebensosehr die Idee, daß die Essenz der Existenz vorangehe.

Die menschliche Natur bei den Philosophen des 18. Jahrhunderts

Diese Idee finden wir sozusagen überall wieder: wir finden sie bei Diderot, bei Voltaire und selbst bei Kant wieder. Der Mensch ist Eigentümer einer menschlichen Natur; diese menschliche Natur, welche der Begriff des Menschen ist, findet sich bei allen Menschen wieder. Dies bedeutet, daß jeder Mensch ein besonderes Beispiel eines allgemeinen Begriffes »Der Mensch« ist. Bei Kant geht aus dieser Allgemeinheit hervor, daß sowohl der Urwaldmensch, der Naturmensch, wie der Bürger derselben Begriffsbestimmung unterworfen ist und dieselben Grundeigenschaften besitzt. Somit geht auch hier noch die Essenz des Menschen jener geschichtlichen Existenz voraus, der wir in der Natur begegnen.

Der atheistische Existentialismus

Der atheistische Existentialismus, für den ich stehe, ist zusammenhängender. Er erklärt, daß, wenn Gott nicht existiert, es mindestens *ein* Wesen gibt, bei dem die Existenz der Essenz vorausgeht, ein Wesen, das existiert, bevor es durch irgendeinen Begriff definiert werden kann, und daß dieses Wesen der Mensch oder, wie Heidegger sagt, die menschliche Wirklichkeit ist. Was bedeutet hier, daß die Existenz der Essenz vorausgeht? Es bedeutet, daß der Mensch zuerst existiert, sich begegnet, in der Welt auftaucht und sich *danach* definiert.

Die existentialistische Auffassung des Menschen

Wenn der Mensch, so wie ihn der Existentialist begreift, nicht definierbar ist, so darum, weil er anfangs überhaupt nichts ist. Er wird erst in der weiteren Folge sein, und er wird so sein, wie er sich geschaffen haben wird. Also gibt es keine menschliche Natur, da es keinen Gott gibt, um sie zu entwerfen. Der Mensch ist lediglich so, wie er sich konzipiert — ja nicht allein so, sondern wie er sich will und wie er sich *nach* der Existenz konzipiert, wie er sich will nach diesem Sichschwingen auf die Existenz hin; der Mensch ist nichts anderes als wozu er sich macht.

Der Mensch ist, wozu er sich macht

Das ist der erste Grundsatz des Existentialismus. Das ist es auch, was man die Subjektivität nennt und was man uns unter eben diesem Namen zum Vorwurf macht. Aber was wollen wir denn damit anderes sagen, als daß der Mensch eine größere Würde hat als der Stein oder der Tisch? Denn wir wollen sagen, daß der Mensch zuerst existiert, das heißt, daß er zuerst ist, was sich in eine Zukunft hinwirft und was sich bewußt ist, sich in der Zukunft zu planen.

Der Entwurf

Der Mensch ist zuerst ein Entwurf, der sich subjektiv lebt, anstatt nur ein Schaum zu sein oder eine Fäulnis oder ein Blumenkohl; nichts existiert diesem Entwurf vorweg, nichts ist im Himmel, und der Mensch wird zuerst das sein, was er zu sein geplant hat, nicht was er sein wollen wird. Denn was wir gewöhnlich unter Wollen verstehen, ist eine bewußte Entscheidung, die für die meisten unter uns dem nachfolgt, wozu er sich selbst gemacht hat. Ich kann mich einer Partei anschließen wollen, ein Buch schreiben, mich verheiraten, alles das ist nur Kundmachung einer ursprünglicheren, spontaneren Wahl als was man Willen nennt.

Der Mensch ist voll und ganz verantwortlich

Aber wenn wirklich die Existenz der Essenz vorausgeht, so ist der Mensch verantwortlich für das, was er ist. Somit ist der erste Schritt des Existentialismus, jeden Menschen in Besitz dessen, was er ist, zu bringen und auf ihm die gänzliche Verantwortung für seine Existenz ruhen zu lassen. Und wenn wir sagen, daß der Mensch für sich selber verantwortlich ist, so wollen wir nicht sagen, daß der Mensch gerade eben nur für seine Individualität verantwortlich ist, sondern daß er verantwortlich ist für alle Menschen. Es gibt zweierlei Sinn in dem Wort Subjektivismus, und unsere Gegner arbeiten auf unehrliche Weise mit dieser Tatsache. Subjektivismus bedeutet einerseits Wahl des individuellen Subjektes durch sich selber, und anderseits Unmöglichkeit für den Menschen, die menschliche Subjektivität zu überschreiten. Dieser zweite Sinn ist der tiefere Sinn des Existentialismus. Indem wir sagen, daß der Mensch sich wählt, verstehen wir darunter, daß jeder unter uns sich wählt; aber damit wollen wir ebenfalls sagen, daß, indem er sich wählt, er alle Menschen wählt. Tatsächlich gibt es nicht *eine* unserer Handlungen, die, indem sie den Menschen schafft, der wir sein wollen, nicht gleichzeitig ein Bild des Menschen schafft, so wie wir meinen, daß er sein soll. Wählen, dies oder jenes zu sein, heißt gleichzeitig, den Wert dessen, was wir wählen, bejahen, denn wir können nie das Schlechte wählen. Was wir wählen, ist immer das Gute, und nichts kann für uns gut sein, wenn es nicht gut für alle ist.

Der Mensch wählt sich, indem er alle Menschen wählt

Wenn anderseits die Existenz der Essenz vorangeht und wir zur gleichen Zeit existieren wollen, wie wir unser Bild gestalten, so ist dieses Bild für alle und für unsere ganze Epoche gültig. Somit ist unsere Verantwortlichkeit viel größer, als wir es etwa voraussetzen könnten, denn sie bindet die ganze Menschheit. Bin ich Arbeiter und wähle, eher einer christlichen Gewerkschaft beizutreten als Kommunist zu sein – will ich mit diesem Beitritt anzeigen, daß Bescheidung im Grunde die Lösung ist, die dem Menschen zukommt, daß das Reich des Menschen nicht auf Erden ist – so binde ich dadurch nicht nur meinen Fall: ich will für *alle* Selbstbescheidung üben, folglich hat mein Schritt die ganze Menschheit gebunden.

Der individuelle Akt bindet die ganze Menschheit

Und will ich eine individuellere Tatsache — mich verheiraten und Kinder haben, selbst wenn diese Heirat einzig und allein von meiner Lage oder von meiner Leidenschaft oder von meinem Begehren abhängt, so binde ich dadurch nicht nur mich selber, sondern verpflichte die ganze Menschheit auf den Weg der Monogamie. So bin ich für mich selbst und für alle verantwortlich, und ich schaffe ein bestimmtes Bild des Menschen, den ich wähle; indem ich mich wähle, wähle ich den Menschen.

Dies ermöglicht uns, zu begreifen, was etwa großsprecherische Wörter wie Angst, Verlassenheit, Verzweiflung in sich bergen. Wie Sie sehen werden, ist das außerordentlich einfach. Vor allem, was versteht man unter Angst? Der Existentialist erklärt mit Vorliebe, daß der Mensch Angst ist.

Angst

Das bedeutet folgendes: Der Mensch, der sich bindet und der sich Rechenschaft gibt, daß er nicht nur der ist, den er wählt, sondern außerdem ein Gesetzgeber, der gleichzeitig mit sich die ganze Menschheit wählt, kann dem Gefühl seiner vollen und tiefen Verantwortlichkeit schwerlich entrinnen. Gewiß, viele Leute sind nicht bange; aber wir behaupten, daß sie sich ihre Angst verkleiden, daß sie ihr entfliehen; sicherlich glauben viele Leute, wenn sie handeln, nur sich selber zu binden; und wenn man ihnen sagt: Aber wenn alle Welt so handeln würde? — zucken sie die Achseln und antworten: Alle Welt handelt eben nicht so. Aber in Wahrheit muß man sich immer fragen, was würde geschehen, wenn wirklich alle Welt ebenso handeln würde? Und man entrinnt diesem beunruhigenden Gedanken nur mit einer Art von Böswilligkeit.

Angst und Böswilligkeit

Wer lügt und sich entschuldigt, indem er erklärt: Alle Welt handelt eben nicht so — ist einer, der mit seinem Gewissen nicht im reinen ist; denn die Tatsache des Lügens schließt einen allgemeinen Wert ein, welcher der Lüge dann beigemessen wird. Selbst wenn die Angst sich bemäntelt, tritt sie dennoch in Erscheinung. Diese Angst ist es, die Kierkegaard »die Angst Abrahams« nannte. Sie kennen die Geschichte:

Ein Engel hat Abraham befohlen, seinen Sohn zu opfern. Alles ist in Ordnung, wenn es wirklich ein Engel ist, der gekommen ist und der gesagt hat: Du bist Abraham, du wirst deinen Sohn opfern. Aber jeder kann sich zunächst fragen: Ist es wirklich ein Engel, und bin ich wirklich Abraham? Welcher Umstand beweist mir das?

Kierkegaard und die Angst

Es war einmal eine Geisteskranke, die hatte Halluzinationen: man sprach zu ihr durch das Telefon, und man gab ihr Befehle. Der Arzt fragte sie: »Aber wer ist es denn, der zu Ihnen spricht?« Sie antwortete: »Er sagt, es ist Gott.« Und was bewies ihr, daß es Gott war? Wenn ein Engel zu mir kommt, was beweist mir, daß es ein Engel ist? Und wenn ich Stimmen höre, was beweist mir, daß sie vom Himmel kommen und nicht aus der Hölle oder aus einem Unterbewußtsein oder aus einem krankhaften Zustand? Wer beweist, daß sie überhaupt an mich sich richten? Wer beweist mir, daß ich bezeichnet bin, meine Auffassung vom Menschen und meine Wahl der Menschheit aufzuerlegen? Ich werde nie irgendeinen Beweis, irgendein Zeichen finden, um mich davon zu überzeugen.

Abraham und der Engel

Wenn eine Stimme sich an mich richtet, so bin *ich* es immer, der entscheidet, daß diese Stimme die Stimme des Engels ist; nehme ich an, eine Handlung sei gut, so bin wiederum ich es, der zu sagen wählt, die Handlung sei eher gut als schlecht. Nichts bestimmt mich, Abraham zu sein, und dennoch bin ich in jedem Augenblick gezwungen, beispielhafte Handlungen zu vollführen. Alles geschieht so, wie wenn die ganze Menschheit in bezug auf jeden Menschen die Augen darauf gerichtet hätte, was er tut, und sich, was er tut, zur Regel nehmen würde. Und jeder Mensch muß sich sagen: Bin ich wirklich der, welcher das Recht hat, auf solche Weise zu handeln, daß die Menschheit sich meine Taten zur Regel nimmt? Und wenn er sich das nicht sagt, so heißt das, er verkleidet sich seine Angst. Es handelt sich hier nicht um eine Angst, die zum Quietismus, zur Untätigkeit führen würde. Es handelt sich um eine einfache Angst, die alle, welche Verantwortung gehabt haben, kennen.

Die Angst führt nicht zur Untätigkeit

Übernimmt zum Beispiel ein militärischer Führer die Verantwortung für einen Angriff und schickt eine gewisse Anzahl Männer in den Tod, so wählt er, dies zu tun, und im Grunde wählt er allein. Zweifellos gibt es Befehle, die von oben kommen, aber sie sind zu weit gefaßt, und eine Auslegung erlegt sich auf, die von ihm kommt; und von dieser Auslegung hängt das Leben von zehn oder vierzehn oder zwanzig Männern ab. Es ist unmöglich, daß er bei der Entscheidung, die er fällt, nicht eine gewisse Angst hat. Alle Führer kennen diese Angst. Das hindert sie nicht, zu handeln, im Gegenteil, es ist die eigentliche Bedingung ihres Handelns; denn es setzt voraus, daß sie eine Mehrheit von Möglichkeiten in Betracht ziehen, und indem sie eine davon wählen, geben sie sich Rechenschaft, daß nur sie Wert hat, weil sie gewählt wird. Und diese Art von Angst ist es, die der Existentialist nun beschreibt; wir werden sehen, daß sie sich im weitern erklärt durch eine unmittelbare Verantwortlichkeit den andern Menschen gegenüber, welche durch sie gebunden werden.

Angst und Verantwortlichkeit

Sie ist nicht ein Vorhang, der uns von der Tat trennt, sondern sie macht einen Teil der Handlung selber aus. Und wenn wir von Verlassenheit (ein Ausdruck, der Heidegger teuer ist) sprechen, so wollen wir nur sagen, daß Gott nicht existiert und man daraus die Folgerungen ziehen muß bis zu Ende. Der Existentialist stellt sich in lebhafte Gegnerschaft zu einem gewissen Typus von weltlicher Moral, die Gott mit so wenig Kosten wie nur möglich beseitigen möchte.

Die weltliche Moral

Als gegen 1880 französische Professoren eine weltliche Moral aufzustellen versuchten, sagten sie ungefähr folgendes: Gott ist eine unnütze und kostspielige Hypothese; wir unterdrücken sie, jedoch ist trotzdem notwendig – damit es eine Sittlichkeit, eine Gesellschaft und eine bürgerlich geordnete Welt überhaupt gebe –, daß einige Werte ernst genommen und als a priori bestehend angesehen werden. Es muß a priori pflichtmäßig sein, daß man ehrenhaft ist, daß man nicht lügt, daß man seine Frau nicht schlägt, daß man Kinder auf die Welt setzt usw. usw . . ., wir werden also eine kleine Arbeit unternehmen, die erlauben wird, zu zeigen, daß diese Werte trotz allem bestehen, daß sie in einem intelligiblen Himmel verzeichnet sind, wenn anderseits es auch keinen Gott gibt. Mit andern Worten (und dies, glaube ich, ist die Gedankenrichtung von allem, was man in Frankreich Radikalismus nennt), nichts wird geändert sein, wenn Gott nicht existiert; wir werden dieselben Richtsätze von Ehrenhaftigkeit, von Fortschritt, von

Menschlichkeit wiederfinden, und wir werden aus Gott eine verjährte Hypothese gemacht haben, die ruhig und von selber sterben wird.

Der Radikalismus

Der Existentialist denkt im Gegenteil, es sei sehr störend, daß Gott nicht existiert, denn mit ihm verschwindet alle Möglichkeit, Werte in einem intelligiblen Himmel zu finden; es kann nichts a priori Gutes mehr geben, da es kein unendliches und vollkommenes Bewußtsein mehr gibt, um es zu denken. Nirgends steht geschrieben, daß das Gute existiert, daß man ehrenhaft sein soll, daß man nicht lügen soll; genau aus dem Grunde, weil wir auf einer Ebene uns befinden, wo es nur Menschen gibt.

Dostojewskij und der Existentialismus

Dostojewskij hatte geschrieben: »Wenn Gott nicht existierte, so wäre alles erlaubt.« Da ist der Ausgangspunkt des Existentialismus. In der Tat, alles ist erlaubt, wenn Gott nicht existiert, und demzufolge ist der Mensch verlassen, da er weder in sich noch außerhalb seiner eine Möglichkeit findet, sich anzuklammern. Vor allem findet er keine Entschuldigungen. Geht tatsächlich die Existenz der Essenz voraus, so kann man nie durch Bezugnahme auf eine gegebene und feststehende menschliche Natur Erklärungen geben; anders gesagt, es gibt keine Vorausbestimmung mehr, der Mensch ist frei, der Mensch ist Freiheit.

Der Mensch ist Freiheit

Wenn wiederum Gott nicht existiert, so finden wir uns keinen Werten, keinen Geboten gegenüber, die unser Betragen rechtfertigen. So haben wir weder hinter uns noch vor uns, im Lichtreich der Werte, Rechtfertigungen oder Entschuldigungen. Wir sind allein, ohne Entschuldigungen. Das ist es, was ich durch die Worte ausdrücken will: Der Mensch ist verurteilt, frei zu sein. Verurteilt, weil er sich nicht selbst erschaffen hat, anderweit aber dennoch frei, da er, einmal in die Welt geworfen, für alles verantwortlich ist, was er tut. Der Existentialist glaubt nicht an die Macht der Leidenschaft. Er wird nie denken, daß eine schöne Leidenschaft ein verwüstender Wildbach ist, der den Menschen unvermeidlich zu gewissen Taten führt und der deshalb eine Entschuldigung ist. Er denkt, der Mensch sei für seine Leidenschaft verantwortlich. Der Existentialist wird auch nie denken, daß der Mensch auf Erden Hilfe finden könne in einem gegebenen Zeichen, das ihm seine Richtung weise.

Der Mensch erfindet den Menschen

Denn er denkt, daß der Mensch das Zeichen entziffern wird, wie es ihm gefällt. Er denkt also, daß der Mensch ohne irgendeine Stütze und ohne irgendeine Hilfe in jedem Augenblick verurteilt ist, den Menschen zu erfinden. Ponge hat in einem sehr schönen Aufsatz gesagt: »Der Mensch ist die Zukunft des Menschen.« Das ist vollkommen richtig. Bloß wenn man darunter versteht, daß diese Zukunft im Himmel verzeichnet ist, daß Gott sie sieht — dann ist es falsch, denn das wäre nicht einmal mehr eine Zukunft. Versteht man es so, daß, was für ein Mensch auch in Erscheinung tritt, es eine Zukunft zu gestalten gibt, eine jungfräuliche Zukunft, die auf ihn wartet, dann ist das Wort richtig. Aber dann ist man eben verlassen.

Die Verlassenheit

Um Ihnen ein Beispiel zu geben, welches erlaubt, die Verlassenheit besser zu verstehen, führe ich den Fall eines meiner Schüler an, der mich unter folgenden Umständen aufgesucht hat: Sein Vater lebte in Zwiespalt mit seiner Mutter und neigte übrigens zur Kollaboration, sein ältester Bruder war bei der deutschen Offensive von 1940 getötet worden; und jener junge Mann wünschte in seinem etwas primitiven, aber hochherzigen Gefühl, ihn zu rächen. Seine Mutter lebte allein mit ihm, sehr betrübt durch den halben Verrat seines Vaters und durch den Tod ihres ältesten Sohnes, und fand nur Trost an *ihm*.

Ein Beispiel

Dieser junge Mann hatte in dem gegebenen Augenblick die Wahl, entweder nach England zu gehen und sich in die Freien Französischen Streitkräfte einzureihen — das heißt seine Mutter zu verlassen — oder bei seiner Mutter zu bleiben und ihr leben zu helfen. Er gab sich gut Rechenschaft davon, daß diese Frau nur durch ihn lebte und daß sein Verschwinden — und vielleicht sein Tod — sie in die Verzweiflung stürzen würde. Er gab sich auch Rechenschaft, daß im Grunde, konkret gesprochen, jede Handlung, die er mit Rücksicht auf seine Mutter unternahm, ihre Entsprechung haben werde in dem Sinne, daß er ihr zu leben verhalf, währenddem jede Handlung, die er unternahm, um wegzureisen und zu kämpfen, eine zweideutige Handlung war, die im Sand verlaufen und zu nichts dienen würde. Zum Beispiel, indem er nach England reiste, konnte er unbestimmte Zeit in einem spanischen Lager verbleiben, wenn er über Spanien fuhr; er konnte in England oder in Algier ankommen und in ein Büro versetzt werden, um Schreibarbeiten zu machen. Folglich befand er sich angesichts zweier ganz verschiedener Typen von Handlungen: einer konkreten, unmittelbaren, die sich aber nur an ein Individuum richtete; oder aber einer Handlung, die sich an ein unendlich weiteres Ganzes, eine nationale Gemeinschaft wendete, die aber eben deswegen zweideutig war und unterwegs unterbrochen werden konnte.

Die zwei Moralen

Und gleichzeitig zögerte er zwischen zwei Typen von Moralen. Auf der einen Seite eine Moral der Sympathie, der individuellen Hingabe, und auf der andern Seite eine umfassendere Moral, die aber von einer fragwürdigeren Wirksamkeit sein konnte. Es mußte zwischen den beiden gewählt werden. Wer konnte ihm helfen, zu wählen? Die christliche Lehre? Nein. Die christliche Lehre sagt: Seid barmherzig, liebet euren Nächsten, opfert euch auf für den andern, wählt den rauhen Weg usw. Aber welches ist der rauheste Weg? Wen soll man lieben wie seinen Bruder: den Kämpfer oder die Mutter? Welches ist die größere Nützlichkeit: jene unbestimmte, in einer Gesamtheit zu kämpfen, oder jene sichere, einem genau bestimmten Menschen leben zu helfen? Wer kann a priori darüber entscheiden? Niemand. Keine aufgezeichnete Moral kann es sagen. Die kantische Moral erklärt: Behandelt die andern nie als Mittel, sondern als Zweck. Sehr gut; bleibe ich bei meiner Mutter, so behandle ich sie als Zweck und nicht als Mittel, aber ich laufe Gefahr, diejenigen als Mittel zu behandeln, die um mich her kämpfen; und umgekehrt, wenn ich mich denen anschließe, die kämpfen, so behandle ich sie als Zweck und laufe dementsprechend Gefahr, meine Mutter als Mittel zu behandeln.

Wert und Gefühl

Wenn die Werte unbestimmt sind und immer zu weitgespannt für den bestimmten und konkreten Fall, den wir eben betrachten, so bleibt uns nichts, als uns auf unsern Instinkt zu verlassen. Das hat jener junge Mann versucht zu tun; und als ich ihn damals sah, sagte er: Das, was im Grunde wichtig ist, ist das Gefühl; ich sollte das wählen, was mich wirklich in eine bestimmte Richtung drängt. Fühle ich, daß ich meine Mutter genügend liebe, um ihr alles andere – meinen Wunsch nach Rache, meinen Tatendrang, meinen Trieb nach Abenteuern – zu opfern, so bleibe ich bei ihr. Wenn im Gegenteil ich fühle, daß meine Liebe für meine Mutter nicht genügend ist, so gehe ich. Aber wie den Gradwert eines Gefühls bestimmen? Was machte den Gradwert seiner

Liebe zu seiner Mutter aus? Genau die Tatsache, daß er für sie da blieb. Ich kann wohl sagen, ich liebe den und den Freund genügend, um ihm die und die Summe Geldes zu opfern; aber ich kann es nur sagen, wenn ich es tatsächlich getan habe. Ich kann sagen: ich liebe meine Mutter genügend, um bei ihr zu bleiben — wenn ich bei ihr geblieben *bin*. Den Gradwert dieser Zuneigung kann ich erst bestimmen, wenn ich eine Tat vollbracht habe, die ihn bestätigt und definiert. Da ich aber von diesem Gefühl verlange, meine Handlung zu rechtfertigen, so finde ich mich in einen circulus vitiosus hineingezogen.

Anderseits hat Gide sehr gut gesagt, daß ein Gefühl, welches ge=spielt, und ein Gefühl, das gelebt wird, zwei fast ununterscheidbare Dinge sind: Entscheiden, daß ich meine Mutter liebe, indem ich bei ihr bleibe, oder eine Komödie aufführen, die bewirkt, daß ich bei meiner Mutter bleibe — ist nahezu dieselbe Sache.

Das aus unsern Handlungen aufgebaute Gefühl

Mit andern Worten gesagt: das Gefühl baut sich auf aus den Hand=lungen, die wir vollziehen; demnach kann ich es nicht befragen, um mich von ihm leiten zu lassen. Was wiederum bedeutet, daß ich weder in mir selber den authentischen Zustand suchen, der mich zum Han=deln treibt, noch einer Moral die Begriffe entlehnen kann, die mir erlauben, zu handeln. Wenigstens, werden Sie sagen, hat der junge Mann einen Professor aufgesucht, um ihn um Rat zu fragen. Aber, wenn Sie zum Beispiel bei einem Priester Rat holen, so haben Sie den Priester selbst gewählt, so wußten Sie im Grunde schon mehr oder min=der, was er Ihnen raten würde. Anders gesagt, einen Ratgeber wählen, heißt wieder, sich selber binden. Der Beweis dafür ist, daß, wenn Sie Christ sind, Sie sagen werden: Fragen Sie einen Priester um Rat. Nun gibt es aber kollaborationistische Priester, attentistische Priester, Wider=stands=Priester.

Wahl und Bindung

Welchen wählen? Und wenn der junge Mann einen Widerstands=Priester oder kollaborationistischen Priester wählt, so hat er selbst schon über die Art des Rates entschieden, den er empfangen wird. Somit, indem er zu mir kam, wußte er die Antwort, die ich ihm erteilen würde, und ich hatte nur *eine* Antwort zu geben: Sie sind frei, wäh=len Sie, das heißt erfinden Sie. Keine allgemeine Moral kann Ihnen angeben, was Sie zu tun haben. Es gibt keine Zeichen in der Welt. Die Katholiken werden antworten:

Es gibt keine allgemeine Moral

Aber es *gibt* Zeichen. Geben wir es ruhig zu, aber auf jeden Fall bin *ich* es, der den Sinn, den diese Zeichen haben, wählt. Während meiner Gefangenschaft habe ich einen ziemlich bemerkenswerten Mann gekannt, der Jesuit war; er war auf folgende Weise in den Jesuitenorden eingetreten: Er hatte eine Reihe ziemlich schneidender Mißerfolge erlebt; sein Vater starb, als er noch ein Kind war, und ließ ihn in Armut zurück; er erhielt ein Stipendium in einem religiösen Institut, wo man ihm dauernd zu fühlen gab, daß er aus Barmherzigkeit aufgenommen worden war; später hat er eine Anzahl Ehrenauszeichnungen verpaßt, die den Kindern so große Freude bereiten; gegen das achtzehnte Jahr ist ihm ein sentimentales Abenteuer mißlungen; endlich, als er zweiundzwanzig Jahre alt war, kam eine ziemlich kindische Angelegenheit, die aber der Wassertropfen war, der das Gefäß zum Überlaufen brachte: er verfehlte seine militärische Vorbereitung. Der junge Mann konnte somit annehmen, daß ihm alles mißraten sei; das war ein Zeichen, aber ein Zeichen wofür? Er konnte sich in Bitterkeit oder in Verzweiflung flüchten. Aber er hat geurteilt, sehr geschickt für ihn, es sei ein Zeichen dafür, daß er nicht für weltliche Erfolge geschaffen sei, und daß nur Erfolge der Religion, der Heiligkeit, des Glaubens ihm zugänglich seien. Er hat da also ein Wort Gottes gesehen und ist ins Ordensleben eingetreten. Wer sieht da nicht, daß die Entscheidung über den Sinn des Zeichens von ihm, ganz allein getroffen worden ist? Man hätte auch aus dieser Reihe von Fehlschlägen etwas anderes schließen können: zum Beispiel, daß er besser Zimmermann oder Revolutionär würde. Er trägt also die volle Verantwortlichkeit für die Entzifferung. Die Verlassenheit schließt ein, daß wir unser Sein selber wählen. Die Verlassenheit geht Hand in Hand mit der Angst.

Die Verzweiflung

Was die Verzweiflung anbetrifft, so hat dieser Ausdruck einen äußerst einfachen Sinn. Er bedeutet, daß wir uns darauf beschränken, auf das zu zählen, was von unserm Willen abhängt, oder auf die Gesamtheit der Wahrscheinlichkeiten, die unsere Handlungen möglich machen. Wenn man etwas will, so sind immer wahrscheinliche Elemente vorhanden. Ich kann auf die Ankunft eines Freundes rechnen. Dieser Freund kommt mit der Eisenbahn oder mit der Straßenbahn; das setzt voraus, daß die Eisenbahn zur angesagten Stunde eintrifft und die Straßenbahn nicht entgleist.

Das Mögliche

Ich bleibe im Gebiete der Möglichkeiten; aber es handelt sich darum, mit diesen Möglichkeiten nur in dem genauen Maße zu rechnen, in dem unsere Handlung die Gesamtheit dieses Möglichen in sich trägt. Von dem Augenblick an, wo die Möglichkeiten, die ich in Betracht ziehe, nicht streng von meiner Handlung ins Spiel gezogen sind, muß ich davon absehen, da kein Gott, kein Planen die Welt und ihre Möglichkeiten meinem Willen anpassen kann. Im Grunde, wenn Descartes sagte: »Eher sich selber besiegen als die Welt«, so wollte er dasselbe sagen: Handeln ohne Hoffnung.

Die Verzweiflung und die Tat

Die Marxisten, mit denen ich gesprochen habe, antworten mir: Sie können in Ihrem Handeln, das natürlich durch Ihren Tod begrenzt sein wird, auf die Unterstützung der andern zählen. Das bedeutet zugleich, sich zu verlassen auf das, was die andern anderswo, in China, in Rußland tun werden, um Ihnen zu helfen, und zugleich auf das, was sie später, nach Ihrem Tode, tun werden, um die Aktion wieder aufzunehmen und sie zu ihrer Vollendung zu bringen, die die Revolution sein wird. Sie *müssen* sogar darauf zählen, sonst sind Sie nicht moralisch. Ich antwortete zuerst, daß ich immer auf Kampfgenossen zählen werde, insoweit diese Kameraden mit mir in einem konkreten und gemeinsamen Kampf eingesetzt sind, in der Einheit einer Partei oder einer Gruppe, die ich mehr oder weniger nachprüfen kann, das heißt der ich als Mitkämpfender angehöre und deren Bewegungen ich in jedem Augenblick kenne. In diesem Zeitpunkt bedeutet dann, auf die Einheit und auf den Willen der Partei zu zählen, genau dasselbe, wie auf die Tatsachen zu zählen, daß die Straßenbahn zur Zeit ankommt.

Es gibt keine menschliche Natur

Aber ich kann nicht auf Menschen zählen, die ich nicht kenne, indem ich mich etwa auf die menschliche Güte oder auf das Interesse des Menschen für das Wohl der Gesellschaft stützte, da die Voraussetzung besteht, daß der Mensch frei ist und daß es keinerlei menschliche Natur gibt, auf die ich bauen könnte. Ich weiß nicht, was aus der Russischen Revolution werden wird; ich kann sie bewundern und als Beispiel aufstellen, im Grade, wie mir das Heute beweist, daß das Proletariat in Rußland eine Rolle spielt, die es bei keinem andern Volke spielt.

Die Bindung

Aber ich kann nicht behaupten, daß sie notgedrungen zu einem Triumph des Proletariats führen werde; ich muß mich beschränken auf das, was ich sehe, ich kann nicht sicher sein, daß Kampfkameraden meine Arbeit nach meinem Tod wieder aufnehmen werden, um sie zu einem Höchstmaß der Vollendung zu führen, da die Voraussetzung besteht, daß diese Menschen frei sind und daß sie freiwillig morgen entscheiden werden, was der Mensch sein wird; morgen nach meinem Tode können Menschen beschließen, den Faschismus einzuführen, und die andern können feige und ratlos genug sein, um sie machen zu lassen; in diesem Augenblick wird der Faschismus die menschliche Wahrheit sein, und desto schlimmer für uns; in Wirklichkeit werden die Dinge so sein, wie der Mensch beschlossen haben wird, daß sie sein sollen.

Geschichte und menschliche Wahl

Bedeutet dies, daß ich mich dem Quietismus hingeben soll? Nein. Zuerst muß ich mich binden, dann handeln nach der alten Formel: »Man braucht nicht zu hoffen, um etwas zu unternehmen.« Was nicht sagen will, daß ich nicht einer Partei angehören soll, sondern daß ich illusionslos sein werde und daß ich tun werde, was ich kann. Zum Beispiel wenn ich mich frage: Wird die Kollektivierung, rein als solche genommen, kommen? Ich weiß nichts darüber, ich weiß nur, daß ich alles tun werde, was in meiner Macht sein wird, ihr Kommen zu bewirken; außerhalb davon kann ich mit nichts rechnen. Der Quietismus ist die Haltung der Leute, die sagen: Die andern können tun, was ich nicht tun kann. Die Lehre, die ich Ihnen vortrage, ist dem Quietismus gerade entgegengesetzt, da sie erklärt:

Der Existentialismus stellt sich dem Quietismus entgegen

Es gibt Wirklichkeit nur in der Tat; übrigens geht sie noch weiter, indem sie beifügt: Der Mensch ist nichts anderes als sein Entwurf, er existiert nur in dem Maße, in welchem er sich verwirklicht, er ist also nichts anderes als die Gesamtheit seiner Handlungen, nichts anderes als sein Leben. Hiernach können wir begreifen, warum unsere Lehre einer gewissen Anzahl von Leuten Schrecken einflößt. Denn oft haben sie nur eine Weise, ihr Elend zu ertragen, nämlich zu denken: Die Umstände waren gegen mich, ich hätte zu viel Besserem getaugt als was ich gewesen bin; gewiß, ich habe nie eine große Liebe oder eine große Freundschaft gehabt, aber deshalb, weil ich keinem Mann oder keiner Frau begegnet bin, der oder die dessen würdig gewesen wäre.

Die Böswilligkeit

Ich habe keine sehr guten Bücher geschrieben, deshalb weil ich keine Muße hatte, es zu tun; ich habe keine Kinder gehabt, denen ich mich hätte aufopfern können, weil ich den Mann nicht gefunden habe, mit dem ich mein Leben hätte aufbauen können. So sind bei mir eine Menge Anlagen, Neigungen, Möglichkeiten unangewandt und unverbraucht geblieben, die mir einen Wert verleihen, welcher aus der bloßen Reihe meiner Taten nicht gefolgert werden kann. Nun gibt es aber in Wirklichkeit für den Existentialisten keine andere Liebe als die verwirklicht wird, es gibt keine andere Möglichkeit der Liebe als die sich in einer Liebe kundtut; es gibt keine andere Genialität als die sich in Kunstwerken ausdrückt.

Der Mensch ist, was er vollbringt

Das Genie Prousts ist die Gesamtheit der Werke Prousts; Racines Genie ist die Reihe seiner Trauerspiele, außerhalb davon ist nichts vorhanden. Warum Racine die Möglichkeit zuerteilen, eine neue Tragödie zu schreiben, da er sie nun eben *nicht* geschrieben *hat?* Ein Mensch bindet sich in seinem Leben, zeichnet sein Gesicht, und außerhalb dieses Gesichtes ist nichts vorhanden. Selbstverständlich kann dieser Gedanke jemandem hart erscheinen, dem sein Leben nicht geglückt ist.

Der Mensch ist nichts anderes als sein Leben

Aber anderseits bereitet er die Menschen vor, zu verstehen, daß allein die Wirklichkeit von Belang ist, daß die Träume, die Erwartungen, die Hoffnungen nur erlauben, den Menschen als enttäuschten Traum, fehlgeschlagene Hoffnungen, unerfüllte Erwartungen zu bestimmen; das heißt, daß das sie negativ und nicht positiv definiert; trotzdem, wenn man sagt: »Du bist nichts anderes als dein Leben«, so schließt das nicht ein, der Künstler werde nur nach seinen Kunstwerken beurteilt werden; tausend andere Dinge tragen zu seiner Definition bei. Was wir sagen wollen, ist, daß ein Mensch nichts anderes als eine Reihe von Unternehmungen ist, daß er die Summe, die Durchgliederung, die Gesamtheit der Beziehungen ist, welche diese Unternehmungen ausmachen.

Unter diesen Bedingungen ist es eigentlich nicht unser Pessimismus, sondern unsere optimistische Härte, die man uns da zum Vorwurf macht. Wenn die Leute uns unsere romanartigen Werke vorwerfen, in denen wir schlaffe, schwache, feige, manchmal sogar offensichtlich schlechte Wesen beschreiben, so geschieht das nicht nur, weil diese Wesen schlaff, schwach, feige oder schlecht sind; denn würden wir wie

Zola erklären, daß sie infolge von erblicher Belastung so sind, infolge des Einflusses ihrer Umwelt, der Gesellschaft, infolge einer organischen oder psychologischen Vorausbestimmung, so wären die Leute beruhigt. Sie würden sagen: Da hat man's, so sind wir eben, da kann niemand etwas machen; jedoch wenn der Existentialist einen Feigling beschreibt, so sagt er, daß dieser Feigling für seine Feigheit verantwortlich ist. Er ist nicht so, weil er ein feiges Herz, eine feige Lunge oder ein feiges Hirn hat, er ist nicht so von seiner physiologischen Organisation aus, sondern er ist so, weil er sich durch seine Handlungen als Feigling auferbaut hat.

Verantwortlichkeit des Menschen

Es gibt kein feiges Temperament. Es gibt Temperamente, die nervös sind, es gibt Blutlosigkeit, wie die braven Leute sagen, oder blutvolle Temperamente; doch der Mensch, der blutlos ist, ist nicht deswegen feige, denn was die Feigheit ausmacht, ist der Akt des Verzichtens oder des Nachgebens; ein Temperament, das ist kein Akt; der Feigling ist als solcher bestimmt durch den Akt, den er vollzogen hat. Was die Leute dunkel fühlen und was ihnen Schrecken einflößt ist, daß der Feigling, den wir vorführen, schuld ist, feige zu sein. Was die Leute möchten, ist, daß man als Feigling oder Held auf die Welt kommt. Einer der Vorwürfe, den man am häufigsten dem Roman »Les Chemins de la Liberté« macht, kann so gefaßt werden: Aber schließlich, diese schlaffen Menschen – wie werden Sie aus ihnen Helden machen? Dieser Einwand macht eher lachen, denn er setzt voraus, daß die Menschen als Helden geboren werden. Und im Grunde ist es dies, was die Menschen zu denken wünschen: Wenn ihr feige geboren seid, so könnt ihr vollkommen ruhig sein, ihr könnt ja nichts dafür, ihr werdet euer Leben lang feige sein, was ihr auch tun möget; wenn ihr als Helden geboren seid, könnt ihr ebenfalls vollkommen ruhig sein, ihr werdet euer ganzes Leben lang Helden sein, ihr werdet trinken wie ein Held, ihr werdet essen wie ein Held. Was der Existentialist sagt, ist, daß der Feigling sich zum Feigling macht, daß der Held sich zum Helden macht; es gibt immer eine Möglichkeit für den Feigling, nicht mehr feige zu sein, für den Helden, aufzuhören, ein Held zu sein. Was zählt, ist die totale Bindung, und es ist nicht ein Einzelfall oder eine Einzelhandlung, die einen vollkommen bindet.

Damit, glaube ich, haben wir auf eine gewisse Anzahl von Vorwürfen betreffend den Existentialismus geantwortet. Sie sehen, daß er nicht als eine Philosophie des Quietismus angesehen werden kann, weil er den Menschen nach seinem Handeln bestimmt; noch auch als eine pessimistische Beschreibung des Menschen, denn es gibt keine optimistischere Lehre, da doch das Schicksal des Menschen in ihm selber ruht;

Der Existentialismus ist eine optimistische Lehre

noch schließlich als ein Versuch, dem Menschen den Mut zum Handeln zu nehmen; sagt er doch, daß es nur Hoffnung *im Handeln* gibt und daß die Tat das einzige ist, was dem Menschen zu leben erlaubt. Auf dieser Ebene haben wir es folglich mit einer Moral des Handelns und des Sichbindens zu tun.

Die Ichheit

Und trotzdem wirft man uns, von diesen wenigen Gegebenheiten ausgehend, vor, den Menschen in seiner individuellen Ichheit einzumauern. Auch da wieder versteht man uns vollkommen falsch.

Unser Ausgangspunkt ist tatsächlich die Subjektivität des Individuums, und dies aus streng philosophischen Gründen. Nicht weil wir bürgerlich sind, sondern weil wir eine auf Wahrheit gegründete Lehre wollen und nicht eine Sammlung von schönen Theorien, die voll Hoffnung, aber ohne wirkliche Begründung sind. Es kann dabei keine andere Wahrheit geben, von der man ausgehen kann, als diese: Ich denke, also bin ich. Es ist dies die absolute Wahrheit des Bewußtseins, das zu sich selbst kommt.

Das Cogito

Jede Theorie, die den Menschen außerhalb dieses Momentes begreift, wo er zu sich selbst kommt, ist erstens eine Theorie, die die Wahrheit unterdrückt, denn außerhalb des cartesianischen Cogito sind alle Objekte nur wahrscheinlich, und eine Lehre der Wahrscheinlichkeiten, die nicht an einer Wahrheit hängt, fällt ins Nichts zusammen; um Wahrscheinliches zu bestimmen, muß man das Wahre besitzen. Damit also eine *ungefähre* Wahrheit sein kann, braucht es eine *absolute* Wahrheit, und diese ist einfach, leicht zu gewinnen, sie ist im Bereich eines jeden; sie besteht darin, sich selbst ohne Vermittlung zu erfassen.

Existentialismus und Materialismus

Zum zweiten ist diese Theorie die einzige, die dem Menschen eine Würde verleiht, die einzige, die ihn nicht zum Gegenstand macht. Jeder Materialismus hat zur Wirkung, alle Menschen, sich selber inbegriffen, als Gegenstand zu behandeln, das heißt als ein Ganzes von voraus=bestimmten Reaktionen, das sich durch nichts unterscheidet von der Summe der Eigenschaften und der Erscheinungen, welche einen Tisch, einen Stuhl oder einen Stein ausmachen. Wir aber wollen gerade das Menschenreich als eine Gesamtheit von Werten aufbauen, die vom Reiche des Stofflichen unterschieden sind. Aber die Ichheit, die wir da als Wahrheit erreichen, ist nicht eine streng individuelle Ichheit, denn wir haben bewiesen, daß man im Cogito nicht nur sich selber entdeckt, sondern auch die andern.

Cartesianische Subjektivität und Kantische Subjektivität

Durch das »Ich denke« kommen wir — im Gegensatz zu der Philo=sophie von Descartes, im Gegensatz zu der Philosophie Kants — zu uns selber im Angesicht des andern, und der andere ist für uns ebenso sicher wie wir selbst. Somit entdeckt der Mensch, der sich durch das Cogito unmittelbar erfaßt, auch alle andern, und er entdeckt sie als die Be=dingung seiner Existenz.

Existenz des andern

Er gibt sich Rechenschaft, daß er nichts sein kann (im Sinne, wie man sagt, einer ist geistreich, einer ist bösartig, einer ist eifersüchtig) außer wenn die andern ihn als solchen anerkennen.

Um irgendwelche Wahrheit über mich zu erfahren, muß ich durch den andern hindurchgehen. Der andere ist meiner Existenz unentbehr=lich, ebensosehr wie er der Erkenntnis, die ich von mir selber habe, unentbehrlich ist. Unter diesen Bedingungen enthüllt die Entdeckung meines Innersten mir gleichzeitig den andern, als eine mir gegenüber=gestellte Freiheit, die nur für oder gegen mich denkt und will. Somit entdecken wir sofort eine Welt, die wir »Zwischen=Ichheit« (Inter=Subjektivität) nennen wollen, und in dieser Welt entscheidet der Mensch, was er ist und was die andern sind.

Die menschliche Bedingung

Wenn es ferner unmöglich ist, in jedem Menschen eine allgemeine Wesenheit zu finden, welche seine menschliche Natur wäre, so existiert trotzdem eine menschliche Allgemeinheit der Bedingtheit. Es ist nicht von ungefähr, daß die Denker von heute lieber von der »menschlichen Bedingung« als von der menschlichen Natur reden. Unter Bedingung verstehen sie, mit mehr oder weniger Klarheit, die Gesamtheit der Be=grenzungen a priori, die seine Grundsituation im All umreißen.

Historische Situation und menschliche Bedingung

Die geschichtlichen Situationen verändern sich: Der Mensch kann als Sklave in einer heidnischen Gesellschaft geboren sein oder als Feudalherr oder als Proletarier. Was sich nicht verändert, ist die Notwendigkeit, in der Welt zu sein, darin an der Arbeit, darin inmitten der andern zu sein und darin sterblich zu sein. Die Begrenzungen sind weder subjektiv noch objektiv, oder besser, sie haben eine subjektive und eine objektive Seite. Objektiv, weil sie überall angetroffen werden und überall erkennbar sind; subjektiv, weil sie gelebt werden und nichts sind, wenn der Mensch sie nicht lebt, das heißt sich nicht frei in seiner Existenz in bezug auf sie bestimmt. So verschieden die Entwürfe auch sein mögen, mindestens wird keiner mir ganz fremd bleiben, da sie sich alle als ein Versuch darstellen, jene Grenzen zu überschreiten oder sie zurückzuschieben oder sie zu verneinen oder sich ihnen anzupassen. Demzufolge hat jeder Entwurf, wie individuell er auch sei, einen allgemeinen Wert.

Universalität des individuellen Entwurfs

Jeder Entwurf, selbst der des Chinesen, des Indianers oder des Negers, kann von einem Europäer verstanden werden. Er kann verstanden werden, das will sagen, daß der Europäer von 1945 sich von einer Situation aus, die er erfaßt, auf dieselbe Weise gegen seine Grenzen werfen kann, und daß er in sich den Entwurf des Chinesen, des Indianers oder des Afrikaners nachgestalten kann. Es gibt Allgemeinheit eines jeden Entwurfs in dem Sinn, daß jeder Entwurf für einen jeden Menschen verstehbar ist. Was keineswegs bedeutet, daß dieser Entwurf den Menschen für immer definiert, sondern daß er wieder neu entdeckt werden kann.

Die Allgemeinheit des Menschen

Es gibt immer eine Weise, den Schwachsinnigen, das Kind, den Primitiven, den Ausländer zu verstehen, vorausgesetzt, daß man die genügenden Aufschlüsse besitzt. In diesem Sinne können wir sagen, daß es eine Allgemeinheit des Menschen gibt; aber sie ist nicht gegeben, sie wird fortwährend aufgebaut. Ich erbaue das Allgemeine, indem ich mich wähle, ich erbaue es, indem ich den Entwurf jedes andern Menschen verstehe, aus welcher Zeit er auch sei. Diese Absolutheit der Wahl hebt jedoch die Relativität einer jeden Zeit nicht auf.

Die Bindung

Dem Existentialismus ist besonders daran gelegen, die Verknüpfung zu zeigen zwischen dem Absolutheitscharakter der freien Bindung, durch welche sich jeder Mensch verwirklicht, indem er einen Typus des Menschen verwirklicht – einer jeder denkbaren Zeit und jedem denkbaren Menschen faßlichen Bindung – und der Relativität des kulturellen Ganzen, die aus einer derartigen Wahl sich ergeben kann; es muß zugleich die Relativität des Cartesianismus und der absolute Charakter der cartesianischen Bindung gekennzeichnet werden. In diesem Sinne kann man sagen, daß jeder von uns das Absolute tut, indem er atmet, ißt, schläft oder auf irgendeine Weise handelt. Es ist kein Unterschied zwischen einem auf freie Weise Sein – einem Sein als Entwurf, als Existenz, die ihre Essenz wählt, und einem Absolut-Sein; es ist kein Unterschied da zwischen dem, ein zeitlich lokalisiertes Absolutes zu sein, das heißt zwischen einem Sein, das sich in der Geschichte lokalisiert hat, und dem, allgemein verständlich zu sein.

Wahl und Subjektivität

Dies löst den Einwand des Subjektivismus jedoch nicht vollständig. In der Tat nimmt dieser Einwand noch mehrere Formen an. Die erste ist die folgende: Man sagt uns, also könnt ihr tun, was ihr wollt – was man wiederum verschiedenartig ausdrückt. Zuerst schätzt man uns als Anarchisten ein; dann erklärt man: Ihr könnt über die andern nicht urteilen, da ja kein Grund vorhanden ist, einen Entwurf einem andern vorzuziehen; endlich kann man uns sagen: Alles in dem, was ihr wählt, ist unmotiviert, mit der einen Hand teilt ihr aus, was ihr angeblich mit der andern empfangt. Diese drei Einwände sind nicht sehr ernsthaft. Zunächst der erste Einwand (Ihr könnt alles wählen) ist ungenau. Die Wahl ist möglich in einem Sinne, aber was *nicht* möglich ist, ist, *nicht* zu wählen. Ich kann immer wählen, aber ich muß mir bewußt sein, daß ich, wenn ich nicht wähle, trotzdem wähle. Wenn dies auch streng formell erscheint, hat es doch eine sehr große Wichtigkeit, um die Phantasie und die Laune einzugrenzen.

Die Situation

Wenn es wahr ist, daß einer Situation gegenüber – zum Beispiel der Situation, die aus mir ein geschlechtliches Wesen macht, das Beziehungen mit einem Wesen eines andern Geschlechts haben kann, das Kinder haben kann – ich gezwungen bin, eine Stellung zu wählen, und daß ich auf jeden Fall die Verantwortung einer Wahl trage, die, indem sie mich bindet, auch die ganze Menschheit bindet, auch wenn kein Wert a priori meine Wahl bestimmt — so hat sie nichts zu tun mit einer Laune.

Die Wahl und Gides Unmotivierter Akt (acte gratuit)

Und glaubt man hier die Gidesche Theorie des »unmotivierten Aktes« wiederzufinden, so darum, weil man den ungeheuren Unterschied zwischen dieser Lehre und der Gides nicht sieht. Gide weiß nicht, was eine Situation ist; er handelt aus einfacher Laune. Im Gegenteil befindet sich für uns der Mensch in einer organisierten Situation, in der er selbst gebunden ist; er bindet durch seine Wahl die ganze Menschheit, und er kann nicht umhin, zu wählen; entweder bleibt er keusch, oder er verheiratet sich, ohne Kinder zu haben; oder er verheiratet sich und hat Kinder; auf jede Art, was er auch tun möge, ist es unmöglich, daß er nicht die ganze Verantwortung diesem Problem gegenüber auf sich nimmt. Zweifellos wählt er, ohne sich auf vorgängig bestehende Werte zu berufen, aber es wäre ungerecht, dies als Laune einzuschätzen. Sagen wir lieber, daß man die moralische Wahl mit der Gestaltung eines Kunstwerks vergleichen soll.

Moral und Ästhetik

Und hier müssen wir sofort haltmachen, um klar zu sagen, daß es sich nicht um eine ästhetische Moral handelt, denn unsere Gegner sind so böswillig, daß sie uns sogar dies vorwerfen. Dies festgestellt — hat man je einem Künstler, der ein Bild macht, zum Vorwurf gemacht, daß er sich nicht von a priori festgesetzten Regeln leiten lasse? Hat man je gesagt, welches das Bild ist, das er machen muß? Es versteht sich von selber, daß es kein bestimmtes Bild zu machen gibt, daß der Künstler sich in der Gestaltung seines Bildes bindet und daß das Bild, welches zu machen ist, genau das Bild ist, das er gemacht haben wird; es ist selbstverständlich, daß es keine ästhetischen Werte a priori gibt, aber daß es Werte gibt, die sich nachträglich aus dem Zusammenhang des Bildes herausstellen, aus der Beziehung, die zwischen dem Schöpferwillen und dem Ergebnis besteht. Niemand kann sagen, was die Malerei von morgen sein wird; beurteilen kann man die Malerei nur, wenn sie einmal geschaffen ist. Was für eine Beziehung hat dies mit der Moral? Wir befinden uns in derselben Schöpfer-Situation. Wir sprechen nie von der Unmotiviertheit eines Kunstwerkes. Wenn wir von einem Bild Picassos sprechen, sagen wir nie, es sei unmotiviert; wir verstehen sehr gut, daß er sich selbst, so wie er ist, gleichzeitig mit seiner Malerei auferbaut hat; daß das Ganze seines Werkes sich seinem Leben einverleibt.

Die existentialistische Moral

Ebenso ist's auf dem moralischen Gebiet. Was Kunst und Moral gemeinsam haben, ist, daß wir in beiden Fällen Schöpfung und Erfindung vor uns haben. Wir können nicht a priori entscheiden über das, was zu tun ist. Ich glaube, Ihnen dies genügend gezeigt zu haben, indem ich Ihnen von dem Fall jenes Schülers sprach, der mich aufgesucht hat und der sich an alle Moralen, die kantische oder andere, wenden konnte, ohne dort irgendeine Art Anweisung zu finden; er sah sich genötigt, sein Gesetz selber zu erfinden.

Der Mensch wählt seine Moral

Nie werden wir sagen, daß dieser Mensch, der vielleicht gewählt hat, bei seiner Mutter zu bleiben, indem er die Gefühle, das individuelle Handeln, die konkrete Barmherzigkeit zur moralischen Grundlage nahm – oder aber, das Opfer vorziehend, nach England fortzugehen gewählt hat –, daß er eine unmotivierte Wahl getroffen. Der Mensch schafft sich, er ist nicht von Anfang an fertig geschaffen; er schafft sich, indem er seine Moral wählt, und der Druck der Umstände ist derartig, daß er nicht anders kann, als eine wählen.

Die Wahl ist nicht unmotiviert

Wir definieren den Menschen nur durch die Beziehung auf ein Sichbinden. Es ist unsinnig, uns Unmotiviertheit der Wahl vorzuwerfen.

In zweiter Linie sagt man uns: Ihr könnt über die andern nicht urteilen. Dies ist richtig in einem gewissen Maße, falsch in einem andern. Wahr ist es in dem Sinne, daß jedesmal, wenn der Mensch seine Bindung und seinen Entwurf in voller Aufrichtigkeit und vollem Klarsinn wählt (welches auch im übrigen der Entwurf sein möge), er diesem unmöglich einen andern vorziehen kann;

Der Existentialist und der Fortschritt

wahr ist es in dem Sinne, daß wir nicht an den Fortschritt glauben; der Fortschritt ist eine Verbesserung; der Mensch ist immer derselbe einer Situation gegenüber, die sich verändert, und die Wahl bleibt immer eine Wahl inmitten einer Situation. Das Problem der Moral hat nicht gewechselt seit dem Augenblick, wo man zwischen den Verteidigern der Sklaverei und denen der Sklavenbefreiung wählen konnte, zum Beispiel zur Zeit des Sezessionskrieges, und dem gegenwärtigen Augenblick, wo man für das MRP oder für die Kommunisten sich entscheiden kann.

Der Mensch wählt sich in Beziehung auf die andern

Aber man *kann* trotzdem urteilen, denn, wie ich Ihnen gesagt, man wählt im Angesicht der andern und man wählt sich im Angesicht der andern. Zunächst kann man urteilen (und das ist vielleicht nicht ein Werturteil, sondern ein logisches Urteil), daß gewisse Wahlhandlungen auf Irtum beruhen und andere auf Wahrheit. Man kann über einen Menschen urteilen, indem man sagt, er sei schlechten Willens.

Schlechter Wille

Wenn wir die Situation des Menschen als eine freie Wahl bestimmt haben, ohne Entschuldigungen und ohne Hilfe, so ist jeder Mensch, der in der Entschuldigung durch seine Leidenschaften Zuflucht sucht, jeder Mensch, der eine Vorausbestimmung erfindet, ein Mensch von schlechtem Willen.

Man könnte einwenden: Aber warum sollte er nicht schlechten Willens sich wählen? Ich antworte, daß ich ihn nicht moralisch zu beurteilen habe, aber ich bestimme seinen schlechten Willen als einen Irtum. Hier kann man einem Wahrheitsurteil nicht aus dem Wege gehen. Der schlechte Wille ist offenbar eine Lüge, weil er die totale Freiheit der Bindung verhehlt. Auf derselben Ebene behaupte ich, daß es ebenso schlechter Wille ist, wenn ich wähle, zu erklären, daß gewisse Werte vor mir bestehen; ich bin im Widerspruch mit mir selber, wenn ich zu gleicher Zeit dieselben will und sage, daß sie sich mir auferlegen. Sagt man mir aber: Und wenn ich nun schlechten Willens sein *will?*, so antworte ich: Es gibt keinen Grund, daß Sie es *nicht* sind, aber ich erkläre, daß Sie es sind, und daß die Haltung strengen Zusammenhanges die Haltung der Gutgläubigkeit ist.

Die Freiheit

Und ferner kann ich ein *moralisches* Urteil fällen. Wenn ich erkläre, daß die Freiheit durch jeden konkreten Umstand hindurch kein anderes Ziel haben kann, als sich selber zu wollen, wenn der Mensch einmal erkannt hat, daß er in Verlassenheit Werte setzt — dann kann er nur *eines* noch wollen, nämlich die Freiheit, als Grundlage aller Werte. Das bedeutet nicht, daß er die Freiheit als abstrakte will. Es will einfach heißen, daß die Handlungen der Menschen, die guten Willens sind, zur letzten Bedeutung das Streben nach Freiheit als solcher haben. Ein Mensch, der sich irgendeiner kommunistischen oder revolutionären Gewerkschaft anschließt, will konkrete Ziele; diese Ziele schließen einen abstrakten Willen zur Freiheit ein; aber diese Freiheit will sich im Konkreten.

Die Freiheit des andern

Wir wollen die Freiheit um der Freiheit willen und durch jeden besonderen Einzelumstand hindurch. Und indem wir die Freiheit wollen, entdecken wir, daß sie ganz und gar von der Freiheit der andern abhängt, und daß die Freiheit der andern von der unsern abhängt. Gewiß hängt die Freiheit als Definition des Menschen nicht vom andern ab, aber sobald ein Sichbinden vorhanden ist, bin ich verpflichtet, gleichzeitig mit meiner Freiheit die der andern zu wollen, und ich kann meine Freiheit nicht zum Ziel nehmen, wenn ich nicht zugleich die Freiheit der andern zum Ziel nehme.

Die Authentizität(Unverfälschtheit)

Folglich, wenn ich auf der Ebene völliger Unverfälschtheit erkannt habe, daß der Mensch ein Wesen ist, bei dem die Existenz der Essenz vorausgeht, daß er ein freies Wesen ist, das in den verschiedenen Umständen nicht anders kann als seine Freiheit wollen, habe ich gleichzeitig anerkannt, daß ich auch für die andern nur die Freiheit wollen kann. So kann ich im Namen dieses Freiheitswillens, der in der Freiheit selber enthalten ist, Urteile fällen über diejenigen, die danach trachten, sich die totale Unmotiviertheit ihres Daseins und seine totale Freiheit zu verbergen. Die einen, die mit dem Geist des Ernstes oder mit deterministischen Entschuldigungen ihre totale Freiheit verdecken wollen, werde ich Feiglinge nennen; die andern, die zu zeigen versuchen wollen, daß ihre Existenz notwendig war, da sie doch nur die Zufälligkeit selber des menschlichen Erscheinens auf Erden ist, werde ich Schmutzfinken nennen. Jedoch Feiglinge und Schmutzfinken können nur auf der Ebene der strengen Authentizität abgeurteilt werden.

Abstrakte und konkrete Moral

Obwohl also der Inhalt der Moral veränderlich ist, so ist doch eine gewisse Form dieser Moral allgemein. Kant erklärt, daß die Freiheit sich selber und die Freiheit der andern will. Einverstanden, aber er erachtet, daß das Formale und das Universale genügen, um eine Moral zu gründen. Wir im Gegenteil denken, daß allzu abstrakte Prinzipien scheitern, wenn sie das Handeln bestimmen wollen. Nehmen Sie noch einmal den Fall jenes Schülers vor; im Namen wovon, im Namen welcher großen moralischen Maxime glauben Sie, daß er in voller Ruhe des Geistes hätte entscheiden können, seine Mutter zu verlassen oder bei ihr zu bleiben? Dazwischen gibt es keine Wahl. Der Inhalt ist immer konkret und daher unvoraussehbar; es ist immer Erfindung vorhanden. Was allein zählt, ist, zu wissen, ob die Erfindung, die getätigt wird, im Namen der Freiheit getätigt wird.

Untersuchen wir zum Beispiel die zwei folgenden Fälle:

Das Beispiel des »Mill on the Floss«

Sie werden sehen, in welchem Maße sie übereinstimmen und sich unterscheiden. Nehmen wir den Roman von George Eliot »Die Mühle am Floß«. Wir finden da ein junges Mädchen, Maggie Tulliver, die den Wert der Leidenschaft verkörpert und die sich dessen bewußt ist; sie ist in einen Jüngling, namens Stephen, verliebt, der mit einem unbedeutenden Mädchen verlobt ist. Diese Maggie Tulliver, anstatt dumpf eingenommen ihr eigenes Glück vorzuziehen, wählt im Namen der menschlichen Gemeinbürgschaft, sich aufzuopfern und auf den Mann, den sie liebt, zu verzichten.

Das Beispiel der »Chartreuse de Parme«

Im Gegenteil dazu denkt die Sanseverina in Stendhals »Chartreuse de Parme«, die Leidenschaft mache den wahren Wert des Menschen aus, und sie würde erklären, daß eine große Liebe Opfers wert sei; daß man sie der Banalität eines Eheglückes vorziehen müsse, welches Stephen mit der kleinen Gans, die er zu heiraten vorhat, vereinen würde. Sie würde wählen, diese zu opfern und ihr eigenes Glück zu verwirklichen. Und, wie Stendhal zeigt, wird sie sich selber auf der Ebene der Leidenschaft opfern, wenn dieses Leben es fordert. Wir befinden uns hier angesichts von zwei vollkommen entgegengesetzten Moralen: Ich behaupte, daß sie gleichwertig sind; in beiden Fällen ist, was als Ziel gesetzt worden ist, die Freiheit. Und Sie können sich zwei in der Wirkung durchaus gleichartige Haltungen vorstellen: Ein Mädchen zieht aus Bescheidung vor, auf ihre Liebe zu verzichten; ein anderes zieht aus Geschlechtstrieb vor, die vorgängigen Bindungen des Mannes, den sie liebt, nicht anzuerkennen. Diese beiden Handlungsformen gleichen von außen denen, die wir eben beschrieben haben. Sie sind jedoch davon vollständig verschieden; die Haltung der Sanseverina ist viel näher der von Maggie Tulliver, als der einer sorglosen Raubgier. So sehen Sie, daß jener zweite Vorwurf zugleich richtig und falsch ist. Man kann alles wählen, solange es auf der Ebene freier Bindung geschieht.

Die existentialistischen Werte

Der dritte Einwand ist der folgende: Sie empfangen mit der einen Hand, was Sie mit der andern geben; das will heißen, daß die Werte im Grunde nicht ernst genommen werden können, weil Sie sie *wählen*. Darauf antworte ich, es tut mir sehr leid, daß dem so ist; aber da ich Gottvater ausgeschaltet habe, muß es wohl jemanden geben, der die Werte erfindet. Man muß die Dinge nehmen, wie sie sind. Und übrigens zu sagen, daß wir die Werte erfinden, bedeutet nichts anderes als dies: das Leben hat a priori keinen Sinn. Ehe Sie leben, ist das Leben nichts; es liegt bei Ihnen, ihm einen Sinn zu verleihen, und der Wert ist nichts anderes als der Sinn, den Sie wählen. Daraus ersehen Sie, daß es eine Möglichkeit gibt, eine Menschengemeinschaft zu schaffen. Man hat mir vorgeworfen, die Frage zu stellen, ob der Existentialismus ein Humanismus sei. Man sagte mir: Sie haben in dem Roman »La Nausée« geschrieben, die »Humanisten« hätten unrecht; Sie haben sich über einen gewissen Typus von »Humanismus« lustig gemacht; warum nun darauf zurückkommen? In Wirklichkeit hat das Wort Humanismus zwei ganz verschiedene Bedeutungen. Unter Humanismus kann man eine Theorie verstehen, die den Menschen zum Endzweck und als höheren Wert nimmt. Humanismus in diesem Sinne gibt es zum Beispiel bei Cocteau, wenn in seiner Erzählung »Le Tour du Monde en 80 heures« eine Person, die Berge im Flugzeug überfliegt, erklärt: Der Mensch ist fabelhaft. Das bedeutet, daß ich persönlich, der ich die Flugzeuge nicht erfunden habe, aus diesen besondern Erfindungen Vorteil ziehe, und daß ich persönlich als Mensch mich verantwortlich und geehrt fühlen kann durch Taten, die einigen Menschen zu eigen sind. Das würde voraussetzen, daß wir dem Menschen einen Wert zuerteilen könnten nach den höchsten Taten von gewissen Menschen.

Der klassische Humanismus

Dieser »Humanismus« ist unsinnig, denn nur der Hund oder das Pferd könnte ein Allgemeinurteil über den Menschen fällen und erklären, daß der Mensch fabelhaft ist, was sie sich, wenigstens meiner Kenntnis nach, wohl hüten zu tun. Aber man kann nicht zugeben, daß der Mensch ein Urteil über den Menschen fällen könne. Der Exi=

stentialist erläßt ihm jegliches Urteil solcher Art; der Existentialist wird den Menschen nie als einen Zweck nehmen, denn der Mensch ist immer neu zu schaffen. Und wir dürfen nicht glauben, daß es ein Menschentum gibt, dem wir in der Art Auguste Comtes einen Kultus widmen könnten. Der Menschheitskultus endet bei dem in sich geschlossenen Humanismus Comtes und, das muß gesagt sein, beim Faschismus. Das ist ein Humanismus, von dem wir nichts wissen wollen.

Der existentialistische Humanismus

Aber es gibt einen andern Begriff des »Humanismus«, welcher im Grunde genommen dies bedeutet: Der Mensch ist dauernd außerhalb seiner selbst; indem er sich entwirft und indem er sich außerhalb seiner verliert, macht er, daß der Mensch existiert, und auf der andern Seite, indem er transzendente Ziele verfolgt, kann er existieren; der Mensch ist diese Überschreitung und erfaßt die Gegenstände nur in Beziehung auf diese Überschreitung, und so befindet er sich im Herzen, im Mittelpunkt dieser Überschreitung. Es gibt kein anderes All als ein menschliches All, als das All der menschlichen Ichheit.

Die Transzendenz

Diese Verbindung der Transzendenz als den Menschen konstituierend (nicht im Sinne, wie Gott transzendent ist, sondern im Sinne der Überschreitung) und der Ichheit, in dem Sinne, wie der Mensch nicht in sich selber eingeschlossen ist, sondern dauernd gegenwärtig in einem menschlichen All — das ist es, was wir den existentialistischen Humanismus nennen. Humanismus, weil wir den Menschen daran erinnern, daß es außer ihm keinen andern Gesetzgeber gibt und daß er in seiner Verlassenheit über sich selber entscheidet; und weil wir zeigen, daß nicht durch Rückwendung auf sich selber, sondern immer durch Suche nach einem Ziel außerhalb seiner, welches diese oder jene Befreiung, diese oder jene besondere Verwirklichung ist — daß dadurch der Mensch sich als humanes Wesen verwirklichen wird. Aus diesen Überlegungen kann man ersehen, daß nichts ungerechter ist als die Vorwürfe, die man gegen uns erhebt.

Existentialismus und Atheismus

Der Existentialismus ist nichts anderes als eine Bemühung, alle Folgerungen aus einer zusammenhängenden atheistischen Einstellung zu ziehen. Er versucht keineswegs, den Menschen in Verzweiflung zu stürzen. Aber wenn man, wie die Christen, jede Haltung des Unglaubens

Verzweiflung nennt, so geht der Existentialismus von der Urverzweiflung aus. Der Existentialismus ist mithin nicht ein Atheismus im Sinne, daß er sich erschöpfte in dem Beweis, Gott existiere nicht. Eher erklärt er: Selbst wenn es einen Gott gäbe, würde das nichts ändern; das ist unser Standpunkt. Nicht, als ob wir glaubten, daß Gott existiert, aber wir denken, daß die Frage nicht die seiner Existenz ist; der Mensch muß sich selber wieder finden und sich überzeugen, daß ihn nichts vor ihm selber retten kann, wäre es auch ein gültiger Beweis der Existenz Gottes.

Schlußfolgerungen

In diesem Sinne ist der Existentialismus ein Optimismus, eine Lehre der Tat, und nur aus Böswilligkeit können die Christen, ihre eigene Verzweiflung mit der unsern verwechselnd, uns zu Verzweifelten stempeln.

Diskussion

FRAGE

Ich weiß nicht, ob der Wunsch, Ihnen die Frage verständlich zu machen, Ihnen hilft, sie wirklich besser zu verstehen, oder ob er vielmehr bewirkt, daß Sie sie noch schlechter verstehen; auf jeden Fall glaube ich, daß die Berichtigung in »Action« zu diesem schlechteren Verständnis beigetragen hat.

Gegen die Popularisierung des Existentialismus

Die Worte Verzweiflung, Verlassenheit haben einen viel stärkeren Hall in einem existentialistischen Text. Und es scheint mir, daß für Sie Verzweiflung und Angst etwas Grundlegenderes ist als einfach die Entscheidung des Menschen, der sich einsam fühlt und der entscheiden muß. Es ist ein Sichbewußtwerden der menschlichen Lage, das sich nicht zu jeder Zeit erzeugt. Selbstverständlich wählt man sich fortwährend, aber die Angst und die Verzweiflung treten dabei *nicht* laufend hervor.

SARTRE

Ich will natürlich nicht sagen, daß, wenn ich zwischen einer Cremeschnitte und einem Mohrenkopf wähle, ich in der Angst wähle. Die Angst ist beständig in dem Sinne, wie meine Urwahl eine beständige Sache ist. In der Tat ist die Angst nach meiner Ansicht die gänzliche

Abwesenheit der Rechtfertigung sowie die Verantwortlichkeit in Rück=sicht auf alle.

FRAGE

Ich sprach vom Standpunkt der in der »Action« erschienenen Be=richtigung aus, und es scheint mir, daß dort Ihr Standpunkt sich etwas abgeschwächt hatte.

SARTRE

Offen zu reden: es ist möglich, daß meine Thesen in der »Action« etwas abgeschwächt worden waren; es kommt oft vor, daß Leute, die dazu nicht die Vorbedingungen besitzen, Fragen an mich stellen. Da befinde ich mich dann angesichts von zwei möglichen Lösungen: die Antwort zu verweigern oder die Diskussion auf dem Gebiete der Popu=larisierung aufzunehmen.

Verallgemeinerung und Bindung

Ich habe die zweite gewählt, denn im Grunde, wenn man in einer Philosophieklasse Theorien auseinandersetzt, willigt man ein, einen Gedanken abzuschwächen, um ihn verständlich zu machen, und das ist gar nicht so schlecht. Wenn man eine Theorie des Sichbindens hat, muß man sich bis zum Ende binden. Wenn die existentialistische Philo=sophie tatsächlich vor allem eine Philosophie ist, die sagt: die Existenz geht der Essenz voraus, so muß sie, um wirklich aufrichtig zu sein, gelebt werden. Als Existentialist leben heißt einwilligen, für diese Lehre zu bezahlen und nicht nur sie in Büchern aufzunötigen. Wollen Sie, daß diese Philosophie wirklich eine Bindung sei, so müssen Sie den Leuten, die sie auf der politischen oder moralischen Ebene erör=tern, davon Rechenschaft ablegen. Sie werfen mir vor, das Wort Hu=manismus zu verwenden. Es geschieht, weil das Problem sich so stellt.

Philosophie und Politik

Entweder muß man die Lehre auf eine streng philosophische Ebene stellen und auf den Zufall zählen, daß sie eine Auswirkung habe, oder aber, da die Leute anderes von ihr verlangen, und da sie eine Bindung sein will, muß man einwilligen, sie zu popularisieren, vor=ausgesetzt, daß die Popularisierung sie nicht entstellt.

FRAGE

Wer Sie verstehen will, wird Sie verstehen, wer es aber nicht will, wird Sie nicht verstehen.

SARTRE

Sie scheinen die Rolle der Philosophie in der Volksgemeinschaft auf eine Art aufzufassen, die von den Ereignissen überholt ist. In früheren Zeiten wurden die Philosophen nur von den andern Philosophen angegriffen. Der einfache Mann verstand nichts davon und machte sich darüber keine Sorgen. Jetzt läßt man die Philosophie auf die Straße herabsteigen. Marx selber hat nicht aufgehört, seine Gedanken zu popularisieren. Das »Manifest« ist die Popularisierung einer Idee.

FRAGE

Die Urwahl Marxens ist eine revolutionäre Wahl.

SARTRE

Das müßte ein feiner Kopf sein, der sagen könnte, ob er sich zuerst als Revolutionär und nachher als Philosophen oder zuerst als Philosophen und nachher als Revolutionär gewählt hat. Er ist Philosoph und Revolutionär – das ist ein Ganzes. Was soll das bedeuten: er hat sich zuerst als Revolutionär gewählt?

FRAGE

Das Kommunistische Manifest erscheint mir nicht als eine Popularisierung, sondern als eine Kampfwaffe. Ich kann nicht glauben, es sei nicht ein Akt des Sichbindens. Als Marx einmal beschlossen hatte, daß die Revolution nötig sei, war seine erste Tat das Kommunistische Manifest, welches eine politische Tat ist. Das Kommunistische Manifest ist ein Band zwischen der Philosophie von Marx und dem Kommunismus.

Philosophie und marxistische Politik

Welches auch die Moral sei, die Sie etwa haben, man fühlt keine so enge logische Verbindung zwischen dieser Moral und Ihrer Philosophie wie zwischen dem Kommunistischen Manifest und der Philosophie Marxens.

SARTRE

Es handelt sich um eine Moral der Freiheit. Wenn es keinen Widerspruch gibt zwischen dieser Moral und unserer Philosophie, kann man nicht *mehr* verlangen. Die Typen der Bindung sind verschieden je nach den Epochen. In einer Zeit, in der Sichbinden Revolution machen hieß, mußte das Manifest geschrieben werden.

Der Sinn der existentialistischen Bindung

In einer Zeit wie der unsern, in der es verschiedene Parteien gibt, deren jede sich auf die Revolution beruft, bedeutet Bindung nicht, einer unter ihnen beizutreten, sondern zu versuchen, die Begriffe zu klären, gleichzeitig, um die Position genau zu bestimmen, wie um zu versuchen, auf die verschiedenen revolutionären Parteien einzuwirken.

NAVILLE

Die Frage, die man sich stellen kann von den Standpunkten aus, die Sie entwickeln, ist, ob Ihre Lehre sich nicht in der kommenden Zeit als die Wiederauferstehung des Radikalsozialismus darstellen wird. Das erscheint seltsam, aber auf diese Art muß man heute die Frage stellen. Sie nehmen übrigens alle möglichen Standpunkte ein. Aber wenn man einen Punkt sucht, auf den gegenwärtig diese Standorte, diese Blickseiten der existentialistischen Ideen zusammenneigen, so habe ich den Eindruck, daß man ihn in einer Art Auferstehung des Liberalismus finden wird.

Existentialismus und Radikalsozialismus

Ihre Philosophie sucht unter ganz besonderen Bedingungen, welche die gegenwärtigen geschichtlichen Bedingungen sind, das was das Wesentliche des Radikalsozialismus, des humanistischen Liberalismus ausmachte, neu zu beleben. Ihrer Philosophie wird ihre Eigenart dadurch verliehen, daß die soziale Weltkrise den alten Liberalismus nicht mehr gestattet: sie verlangt einen gequälten, angstvollen Liberalismus.

Existentialismus und Neoliberalismus

Ich glaube, daß man für diese Einschätzung eine gewisse Anzahl ziemlich tiefgehender Begründungen finden kann, selbst wenn man sich dabei auf ihre eigenen Ausdrücke beschränkt. Es geht aus der gegenwärtigen Darlegung hervor, daß der Existentialismus sich unter der Form eines Humanismus und einer Philosophie der Freiheit darbietet, die im Grunde eine vorgängige Bindung ist; dies ist ein Entwurf, der nicht definiert wird. Wie viele andere stellen Sie die menschliche Würde voran, die überragende Würde der Person – Themen, die am Ende aller Enden nicht so weit entfernt sind von all den alten liberalen Themen. Um sie zu rechtfertigen, stellen Sie Unterscheidungen auf zwischen den beiden Bedeutungen von Humanismus, den beiden Bedeutungen der »condition humaine«, zwischen zwei Deutungen einer gewissen Anzahl von Ausdrücken, die ziemlich abgenutzt sind, die übrigens eine ganz bezeichnende Geschichte haben, und deren zweideutige Artung nicht die Frucht des Zufalls ist. Um diese Ausdrücke zu retten, erfinden Sie ihnen einen neuen Sinn. Ich übergehe alle Sonderfragen, die mit der Technik der Philosophie zu tun haben, obgleich sie interessant und wichtig sind; und um mich an die Ausdrücke zu halten, die ich gehört habe, beharre ich auf einem grundlegenden Punkt, der zeigt, daß ungeachtet des Unterschiedes, den Sie zwischen den zwei Deutungen des Humanismus machen, Sie eigentlich an der alten festhalten. Der Mensch stellt sich dar als eine Wahl, die getroffen werden muß. Sehr gut.

Die menschliche Natur

Er ist vor allem seine Existenz im gegenwärtigen Augenblick, und er befindet sich außerhalb der natürlichen Vorherbestimmung; er bestimmt sein Wesen nicht vorgängig zu sich selbst, sondern in Funktion seiner individuellen Gegenwart. Es gibt keine ihm übergeordnete menschliche Natur, aber es ist ihm in einem gegebenen Augenblick eine ihm eigentümliche Existenz gegeben. Ich frage mich, ob die Existenz in diesem Sinne genommen nicht eine andere Form des Begriffs der »menschlichen Natur« ist, die aus geschichtlichen Gründen sich mit einem neuen Ausdruck bekleidet; ob sie nicht sehr ähnlich, und das mehr, als es im ersten Augenblick erscheint, der menschlichen Natur ist, wie sie im 18. Jahrhundert definiert wurde und so wie Sie deren Begriff abzulehnen erklären; denn sie findet sich in weitem Maße hinter dem Ausdruck »menschliche Lage« wieder, so wie der Existentialismus ihn anwendet. Ihr Begriff der menschlichen Lage ist ein Ersatz für die menschliche Natur, so wie Sie die gelebte Erfahrung der allgemeinen Erfahrung oder der wissenschaftlichen Erfahrung unterschieben.

Der Begriff Menschliche Lage an Stelle des Begriffs Menschliche Natur

Wenn man die menschlichen Bedingtheiten als Bedingungen betrachtet, die sich durch ein X, welches das X des Ichs ist, definieren, aber nicht durch ihren natürlichen Zusammenhang, durch ihre positive Bestimmtheit definieren – so hat man es mit einer andern Form von menschlicher Natur zu tun; es ist, wenn Sie wollen, eine bedingungshafte Natur, das heißt, daß sie sich nicht einfach als abstrakter Typus von Natur bestimmt, sondern daß sie sich enthüllt durch etwas, das viel schwerer zu formulieren ist, und dies aus Gründen, welche meiner Ansicht nach geschichtlicher Natur sind. Heute findet die menschliche Natur ihre Wesensbestimmung in gesellschaftlichen Rahmen, in denen die allgemeine Zersetzung der sozialen Herrschaftsformen, der Klassen und

Konflikte, die diese durchdringen, sowie die Vermischung der Rassen und Nationen vor sich geht. Dies alles macht aus, daß sogar die Idee einer einheitlichen schematischen Natur sich nicht mehr unter demselben Charakter der Allgemeinheit darstellen kann, nicht mehr denselben Typus der Universalität annehmen kann wie im 18. Jahrhundert, in einem Zeitraum, wo sie sich scheinbar auf der Grundlage eines dauern=den Fortschrittes zum Ausdruck brachte. Heute hat man es mit einem Ausdruck der menschlichen Natur zu tun, welche die Leute, die naiv über diese Frage nachdenken oder reden, als menschliche Bedingung ausdrücken. Sie drücken das auf eine chaotische, vage Art aus und meistens unter einem, wenn Sie wollen, dramatischen Aspekt, der durch die Umstände auferlegt ist; und soweit man nicht von der allgemeinen Bezeichnung dieser Bedingung zu der deterministischen Prüfung dessen, was wirklich die Bedingungen sind, übergehen will, behalten sie den Typus, das Schema eines abstrakten Ausdruckes bei, ähnlich dem der »menschlichen Natur«.

Eine elende Natur

Somit klammert sich der Existentialismus an die Idee einer mensch=lichen Natur, aber diesmal ist es nicht eine Natur, die auf sich stolz ist, sondern eine Bedingtheit im Sinne des Ängstlichen, Unsicheren und Verlassenen. Und tatsächlich, wenn der Existentialist von menschlicher Bedingtheit spricht, so spricht er von einer, die noch nicht wirklich ge=bunden ist in dem, was der Existentialist Entwürfe nennt, und dem=zufolge eine Vor=Bedingung ist. Es handelt sich um eine Vor=Bindung und nicht um eine Bindung, noch um eine wirkliche Bedingung.

Die Vor=Bindung

Daher ist es nun auch absolut *kein* Zufall, daß sich diese Bedingung vor allem durch ihren allgemein humanistischen Charakter bestimmt. Übrigens, als man in der Vergangenheit von menschlicher Natur sprach, zielte man auf etwas viel Begrenzteres, als wenn man von einer Bedingtheit im allgemeinen sprach; denn die Natur ist ja schon etwas anderes, sie ist in gewissem Maße mehr als eine Bedingung. Die menschliche Natur ist nicht eine Beschaffenheit in dem Sinne, wie die menschliche Bedingung eine Beschaffenheit ist. Und darum soll man meines Erachtens besser von Naturalismus als von Humanismus spre=chen. Im Naturalismus liegt ein Inbegriffensein von allgemeineren Wirk=lichkeiten als im Humanismus, in dem Sinne wenigstens, welchen bei Ihnen der Ausdruck Humanismus annimmt; wir haben es mit einer

Wirklichkeit zu tun. Übrigens sollte man diese Diskussion über die menschliche Natur noch ausdehnen. Man muß auch den geschichtlichen Standpunkt hereinbringen. Die erste Wirklichkeit ist die Naturwirk=lichkeit, von der die menschliche Wirklichkeit nur eine Funktion ist.

Die menschliche Natur und die Geschichte

Aber dafür muß man die Wahrheit der Geschichte zugeben, und der Existentialist gibt, allgemein gesehen, die Wahrheit der Geschichte nicht zu, ebensowenig die der menschlichen Geschichte wie die der Na=turgeschichte; und dennoch ist es die Geschichte, welche die Einzelwesen macht; es ist ihre eigene Geschichte, die vom Augenblick an, wo sie im Mutterleib empfangen worden sind, ausmacht, daß sie nicht in einer Welt auftreten, die ihnen eine abstrakte Bedingung bereitet, sondern in einer Welt erscheinen, der sie immer als Teil angehört haben, durch die sie bedingt sind und zu deren Bedingtheit sie selber beitragen, auf die Art, wie eine Mutter ihr Kind bedingt und wie dieses Kind sie selber bedingt, sobald sie damit schwanger ist. Nur von diesem Gesichts=punkt aus haben wir das Recht, von einer menschlichen Bedingtheit als Ur=Wirklichkeit zu sprechen. Man sollte eher sagen, daß die erste Wirklichkeit eine Naturbedingung und nicht eine menschliche Bedin=gung ist. Ich wiederhole hier nur geläufige und banale Auffassungen, die mir jedoch keineswegs durch die Darlegung des Existentialismus widerlegt erscheinen.

Es gibt keine Bedingung des Menschen im allgemeinen

Kurzum, wenn es wahr ist, daß es keine abstrakte menschliche Natur gibt, keine Essenz des Menschen, die von seiner Existenz unab=hängig ist oder dieser vorausgeht, so ist es auch sicher, daß es keine menschliche Bedingung im allgemeinen gibt, selbst wenn Sie unter Bedingung eine Anzahl von Umständen und konkreten Situationen ver=stehen; denn in Ihren Augen sind diese nicht abgesetzt aussprechbar. Auf jeden Fall macht sich der Marxismus zu diesem Gegenstand eine ganz andere Idee, diejenige der Natur im Menschen und des Menschen in der Natur, welche nicht unbedingt vom individuellen Standpunkt aus definiert wird.

Der objektive Mensch

Dies bedeutet, daß es Funktionsgesetze für den Menschen wie für jeden andern Gegenstand der Wissenschaft gibt, welche im wahrsten Sinne des Wortes seine Natur ausmachen, eine vielartige Natur aller=

dings, die sehr wenig einer Phänomenologie gleicht, das heißt einer erprobten, empirischen und erlebten Vorstellung, wie sie der gesunde Menschenverstand oder besser der vorgebliche gesunde Menschenverstand der Philosophen vermittelt. In diesem Sinne stand die Auffassung der menschlichen Natur, wie sie die Menschen des 18. Jahrhunderts sich bildeten, ohne Zweifel der von Marx näher als sein existentialistischer Ersatz:

Humanismus und Liberalismus

die »menschliche Bedingung«, eine reine Phänomenologie der Situation. Humanismus ist leider heute ein Ausdruck, der dazu dient, die philosophischen Strömungen nicht nur in zwei, sondern in drei, vier, fünf, sechs Richtungen zu bezeichnen. Jedermann ist zur Zeit Humanist; sogar gewisse Marxisten, die sich plötzlich als klassische Rationalisten entpuppen, sind Humanisten in einem abgeplatteten, von den liberalen Ideen des letzten Jahrhunderts abgeleiteten Sinne — dem eines durch die ganze gegenwärtige Krise hindurch fahnenflüchtigen Liberalismus. Wenn die Marxisten Anspruch darauf machen können, Humanisten zu sein, so behaupten die verschiedenen Religionen, die Christen, die Hindus und viele andere von sich dasselbe, und schließlich der Existentialist seinerseits und ganz allgemein *alle* Philosophen. Zur Zeit berufen sich viele politischen Strömungen ebenfalls auf einen Humanismus. Alles das läuft zusammen auf eine Art Versuch der Wiedereinsetzung einer Philosophie hin, die trotz ihres Anspruchs im Grunde ablehnt, sich zu binden, und sie lehnt diese Bindung nicht nur aus dem politischen und sozialen Gesichtspunkte ab, sondern auch in einem tief philosophischen Sinne. Erklärt sich das Christentum vor allem als humanistisch, so darum, weil es ablehnt, sich zu binden, weil es sich nicht binden *kann,* das heißt sich an dem Kampf der fortschrittlichen Mächte beteiligen, weil es an einer reaktionären Stellung dieser Revolution gegenüber festhält. Wenn die Pseudo-Marxisten oder die Liberalen sich vor allem auf die Person berufen, so geschieht dies, weil sie vor den Anforderungen der gegenwärtigen Weltlage zurückweichen. Ebenso beruft sich der Existentialist als Liberaler auf den Menschen im allgemeinen, da er nicht imstande ist, eine durch die Ereignisse erforderte Stellungnahme zu formulieren, und die einzige fortschrittliche Position, die wir kennen, ist die des Marxismus. Der Marxismus ist es, der die wahren Probleme der Zeit stellt.

Der Mensch und die Umwelt

Es ist nicht wahr, daß der Mensch eine Wahlfreiheit in dem Sinne hat, daß er seiner Tätigkeit durch diese Wahl eine Bedeutung ver=leiht, die sie sonst nicht hätte. Es genügt nicht, zu sagen, daß Men=schen für die Freiheit kämpfen können, ohne zu wissen, daß sie für die Freiheit kämpfen; oder dann, geben wir dieser Anerkenntnis ihren vollen Sinn, so bedeutet es, daß Menschen sich einer Sache hingeben, die sie beherrscht, und für sie ringen können, das heißt in einem Rahmen, der über sie hinausgeht, und nicht nur von sich selber aus handeln. Denn schließlich, wenn ein Mensch für die Freiheit kämpft, ohne zu wissen, ohne sich ausdrücklich klar zu machen, auf welche Art, zu welchem Zweck er kämpft, so bedeutet dies, daß seine Handlungen eine Reihe von Folgen mit sich ziehen werden, die sich in ein Ursachen=gewebe einschalten, dessen Kreuz= und Querfäden er nicht kennt, die aber dennoch seine Handlung einfassen und ihr ihren Sinn verleihen in Abhängigkeit von der Tätigkeit der andern; nicht nur der andern Menschen, sondern der natürlichen Umwelt, in welcher diese Menschen handeln. Jedoch von Ihrem Gesichtspunkt aus ist die Wahl eine »Vor=wahl« — ich komme immer wieder auf diese Vorsilbe zurück, denn ich erachte, daß immer ein dazwischenkommender Vorbehalt da ist —, nämlich in dieser Art Vor=Wahl, in der man es mit einer Freiheit von der Vor=Indifferenz zu tun hat. Aber Ihre Auffassung der Be=dingtheit und der Freiheit ist an eine gewisse Begriffsbestimmung der Gegenstände gebunden, über die man ein Wort sagen muß.

Die Zeughaftigkeit

Gerade aus dieser Idee von der Welt der Gegenstände, der »Zeug=haftigkeit«, leiten Sie alles Übrige ab. Nach dem Bilde der unstetigen Existenzen der Wesen entwerfen Sie das Gemälde einer unstetigen Welt der Gegenstände, in der alle Ursächlichkeit fehlt außer dieser sonderbaren Spielart der Ursachenbeziehung, welche die der Zeughaf=tigkeit ist: eine passive, unverständliche und verächtliche Spielart.

Der existentialistische Mensch stolpert in einer Welt voll Zeug, voll schmutziger, untereinander verketteter Hindernisse hin, die in einem seltsamen Bestreben, einander zu dienen, aneinanderlehnen, aber die in den Augen der Idealisten behaftet sind mit dem schrecklichen Brand=mal der sogenannten reinen Äußerlichkeit. Diese Welt des Zeug=Determinismus ist jedoch akausal.

Äußerlichkeit und Objektivität

Aber wo beginnt und wo endet diese Welt, deren Begriffsbestimmung übrigens ganz willkürlich und keineswegs übereinstimmend mit den neuzeitlichen wissenschaftlichen Gegebenheiten ist? Für uns beginnt und endet sie nirgends, denn die Absonderung, die der Existentialist ihr auferlegen will, in Beziehung auf die Natur oder vielmehr auf die menschliche Bedingtheit, ist unwirklich.

Die Welt ist eins

Es gibt in unsern Augen eine Welt, eine einzige Welt, und die Gesamtheit dieser Welt kann als Ganzes, Menschen und Dinge zusammengenommen, wenn Sie auf diesem Unterschied bestehen, unter gewissen veränderlichen Bedingungen behaftet sein mit dem Zeichen der Objektivität. Was ist mit der Zeughaftigkeit der Sterne, des Zornes, der Blume? Ich will daran nicht weiter herumkritisieren. Ich behaupte jedoch, daß Ihre Freiheit, Ihr Idealismus aus der willkürlichen Verachtung der Dinge gemacht ist. Und dennoch sind die Dinge sehr verschieden von der Beschreibung, die Sie davon geben. Sie geben der Dinge Eigenexistenz an sich zu, und das ist schon ein Erfolg. Aber es ist eine private Existenz, eine dauernde Feindschaft. Die physische und biologische Welt ist in Ihren Augen nie eine Bedingung, eine Quelle der Bedingtheiten, da dieses Wort in seinem vollen und praktischen Sinne nicht mehr Wirklichkeit für Sie hat als das Wort Ursache. Deshalb ist die Welt der Objekte für den Existentialisten nur Anlaß von Mißgeschicken, ohne jegliche Handhabe, im Grunde gleichgültig, ein dauernder Komplex von Wahrscheinlichkeiten, mit andern Worten genau das Gegenteil von dem, was sie für den marxistischen Materialismus bedeutet.

Die existentialistische Bindung ist willkürlich

Aus allen diesen Gründen und einigen andern mehr betrachten Sie das Sichbinden der Philosophie als eine willkürliche Entscheidung, die Sie als freie bewerten. Sie fälschen die Geschichte sogar von Marx, indem Sie angeben, er habe eine Philosophie begrifflich bestimmt, da er sie praktisch eingesetzt habe. Nein, die Bindung oder, besser gesagt, die soziale und politische Tätigkeit war im Gegenteil bestimmend für seine allgemeine Idee. In einer Vielheit von Erfahrungen haben sich seine Lehren präzisiert. Es scheint mir augenfällig, daß die Entwicklung des philosophischen Gedankens bei Marx in bewußter Verbindung mit der sozialen und politischen Entwicklung vor sich geht.

Das ist übrigens mehr oder weniger der Fall auch bei den vorausgegangenen Philosophen. Wenn Kant ein systematischer Philosoph ist, der sich bekannterweise von jeglicher politischen Tätigkeit ferngehalten hat, so will das nicht sagen, seine Philosophie habe nicht eine gewisse politische Rolle gespielt, Kant, der deutsche Robespierre, wie Heine ihn nennt; und in dem Maße, in dem man zugeben kann, zum Beispiel für die Zeit Descartes', daß die Entwicklung der Philosophie keine unmittelbare Rolle spielte – was übrigens irrig ist –, ist dies seit dem letzten Jahrhundert zur Unmöglichkeit geworden. Heute eine dem Marxismus vorgängige Position einnehmen, unter welcher Form es auch sei, das ist es, was ich zum Radikalsozialismus zurückkehren nenne.

Existentialismus und Revolution

Insoweit der Existentialismus revolutionäre Willensregungen erwecken kann, muß er sich zuerst auf eine Vornahme der Selbstkritik einlassen. Ich denke nicht, daß er es gern tut, aber er müßte es tun! Er sollte eine Krise durchmachen in der Person derjenigen, die ihn verteidigen; eine dialektische Krise, das heißt, die in einem gewissen Sinne einige nicht wertlose Positionen bei gewissen seiner Anhänger stehen ließe. Und dies erscheint mir um so notwendiger, als ich die vollkommen beunruhigenden und eindeutig rückschrittlichen sozialen Folgerungen habe beobachten können, die einige von ihnen aus dem Existentialismus ziehen.

Existentialismus – Philosophie welcher Klasse?

Einer unter ihnen schrieb, als Schluß aus einer Analyse, daß die Phänomenologie heute in sehr genauer Weise auf sozialer und revolutionärer Ebene dienen könne, indem sie das Kleinbürgertum mit einer Philosophie ausstatte, die ihm erlaubt, die Vorhut der international-revolutionären Bewegung zu sein. Durch Vermittlung der Bewußtseins-Intentionalitäten könnte man dem Kleinbürgertum eine Philosophie verleihen, die seiner eigenen Existenz entspräche, welche ihm erlaubte, die Vorhut der revolutionären Weltbewegung zu werden. Ich führe Ihnen dieses Beispiel an; ich könnte Ihnen andere der gleichen Art aufzählen, die beweisen, daß eine Anzahl Menschen, die anderswo sehr gebunden sind und die an dem Thema des Existentialismus hängen, derart dazu gelangen, politische Theorien zu entwickeln, die im Grunde (und ich komme darauf zurück, was ich am Anfang darüber gesagt habe) von Neo-Liberalismus, von Neo-Radikalsozialismus gefärbte

Theorien sind. Das ist unbedingt eine Gefahr. Was uns am meisten interessiert, ist nicht, einen dialiktischen Zusammenhang zwischen all den Gebieten, die vom Existentialismus berührt werden, zu suchen, sondern die Orientierung dieser Themen zu sehen, die nach und nach aus Notwehr, im Dienste einer Nachforschung, einer Theorie, einer Haltung, die Sie für scharf umrissen halten, bei etwas landen, was selbstverständlich nicht der Quietismus ist — denn in der gegenwärtigen Zeit von Quietismus reden, heißt, sich die Sache leicht machen, denn es handelt sich da natürlich um ein unmögliches Ding —, aber doch dem Attentismus gleicht. Dies ist vielleicht nicht im Widerspruch mit gewissen persönlichen Bindungen, aber es ist im Widerspruch mit der Suche nach einer Bindung, die einen kollektiven Wert und besonders einen verbindlichen Wert annehmen soll. Warum sollte der Existentialismus keine Richtlinien geben? Im Namen der Freiheit? Aber wenn es eine Philosophie ist, die in dem von Sartre angegebenen Sinne ausgerichtet ist, muß sie Richtlinien geben, muß sie im Jahre 1945 schließlich sagen, ob man der UdSSR, der Sozialistischen Partei, der Kommunistischen Partei oder anderswo sich anschließen soll; sie muß sagen, ob sie für die Arbeiterpartei oder für die Kleinbürgerpartei ist.

SARTRE

Es fällt mir ziemlich schwer, Ihnen vollständig zu antworten, denn Sie haben viele Dinge gesagt. Ich will versuchen, auf eine gewisse Anzahl von Punkten, die ich notiert habe, zu antworten. Vor allem finde ich, daß Sie eine dogmatische Stellung eingenommen haben. Sie haben gesagt, daß wir eine dem Marxismus vorausgehende Position wieder aufnehmen, daß wir rückwärts schreiten. Ich glaube, man müßte beweisen, daß wir nicht eine entwicklungsgemäß nachherige Stellung einzunehmen suchen. Ich will darüber nicht diskutieren, aber ich möchte Sie fragen, woher es kommt, daß Sie solch eine Auffassung von Wahrheit haben. Sie denken, daß es unbedingt wahre Dinge gibt, denn Sie haben im Namen einer Gewißheit Kritiken aufgestellt.

Marxismus und Dogmatismus

Aber wenn alle Menschen Objekte sind, wie Sie sagen, woher nehmen Sie diese Gewißheit? Sie haben gesagt, es sei im Namen der Menschenwürde, daß der Mensch den Menschen als Objekt zu behandeln ablehnt. Das ist falsch. Es geschieht vielmehr aus Gründen philosophischer und logischer Ordnung: Wenn Sie eine Welt der Objekte setzen, so verschwindet die Wahrheit. Die Welt des Objektes ist die Welt der

Wahrscheinlichkeiten. Sie müssen zugeben, daß jede Theorie, sei sie wissenschaftlich oder philosophisch, wahrscheinlich ist. Der Beweis dafür ist, daß die wissenschaftlichen geschichtlichen Thesen sich verändern und daß sie unter der Form von Hypothesen entstehen.

Kritik der marxistischen Philosophie

Wenn wir zugeben, daß die Welt der Objekte, die Welt des Wahrscheinlichen einzig ist, so haben wir nur noch eine Welt der Wahrscheinlichkeiten, und da die Wahrscheinlichkeit von einer gewissen Anzahl erworbener Wahrheit abhängen muß – woher nehmen wir dann die Gewißheit? Unsere Ichheits-Lehre erlaubt Gewißheiten, von denen ausgehend wir uns auf der Ebene des Wahrscheinlichen wieder mit Ihnen vereinigen und den Dogmatismus rechtfertigen können, den Sie in Ihrer Auseinandersetzung an den Tag gelegt haben und der unverständlich ist von der Stellung aus, die Sie einnehmen. Wenn Sie die Wahrheit nicht definieren, wie dann die Theorie Marxens anders auffassen als im Sinne einer Lehre, die auftaucht, die verschwindet, sich verändert und die nur den Wert einer Theorie besitzt.

Marxismus und Existentialismus

Wie kann man eine Dialektik der Geschichte bauen, wenn man nicht damit anfängt, eine gewisse Anzahl Regeln aufzustellen? Wir finden sie in dem cartesianischen Cogito; wir können sie nur finden, indem wir uns auf den Boden der Ichheit stellen. Wir haben nie die Tatsache in Zweifel gezogen, daß der Mensch dauernd ein Objekt für den Menschen ist, aber umgekehrt braucht es ein Subjekt, das als Subjekt zu sich kommt, um das Objekt als solches zu erfassen.

Weiter sprechen Sie von einer »menschlichen Bedingung«, die Sie mitunter als »Vor-Bedingung« bezeichnen, und Sie sprechen von einer Vor-Bestimmtheit. Was Ihnen hier entgangen ist, ist, daß wir vielen Beschreibungen seitens des Marxismus uns anschließen. Sie können mich nicht kritisieren, wie Sie Leute des 18. Jahrhunderts kritisieren, denen schlechthin alles von der Frage noch unbewußt war. Was Sie uns über die Vorausbestimmung gesagt haben, wissen wir schon lange. Das eigentliche Problem für uns ist, festzusetzen, unter welchen Bedingungen es Allgemeinheit gibt. Da es keine menschliche Natur gibt, wie soll man in einer Geschichte, die fortwährend wechselt, genügend allgemeine Prinzipien behalten, um zum Beispiel das Phänomen Spartakus, das ein Mindestmaß von Verständnis seiner Zeit erfordert, auszulegen? Wir stimmen überein in dem Punkt, daß es keine menschliche Natur gibt;

anders gesagt, jede Epoche entwickelt sich nach dialektischen Gesetzen, und die Menschen sind von ihrer Zeit abhängig und nicht von einer menschlichen Natur.

NAVILLE

Wenn Sie auszulegen suchen, sagen Sie: Das tun wir, weil wir uns auf eine gewisse Situation berufen. Wir unserseits beziehen uns auf die Analogie oder auf die Unterschiede des sozialen Lebens der betreffenden Zeit im Vergleich zu der unsern. Wenn wir im Gegenteil versuchen würden, diese Ähnlichkeit in Abhängigkeit zu einem abstrakten Typus zu analysieren, so würden wir niemals zu einem Ergebnis kommen. Nehmen Sie also an, daß man in zweitausend Jahren, um die gegenwärtige Situation zu zergliedern, nur über Thesen betreffs der »menschlichen Bedingung« im allgemeinen verfügte, wie würde man es anstellen, um rückschauend zu analysieren? Es wäre unmöglich.

SARTRE

Wir haben nie gedacht, daß man menschliche Bedingungen und individuelle Intentionen nicht analysieren soll. Was wir als die Situation bezeichnen, ist eben genau die Gesamtheit der materiellen und psychoanalytischen Bedingungen, welche in einer gegebenen Zeit genau ein Ganzes umreißen.

NAVILLE

Ich glaube nicht, daß Ihre Definition mit Ihren Schriften übereinstimmt. Es geht jedoch trotzdem aus ihr hervor, daß sich Ihre Auffassung der Lage nicht von fern vereinbaren läßt mit einer marxistischen Auffassung, da sie die Ursächlichkeit verneint. Ihre Definition ist nicht genau; sie gleitet oft geschickt von einer Position in eine andere hinüber, ohne die beiden auf genügend strenge Weise zu bestimmen. Für uns ist eine Situation ein strukturiertes Ganzes, welches sich offenbart durch eine ganze Reihe von Bestimmungen, und Bestimmungen vom kausalen Typus, inbegriffen die Kausalität der statistischen Typen.

SARTRE

Sie sprechen von Kausalität statistischer Art. Das will rein nichts heißen. Wollen Sie mir auf klare, genaue Art angeben, was Sie unter Kausalität verstehen?

An dem Tage, wo mir ein Marxist das erklärt haben wird, werde ich an die marxistische Kausalität glauben. Wenn man Ihnen von Freiheit spricht, so verbringen Sie Ihre Zeit damit, zu sagen: Aber bitte, es gibt Kausalität. Von dieser geheimen Kausalität, die nur bei Hegel einen Sinn hat, können Sie nicht Rechenschaft geben. Sie haben einen bloßen Traum von marxistischer Kausalität.

NAVILLE

Geben Sie zu, daß es eine wissenschaftliche Wahrheit gibt? Es kann Gebiete geben, die keine Art Wahrheit aufweisen. Aber die Welt der Objekte – das müssen Sie doch wohl hoffentlich eingestehen – ist die Welt, mit der sich die Wissenschaften beschäftigen. Für Sie aber ist dies eine Welt, die nur eine Wahrscheinlichkeit hat und die Wahrheit nicht erreicht. Also läßt die Welt der Objekte, die diejenige der Wissenschaft ist, eine absolute Wahrheit nicht zu. Aber sie erreicht eine relative Wahrheit. Und doch werden Sie wohl zugeben, daß diese Wissenschaften den Begriff der Kausalität verwenden?

SARTRE

Ganz und gar nicht. Die Wissenschaften sind abstrakt, sie prüfen die Abwandlungen von gleicherweise abstrakten Faktoren und nicht die wirkliche Kausalität. Es handelt sich um umfassende Faktoren auf einer Ebene, auf der die Verbindungen immer untersucht werden können. Während im Marxismus es sich um die Untersuchung eines einmaligen Ganzen handelt, in dem man eine Kausalität sucht. Das ist keineswegs dasselbe wie eine wissenschaftliche Kausalität.

NAVILLE

Sie haben ein breit entwickeltes Beispiel gegeben, dasjenige von dem jungen Mann, der Sie aufgesucht hat.

SARTRE

Befand er sich nicht auf der Ebene der Freiheit?

NAVILLE

Man hätte ihm antworten müssen. Ich hätte versucht, mich über seine Fähigkeiten zu erkundigen, nach seinem Alter, seinen finanziellen Möglichkeiten, und seine Beziehungen zu seiner Mutter zu prüfen. Es ist möglich, daß ich eine in ihrer Richtigkeit nur wahr=

scheinliche Meinungsäußerung gegeben hätte, aber ganz bestimmt hätte ich einen genauen Standpunkt zu umreißen versucht, der sich vielleicht in der Tat als falsch erwiesen hätte, aber jedenfalls würde ich ihn verpflichtet haben, es zu tun.

SARTRE

Von dem Augenblick an, wo er Sie um Rat fragt, hat er schon seine Antwort gewählt. Praktisch hätte ich ihm sehr gut einen Rat geben können; aber da er die Freiheit suchte, wollte ich ihn selber entscheiden lassen. Ich wußte übrigens, was er tun würde, und das hat er dann auch getan.

MATERIALISMUS UND REVOLUTION

I

Der revolutionäre Mythus

Die jungen Leute von heutzutage fühlen sich irgendwie unbehaglich. Sie gestehen sich nicht mehr das Recht zu, jung zu sein, und alles spielt sich ab, wie wenn die Jugend mehr eine Klassenangelegenheit als ein Lebensalter wäre, eine in ungebührlicher Weise verlängerte Kindheit, ein Aufschub an Verantwortlichkeit, der den Söhnen guter Familie zugestanden wird; denn die Arbeiter gelangen ohne Übergang vom Jünglings- ins Mannesalter. Und es hat den Anschein, daß unsere Zeit, welche an die Beseitigung des europäischen Bürgertums herangeht, auch jene abstrakte und metaphysische Lebenszeit beseitigt, von der man immer gesagt hat, »sie müsse vorübergehen«. Weil sie sich ihrer Jugend und jener freien Verfügbarkeit schämt, die ehedem Mode war, hat sich die Mehrheit meiner ehemaligen Schüler früh verheiratet; sie sind Familienväter, ehe sie ihre Studien abgeschlossen haben. Sie erhalten immer noch am Ende jedes Monates einen Wechsel von ihrer Familie; aber er reicht nicht aus; sie sind gezwungen, Stunden zu geben, Übersetzungen zu machen oder Stellvertretungen zu übernehmen. Es sind Halbtagsarbeiter, teilweise vergleichbar mit Frauen, die sich aushalten lassen, teilweise mit Heimarbeiterinnen. Sie nehmen sich nicht mehr die Zeit, wie wir es in ihrem Alter taten, mit den Ideen zu spielen, bevor sie eine sich zu eigen machen. Sie sind Bürger und Väter, sie erfüllen ihre Stimmpflicht, sie müssen sich an etwas binden. Ohne Zweifel ist das nicht vom Übel; es ist schließlich eben angemessen, daß man von ihnen verlangt, sofort eine Wahl zu treffen: für oder gegen den Menschen, für oder gegen die Massen. Treffen sie aber die erstere Entscheidung, so beginnen die Schwierigkeiten; denn man versucht ihnen einzureden, sie müßten sich ihrer Subjektivität entledigen. Fassen sie jedoch ins Auge, dies zu tun, so geschieht es, da sie noch darin befangen sind, aus Beweggründen, die subjektiv bleiben; sie gehen mit *sich* zu Rate, bevor sie den Sprung ins Wasser wagen, und plötzlich gewinnt die Subjektivität um eben so viel an Wichtigkeit in ihren Augen, wie sie ernsthafter daran denken, sie aufzugeben; und sie stellen mit Erbitterung fest, daß ihre Auffassung von der Objektivität noch subjektiv ist. So drehen sie sich um sich selber, ohne Partei ergreifen zu können, und wenn sie sich entscheiden, so tun sie es, aus Ungeduld oder Überdruß, indem sie beim Absprung die Augen schließen. Aber damit sind sie mit der Sache noch nicht fertig: jetzt sagt man ihnen, sie hätten zu wählen zwischen Materialismus und Idealismus; man sagt ihnen, es gebe keinen Mittelweg und, wenn es nicht der eine sei, so eben der andere. Nun erscheinen aber den meisten unter ihnen die Grundsätze des Materialismus in philosophischer Hinsicht als falsch: Sie können nicht verstehen, wie die Materie die Idee der Materie hervorbringen könnte. Sie beteuern zwar, daß sie den Idealismus aus all ihren Kräften ablehnen; sie wissen, daß er den besitzenden Klassen als Mythus dient und daß er nicht eine strenge Philosophie, sondern ein ziemlich vager Gedanke ist, mit der Aufgabe, die Wirklichkeit zu verdecken oder sie in der Idee aufgehen zu lassen. »Ganz gleichgültig«, antwortet man ihnen; »da ihr ja keine Materialisten seid, werdet ihr eben, euch zum Trotze, Idealisten sein, und wenn euch auch die windigen Kunstgriffe der Universitätsleute zuwider sind, so werdet ihr nur einer feineren, um so gefährlicheren Illusion zum Opfer fallen.«

So hetzt man sie bis in ihre Gedanken hinein, die man an der Wurzel vergiftet; sie sind dazu verurteilt, gegen ihren Willen einer Philosophie zu dienen, die sie verabscheuen, oder aus Disziplin eine Lehre anzunehmen, an die sie nicht glauben können. Sie haben die Sorglosigkeit verloren, welche das Eigenste ihres Alters war, ohne die Gewißheit des reifen Alters zu erlangen; sie sind nicht mehr verfügbar, und können sich dennoch nicht binden; sie bleiben am Tor zum Kommunismus stehen, ohne zu wagen, einzutreten oder sich zu entfernen. Sie sind dabei ohne Schuld; es ist nicht ihr Fehler, wenn heute gerade die, welche sich auf die Dialektik berufen, sie zwingen wollen, zwischen zwei Gegensätzen zu wählen, und die Synthese, welche dieselben umgriffe, mit Verachtung als Dritte Partei bezeichnen und verwerfen. Da sie zutiefst aufrichtig sind, da sie das Kommen der sozialistischen Staatsform wünschen, da sie der Revolution mit all ihren Kräften zu dienen bereit sind, so ist das einzige Mittel ihnen zu helfen, daß man sich mit ihnen fragt, ob der Materialismus und der Mythus der Objektivität tatsächlich durch die Sache der Revolution gefordert sind, und ob nicht zwischen dem Handeln des Revolutionärs und seiner Ideologie etwas ins Rutschen gekommen ist. Deshalb wende ich mich wieder dem Materialismus zu und unternehme nochmals, ihn zu prüfen.

Es scheint, daß sein erster Schritt dahin geht, die Existenz Gottes und den Gedanken des transzendenten Zwecks zu verneinen; der zweite darauf, die Bewegungen des Geistes auf diejenigen der Materie zurückzuführen; der dritte darauf, das Subjektive auszuschalten, indem er die Welt, mitsamt dem Menschen darin, nur noch als ein Gefüge von Gegenständen sieht, die untereinander durch allumfassende Beziehungen verbunden sind. Ich schließe daraus in gutem Glauben, daß dies eine metaphysische Lehre ist und daß die Materialisten Metaphysiker sind. Man wird mich sogleich unterbrechen und sagen, daß ich mich täusche; die Materialisten verabscheuen nichts so sehr wie die Metaphysik; es ist nicht einmal sicher, ob auch nur die *Philosophie* Gnade vor ihren Augen findet. Der dialektische Materialismus ist nach Naville »der Ausdruck einer fortschreitenden Entdeckung der gegenseitigen Auswirkungen im Weltall, einer Entdeckung, die keineswegs passiv ist, sondern die Tätigkeit des Entdeckers, des Suchers und des Kämpfers in sich schließt«. Nach Garaudy geht jener erste Schritt des Materialismus dahin, zu verneinen, daß es zu Recht ein Wissen außerhalb des wissenschaftlichen Wissens gebe. Und für Frau Angrand kann man nicht Materialist sein, wenn man nicht von vornherein jegliche A-priori-Spekulation verwirft.

Solche Ausbrüche gegen die Metaphysik sind altbekannt: man begegnete ihnen im letzten Jahrhundert in den Schriften der Positivisten. Diese waren jedoch folgerichtiger und lehnten es ab, über die Existenz Gottes etwas auszusagen, weil sie die Vermutungen, die man in dieser Hinsicht machen konnte, für unbeweisbar hielten; sie hatten ein für allemal darauf verzichtet, über die Beziehungen zwischen Geist und Körper Fragen zu stellen, weil sie dachten, wir könnten darüber nichts erkennen. Tatsächlich ist es klar, daß der Atheismus von Naville oder Frau Angrand nicht »der Ausdruck einer fortschreitenden Entdeckung« ist. Er ist eine klare und apriorische Stellungnahme zu einem Problem, das unsere Erfahrung unendlich übersteigt. Dieser Standpunkt ist auch der meine, aber ich dachte nicht weniger Metaphysiker zu sein, indem ich Gott die Existenz versagte, als Leibniz es war, indem er sie ihm zubilligte. Und der Materialist, der den Idealisten vorwirft, sie trieben Metaphysik, wenn sie die Materie auf den Geist zurückführen – durch welches Wunder würde er dann selbst davon befreit, Metaphysik zu treiben, wenn er den Geist auf die Materie zurückführt? Die Erfahrung spricht sich nicht zugunsten seiner Lehre aus – übrigens auch nicht für die entgegengesetzte Lehre: die Erfahrung beschränkt sich darauf, die enge Verknüpfung zwischen Physiologischem und Psychischem klar an den Tag zu legen, und diese Verknüpfung ist geeignet, auf tausend verschiedene Arten gedeutet zu werden. Wenn der Materialist behauptet, seiner Grundsätze *sicher* zu sein, so kann seine Sicherheit nur aus Intuitionen oder aus Überlegungen *a priori* stammen, das heißt eben aus jenen Spekulationen, die er verdammt. Und jetzt ist es mir klar, daß der Materialismus eigentlich eine unter einem Positivismus versteckte Metaphysik ist; aber es ist eine Metaphysik, die sich selber zerstört; denn weil sie grundsätzlich die Metaphysik untergräbt, hebt sie jede Grundlage für ihre eigenen Bejahungen auf.

Mit demselben Streich zerstört sie auch den Positivismus, mit dem sie sich tarnt. Aus Bescheidenheit führten die Schüler Comtes das menschliche Wissen einzig auf die wissenschaftlichen Kenntnisse zurück: sie hielten die Vernunft in den engen Grenzen unserer Erfahrung, weil sie sich nur in dieser wirksam zeigt. Der Erfolg der Wissenschaft war für sie eine Tatsache; aber es war eine *menschliche* Tatsache: vom Standpunkt des Menschen aus und für den Menschen ist es wahr, daß die Wissenschaft erfolgreich ist. Sie unterließen es, zu fragen, ob das Weltall *in sich* den wissenschaftlichen Rationalismus trägt oder verbürgt, aus dem guten Grunde, weil sie verpflichtet gewesen wären, aus sich selbst und der Menschlichkeit herauszutreten, um das All, so wie es ist, mit der Vorstellung zu vergleichen, die die Wissenschaft uns davon gibt, und in bezug auf den Menschen und die Welt den Standpunkt Gottes einzunehmen. Der Materialist seinerseits ist nicht so schüchtern: er tritt aus der Wissenschaft, der Subjektivität und dem Menschlichen heraus und setzt sich an die Stelle Gottes, den er verneint, um das Schauspiel des Weltalls zu betrachten. Er schreibt in aller Ruhe: »Die materialistische Auffassung der Welt bedeutet einfach die Auffassung der Natur, so wie sie ist, ohne irgendeine fremde Zutat«[1]. Es handelt sich wohl in diesem überraschenden Text darum, die menschliche Subjektivität zu unterdrücken, diese »der Natur fremde Zutat«. Indem der Materialist seine Subjektivität verneint, denkt er, sie zum Verschwinden gebracht zu haben. Aber die List kann leicht entlarvt werden: um die Subjektivität zu unterdrücken, erklärt sich der Materialist als Gegenstand, d. h. als Stoff der Wissenschaft. Hat er nun aber einmal die Subjektivität zugunsten des Gegenstandes unterdrückt, so nimmt er für sich — anstatt sich als Ding unter den Dingen

1 K. Marx und Fr. Engels, Sämtliche Werke. Ludwig Feuerbach, Bd. XIV, S. 651, Russische Ausgabe. Ich zitiere dieses Wort wegen des Gebrauchs, den man *heute* davon macht. Ich habe an anderer Stelle zu zeigen, daß Marx einen viel tieferen und reicheren Begriff der Objektivität hatte.

zu sehen, hin und her geworfen durch den Wellengang des Alls der Natur — eine objektive Sicht in Anspruch und behauptet, die Natur, so wie sie an sich ist, zu betrachten. Es gibt einen Doppelsinn von »Objektivität« — welche bald die Passivität des betrachteten Objektes bedeutet und bald den absoluten Wert eines erkennenden Blicks, der aller Schwächen des Subjektiven ledig ist. So ergeht sich der Materialist, nachdem er alle Subjektivität hinter sich gelassen und sich der reinen objektiven Wahrheit angeglichen hat, in einer Welt von Objekten, die bewohnt ist von Menschen-Objekten. Kommt er von seiner Reise zurück, so läßt er uns an dem, was er gelernt hat, teilnehmen: »Alles was vernünftig ist, ist wirklich«, sagt er uns, »alles was wirklich ist, ist vernünftig.« Woher kommt ihm dieser rationalistische Optimismus? Wir begreifen, daß es ein Kantianer war, der uns diese Erklärungen über die Natur abgab, weil nach ihm die Vernunft es ist, welche die Erfahrung aufbaut. Aber der Materialist gibt nicht zu, daß die Welt das Erzeugnis unseres konstituierenden Handelns sei: ganz im Gegenteil sind wir in seinen Augen das Erzeugnis des Alls. Warum also sollten wir wissen, daß die Wirklichkeit rational ist, da wir sie ja nicht geschaffen haben und wir von ihr, von Stunde zu Stunde, nur einen winzigen Teil widerspiegeln. Der Erfolg der Wissenschaft kann, strenggenommen, uns zu dem Gedanken anregen, jene Rationalität sei *wahrscheinlich,* aber es kann sich um eine örtliche, statistische Rationalität handeln; sie kann für eine gewisse Größenordnung gelten und über oder unterhalb dieser Grenze zusammenbrechen. Was uns als eine kühne Induktion oder, wenn man will, als Postulat erscheint, daraus macht der Materialist eine Gewißheit. Für ihn gibt es durchaus keinen Zweifel: die Vernunft ist im Menschen und außerhalb des Menschen. Und die große Zeitschrift des Materialismus nennt sich ganz ruhig »Der *Gedanke,* Organ des neuzeitlichen Rationalismus« *(La Pensée, organe du rationalisme moderne).* Allein durch eine dialektische Rückwendung, die man voraussehen konnte, »geht« der materialistische Rationalismus in den Irrationalismus »über« und zerstört sich selber: Ist die psychische Tatsache unerbittlich streng durch das Biologische, und die biologische Tatsache ihrerseits durch den physischen Zustand der Welt bedingt, so sehe ich wohl ein, daß das menschliche Bewußtsein das All auf die Art ausdrücken kann, wie eine Wirkung ihre Ursache, aber nicht so, wie ein Gedanke seinen Gegenstand ausdrückt. Eine geknechtete Vernunft, von außen her regiert, vermittels Ketten blinder Ursachen gelenkt — wie sollte das noch eine Vernunft sein? Wie sollte ich an die Prinzipien meiner Schlußfolgerungen glauben, wenn doch bloß das äußere Geschehen es war, das sie in mir niedergelegt hat und so, wie Hegel sagt, »die Vernunft ein Knochen« ist? Durch welchen Zufall wären die Rohprodukte der Umstände zu gleicher Zeit die Schlüssel der Natur? Man beachte übrigens, wie Lenin von unserm Bewußtsein spricht: »Es ist«, sagt er, »nur der Widerschein des Seins, im besten Fall ein annähernd genauer Widerschein.« Wer aber soll entscheiden, ob der vorliegende Fall, hier der Materialismus, der »beste Fall« sei? Man müßte zugleich draußen und drinnen sein, um vergleichen zu können. Und da davon unter den angenommenen Voraussetzungen nicht die Rede sein kann, haben wir kein Kriterium über die Gültigkeit des Widerscheins, es seien denn innerliche und subjektive Kriterien: seine Übereinstimmung mit anderen Widerscheinen, seine Klarheit, seine Unterschiedenheit, seine Dauer. Kurzum idealistische Kriterien. Überdies bestimmen sie bis jetzt nur eine Wahrheit *für den Menschen,* und diese Wahrheit, die nicht wie die von den Kantianern vorgeschlagene konstruiert ist, sondern eine solche, der man sich unterworfen hat, wird niemals mehr als ein Glaube ohne Grundlage und eine Gewohnheit sein. Dogmatisch geht der Materialismus, wenn er behauptet, das All bringe den Gedanken hervor, alsbald in idealistischen Skeptizismus über. Mit der einen Hand stellt er die unwandelbaren Rechte der Vernunft auf, mit der anderen nimmt er sie wieder weg. Er zerstört den Positivismus durch einen dogmatischen Rationalismus, er zerstört beide durch die metaphysische Behauptung, daß der Mensch ein materieller Gegenstand sei, und er zerstört diese Behauptung durch die radikale Verneinung jeder Metaphysik. Er stellt die Wissenschaft gegen die Metaphysik und, ohne sein Wissen, *eine* Metaphysik gegen die Wissenschaft. So bleiben nur Trümmer zurück. Wie könnte ich also Materialist sein?

Man wird mir erwidern, daß ich davon nichts begriffen hätte, daß ich den naiven Materialismus von Helvetius und Holbach mit dem *dialektischen* Materialismus verwechsle. Es gibt, sagt man mir, eine dialektische Bewegung im Schoße der Natur, durch die die Gegensätze, indem sie sich einander gegenüberstellen, plötzlich überwunden und in einer neuen Synthese vereinigt werden; und diese neue Hervorbringung »geht« ihrerseits in ihr Gegenteil »über«, um sich mit ihm in einer anderen Synthese zu verschmelzen. Ich erkenne da sofort die der Hegelschen Dialektik eigene Bewegung, die ganz und gar auf dem Kräftespiel der Ideen gründet. Ich erinnere mich, wie bei der Hegelschen Philosophie eine Idee eine andere hervorruft, wie jede ihr Gegenteil hervorbringt, ich weiß, daß die Triebfeder dieser unermeßlichen Bewegung die Anziehung ist, welche die Zukunft auf die Gegenwart, und das Ganze selbst dann, wenn es noch nicht existiert, auf seine Teile ausübt. Dies trifft ebenso für die Teil-Synthesen zu wie für die absolute Ganzheit, welche schließlich der Geist sein wird. Das Prinzip dieser Dialektik besteht also darin, daß ein Ganzes seine Teile regiert, daß eine Idee von sich aus sich zu vervollständigen und zu bereichern trachtet, daß der Fortschritt des Bewußtseins nicht einbahnig ist wie der Fortgang von Ursache zur Wirkung, sondern synthetisch und mehrdimensional, da jede Idee die Gesamtheit der früheren Ideen in sich zurückbehält und sich angleicht; ferner daß der innere Bau des Begriffs nicht in einer einfachen Nebeneinanderstellung unveränderlicher Elemente besteht, die, vorkommenden Falles, sich mit anderen Elementen zur Hervorbringung anderer Zusammenstellungen vereinigen könnten, sondern in einer Gliederung, deren Einheit so beschaffen ist, daß ihre abgeleiteten Strukturen nicht abgesondert vom Ganzen betrachtet werden können, ohne »abstrakt« zu werden und ihr Wesen zu verlieren.

Diese Dialektik anerkennt man ohne Widerstreben, wenn es sich um Ideen handelt: die Ideen sind naturgemäß synthetisch. Nun hat es nur den Anschein, als ob Hegel sie umgestülpt hätte und daß sie in Wirklichkeit das Wesen der *Materie* sei. Und wenn man fragt, von *welcher* Materie denn die Rede sei, so wird einem geantwortet, daß es deren nicht zwei gebe und daß es die Materie ist, von welcher die Gelehrten reden. Was diese nun kennzeichnet, ist ihre Trägheit. Das bedeutet, daß sie nichts aus sich selbst heraus hervorbringen kann. Sie ist Mittel zur Beförderung für Bewegungen und für Energie; aber diese Bewegungen und diese Energie treten immer von außen her an sie heran: sie borgt sie und gibt sie wieder ab. Die Triebfeder jeder Dialektik ist die Idee der Ganzheit. Die Phänomene sind darin nie vereinzelte Erscheinungen. Wenn sie zusammen auftreten, dann immer in der höheren Einheit einer Ganzheit und, durch nach innen gehende Beziehungen, miteinander verknüpft; d. h., die Anwesenheit der einen verändert die andere in der Tiefe ihres Wesens. Aber die Welt der Wissenschaft ist quantitativ. Und die Quantität ist ganz genau das Gegenteil der dialektischen Einheit. Nur scheinbar bildet eine Summe eine Einheit. Tatsächlich unterhalten die sie zusammensetzenden Elemente nur Beziehungen der Berührung und des Zugleichseins: sie sind zusammen da, das ist alles. Eine zahlenmäßige Einheit wird keineswegs beeinflußt durch die Mitanwesenheit einer anderen Einheit; sie bleibt träge und losgelöst im Schoße der Zahl, die zu bilden sie beiträgt. Und so muß es auch sein, damit man zählen kann: denn wenn zwei Erscheinungen in einer engen Verbindung auftreten und sich gegenseitig verändern, so ist es unmöglich zu entscheiden, ob wir es mit zwei getrennten Gliedern oder mit einem einzigen zu tun haben. Daher ist die Wissenschaft, da die wissenschaftliche Materie gewissermaßen die Verwirklichung der Quantität darstellt, durch ihr tiefstes Anliegen, ihre Prinzipien und ihre Methoden das Gegenteil der Dialektik. Redet sie von Kräften, die auf einen materiellen Punkt einwirken, so besteht ihre erste Sorge darin, deren Unabhängigkeit zu bejahen: jede von ihnen handelt so, als ob sie allein wäre. Erforscht sie die Anziehung, welche die Körper aufeinander ausüben, so trägt sie Sorge, dieselbe als eine streng äußerliche Beziehung zu bestimmen, d. h. sie auf Veränderungen in der Richtung und der Geschwindigkeit ihrer Bewegungen zurückzuführen. Sie gebraucht bisweilen etwa den Ausdruck »Synthese«, z. B. bei den chemischen Verbindungen. Doch geschieht dies nie im Hegelschen Sinne: die miteinander in Verbindung tretenden Teilchen behalten ihre Eigenschaften bei. Ob ein Atom Sauerstoff sich mit Schwefel- und Wasserstoffatomen verbindet zur Bildung von Schwefelsäure oder nur mit Wasserstoffatomen zur Bildung von Wasser, es bleibt sich immer gleich; weder das Wasser noch die Säure sind wirkliche Ganzheiten, die ihre Komponenten verändern und lenken, sondern einfache passive Resultanten: *Zustände.* Alle Bestrebungen der Biologie bestehen in der Zurückführung der vorgeblichen lebendigen Synthesen auf physisch-chemische Prozesse. Und wenn der Materialist Naville das Bedürfnis empfindet, eine wissenschaftliche Psychologie aufzustellen, so wendet er sich an den »Behaviorismus«, der die menschlichen Verhaltensweisen als Summen bedingter Reflexe auffaßt. Nirgends treffen wir in der Welt der Wissenschaft auf organische Ganzheiten: das Werkzeug des Gelehrten ist die Analyse, sein Ziel ist überall, das Komplexe auf das Einfache zurückzuführen, und die Wiederzusammensetzung, die er danach vornimmt, ist nichts anderes als eine Gegenprobe, wogegen der Dialektiker aus Grundsatz das Komplexe als nicht auf anderes zurückführbar betrachtet.

Gewiß behauptet Engels, die Naturwissenschaften hätten den Beweis erbracht, »daß es in der Natur, in letzter Instanz, dialektisch und nicht metaphysisch hergeht, daß sie sich nicht im ewigen Einerlei eines stets wiederholten Kreises bewegt, sondern eine wirkliche Geschichte durchmacht«. Und er führt zur Stütze seiner These das Beispiel Darwins an, »der der metaphysischen Naturauffassung den gewaltigsten Stoß versetzt hat durch seinen Nachweis, daß die ganze heutige organische Natur ... das Produkt eines durch Millionen Jahre fortgesetzten

Entwicklungsprozesses ist[1].« Aber zunächst ist es klar, daß der Begriff *Naturgeschichte* widersinnig ist: denn die Geschichte kennzeichnet sich weder durch die Veränderung noch durch das reine und einfache Handeln der Vergangenheit; sie wird bestimmt durch die absichtliche Wiederaufnahme der Vergangenheit durch die Gegenwart: es kann da nur eine Geschichte des *Menschen* geben. Außerdem, wenn Darwin gezeigt hat, daß die Arten voneinander abstammen, so ist sein Erklärungsversuch von mechanistischer und nicht dialektischer Art. Mit Hilfe der Theorie von den kleinen Variationen trägt er den individuellen Unterschieden Rechnung. Und jede dieser Variationen ist in seinen Augen die Wirkung nicht etwa eines »Entwicklungsablaufs«, sondern des mechanischen Zufalls: Nach der Statistik muß es in einer Gruppe von Individuen derselben Art unbedingt einige geben, die an Wuchs, Gewicht, Körperkraft oder irgendeiner besonderen Einzelheit die andern überragen. Was den Kampf ums Dasein betrifft, so kann er keine neue Synthese durch die Verschmelzung der Gegensätze *hervorbringen*, er hat streng negative Wirkungen, da er die Schwächeren endgültig *ausmerzt*. Zum Verständnis genügt ein Vergleich der Ergebnisse mit dem echt dialektischen Ideal des Klassenkampfes: im letzteren Fall wird das Proletariat in der Tat die bürgerliche Klasse in sich zur Einheit einer klassenlosen Gesellschaft einschmelzen. Im Kampf ums Dasein lassen die Starken ganz einfach die Schwachen verschwinden. Schließlich *entwickelt* sich der zufällige Vorteil *nicht*, er bleibt träge und pflanzt sich durch die Vererbung unverändert fort. Er ist ein *Zustand*, und ein solcher kann sich nicht vermittelst eines inneren Kräftespiels verändern, um eine höhere Organisationsstufe hervorzubringen: lediglich eine andere Zufallsvariation wird von außen kommend sich ihm hinzufügen, und der Ablauf der Ausmerzung wird sich mechanisch wiederholen. Muß man da auf Leichtfertigkeit von Engels oder auf seine Unaufrichtigkeit schließen? Er bedient sich zum Beweise, daß die Natur eine Geschichte habe, einer wissenschaftlichen Hypothese, die ausschließlich dazu aufgestellt worden ist, um jede Naturgeschichte auf die mechanischen Verkettungen zurückzuführen.

Ist Engels ernster zu nehmen, wenn er über Physik spricht? »In der Physik«, sagt er uns, »besteht jede Veränderung in einem Übergang von der Quantität zur Qualität, von der Quantität der Bewegung – gleichviel welcher Form –, die dem Körper innewohnt (?) oder auf den Körper übertragen wird. So ist die Temperatur des Wassers zunächst

1 Engels: Herrn Eugen Dührings Umwälzung der Wissenschaft, Moskau 1935, S. 25.

gleichgültig für seinen flüssigen Zustand. Erhöht oder erniedrigt man aber die Temperatur des Wassers, so tritt der Augenblick ein, wo sein Kohäsionszustand eine Änderung erleidet, und das Wasser verwandelt sich in einem Fall in Dampf, in einem anderen in Eis . . .« Doch täuscht er uns mit einem Spiegeltrick. In Wirklichkeit kümmert sich die wissenschaftliche Forschung keineswegs darum, den Übergang von der Quantität zur Qualität aufzuzeigen: sie geht von der sinnlich wahrnehmbaren Qualität aus, die als ein täuschender und subjektiver Schein aufgefaßt wird, um hinter ihr die Quantität zu finden, die als die Wirklichkeit des Alls aufgefaßt wird. Engels nimmt naiverweise die Temperatur, als ob sie von vornherein sich als eine bloße Quantität darböte. Tatsächlich aber tritt sie zunächst als eine Qualität in Erscheinung: als jener Zustand nämlich des Unbehagens oder der Zufriedenheit, der uns unseren Mantel enger zuknöpfen oder im Gegenteil ausziehen läßt. Die Gelehrten haben diese sinnlich wahrnehmbare Qualität auf eine Quantität zurückgeführt, als sie übereinkamen, an die Stelle der unbestimmten Wahrnehmungen unserer Sinne den Maßstab der kubischen Ausdehnungen einer Flüssigkeit zu setzen. Die Verwandlung des Wassers in Dampf ist für die Gelehrten ebenfalls eine quantitative Erscheinung oder, wenn man will, sie existiert für sie nur *als* Quantität. Durch den Druck bestimmen sie den Begriff des Dampfes — oder mit Hilfe einer kinetischen Theorie, die ihn auf einen gewissen quantitativen Zustand (Stellung, Geschwindigkeit) seiner Moleküle zurückführt. Wir müssen also wählen: entweder bleiben wir auf dem Gebiet der sinnlich wahrnehmbaren Qualität; in diesem Fall ist der Dampf eine Qualität, aber auch die Temperatur ist eine solche; wir tun dann nicht das Werk der Wissenschaft, und wir sind Zeuge der Einwirkung einer Qualität auf eine andere. *Oder* wir betrachten die Temperatur als eine Quantität, dann aber wird der Übergang vom flüssigen in den gasförmigen Zustand wissenschaftlich bestimmt werden als eine quantitative Veränderung, d. h. durch einen auf einen Kolben ausgeübten meßbaren Druck oder durch meßbare Beziehungen zwischen den Molekülen. Für den Gelehrten bringt die Quantität die Quantität hervor; das Gesetz ist eine quantitative Formel, und die Wissenschaft verfügt über kein Symbol, um die Qualität als solche wiederzugeben. Was Engels uns als ein Vorgehen der Wissenschaft darzustellen beabsichtigt, ist die bloße und einfache Bewegung seines Geistes, die vom wissenschaftlichen Weltall zu dem des naiven Realismus geht und alsdann zur wissenschaftlichen Welt zurückkehrt, um diejenige der reinen sinnlichen Empfindung wieder zu gewissen. Und überdies, selbst wenn wir ihn machen ließen, gleicht dieses Hin und Her des Gedankens im allergeringsten einem dialektischen Ablauf? Wo sieht er ein Fortschreiten? Geben wir einmal zu, daß die Temperaturänderung, quantitativ genommen, eine qualitative Umwandlung des Wassers verursacht: das Wasser hat sich also in Dampf verwandelt. Und dann? Er wird einen Druck auf ein Ventil ausüben und es heben; er verflüchtigt sich in die Luft, kühlt sich ab und wird wieder zu Wasser. Wo ist da das Fortschreiten? Ich sehe darin eine Kreisbewegung. Zweifellos befindet sich das Wasser nicht mehr im Behälter, sondern draußen, auf den Gräsern und der Erde, in Form von Tau. Aber im Namen welcher Metaphysik will man in dieser Ortsveränderung einen Fortschritt erblicken[1]?

Man möchte vielleicht einwenden, gewisse neuzeitliche Theorien — wie diejenige Einsteins — seien synthetisch. Wie man weiß, gibt es in seinem System kein abgesondertes Element: jede Wirklichkeit wird bestimmt mit Rücksicht auf das Weltall. Darüber ließe sich heftig diskutieren. Ich beschränke mich auf die Bemerkung, daß es sich da durchaus nicht um eine Synthese handelt, denn die Beziehungen, die man zwischen den verschiedenen Baugliedern einer Synthese aufstellen kann, sind *intern* und *qualitativ*, wohingegen in den Theorien Einsteins die Beziehungen, welche eine Stellung oder eine Masse zu bestimmen gestatten, *quantitativ* und *extern* bleiben. Indessen liegt die Streitfrage nicht da; handle es sich um Newton oder Archimedes, um Laplace oder Einstein, der Gelehrte erforscht nicht die konkrete Ganzheit, sondern die allgemeinen und abstrakten Bedingungen des Weltalls: Nicht *dieses* Begebnis, das in sich Licht, Wärme und Leben aufnimmt und einschmilzt und welches das Funkeln der Sonne durch das Laubwerk an einem Sommertag heißt, sondern das Licht im allgemeinen, die Wärmeerscheinungen, die allgemeinen Lebensbedingungen. In keinem Fall handelt es sich um die Prüfung *dieser* Lichtbrechung durch *das* Stück Glas, die ihre Geschichte hat und sich, von einem bestimmten Blickpunkt aus,

1 Man hoffe nicht, sich aus der Sache zu ziehen, indem man an dieser Stelle von intensiven Quantitäten spricht. An diesem Mythus der intensiven Quantität, der die Psychophysiker irregeführt hat, hat Bergson schon lange Verwirrungen und Irrtümer aufgezeigt.

Die Temperatur ist, sofern sie von uns empfunden wird, eine Qualität. Es ist nicht *mehr* warm als gestern, sondern anders warm. Und umgekehrt ist der *Grad*, gemessen nach der kubischen Ausdehnung, eine reine und einfache Quantität, mit der für das gemeine Volk eine verschwommene Vorstellung einer sinnlich wahrnehmbaren Qualität verknüpft bleibt. Und die moderne Physik, weit entfernt, diesen zweideutigen Begriff beizubehalten, führt die Wärme auf gewisse Atom*bewegungen* zurück. Wo ist nun also die Intensität? Und was ist die Intensität eines Tones, des Lichtes, wenn nicht eine mathematische Beziehung?

als die konkrete Synthese des Weltalls gibt, sondern um die Bedingungen der Möglichkeit der Lichtbrechung *im allgemeinen.* Die Wissenschaft besteht aus *Vorstellungen* im Hegelschen Sinne des Wortes. Die Dialektik ist in ihrem Wesen im Gegenteil das Spiel der *Begriffe.* Man weiß, daß der Begriff, für Hegel, die Vorstellungen organisiert und miteinander verschmilzt zu der organischen und lebendigen Ganzheit der konkreten Wirklichkeit. Die Erde, die Renaissance, die Kolonisation im 19. Jahrhundert, der Nazismus sind Gegenstand von Begriffen; das Sein, das Licht, die Energie sind abstrakte Vorstellungen. Die dialektische Bereicherung liegt in dem Übergang vom Abstrakten zum Konkreten, d. h. von elementaren Vorstellungen zu immer reicheren Begriffen. Der Gang der Dialektik bewegt sich somit im umgekehrten Sinn wie derjenige der Wissenschaft.

»Es ist richtig«, räumte mir gegenüber ein intellektueller Kommunist ein: »Wissenschaft und Dialektik streben nach entgegengesetzten Richtungen. Dies aber deshalb, weil die Wissenschaft den bürgerlichen Gesichtspunkt zum Ausdruck bringt, der analytisch ist. Unsere Dialektik ist dagegen der eigentliche Gedanke des Proletariats.« Meinetwegen – wenn auch die sowjetische Wissenschaft in ihren Methoden nicht sehr von der Wissenschaft der bürgerlichen Staaten abzuweichen scheint – warum entleihen aber in diesem Fall die Kommunisten der *Wissenschaft* die Argumente und Beweise, um ihren Materialismus zu begründen? Der tiefste Geist der Wissenschaft ist materialistisch, das glaube ich schon: und nun auf einmal bezeichnet man sie uns als analytisch und bürgerlich. Mit einem Schlag werden die Positionen auf den Kopf gestellt, und ich sehe deutlich zwei Klassen im Kampf: die eine, die Bourgeoisie, ist materialistisch, ihre Methode des Denkens ist die Analyse, ihre Ideologie ist die Wissenschaft – die andere, das Proletariat, ist idealistisch, seine Methode des Denkens ist die Synthese, seine Ideologie ist die Dialektik. Und da zwischen den beiden Klassen ein Kampf besteht, so muß zwischen den Ideologien Unverträglichkeit bestehen. Aber ganz und gar nicht! Es hat den Anschein, daß die Dialektik die Wissenschaft krönt und ihre Ergebnisse auswertet; es hat den Anschein, daß die Bourgeoisie, indem sie sich der Analyse bedient, und infolgedessen das Höhere auf das Niedrigere zurückführt, idealistisch ist – während das Proletariat – welches durch Synthese denkt und das durch das revolutionäre Ideal geleitet wird – selbst dann, wenn es die Unzurückführbarkeit einer Synthese auf ihre Elemente behauptet, materialistisch ist. Wer soll das verstehen?

Kehren wir also zur Wissenschaft zurück, die, ob bürgerlich oder nicht, wenigstens ihre Proben abgelegt hat. Wir wissen, was sie über die Materie lehrt: von außen belebt, bedingt durch den gesamten Zustand des Weltalls, Kräften unterworfen, die immer anderswoher kommen, zusammengesetzt aus Elementen, die sich aneinanderfügen, ohne sich gegenseitig zu durchdringen und die ihm fremd bleiben, ist ein materieller Gegenstand an sich äußerlich, seine hervorstechendsten Eigenschaften sind statistisch und nur die Resultante der Bewegungen der Moleküle, die ihn zusammensetzen. Die Natur ist, wie Hegel so tief sagt, Äußerlichkeit. Wie aber in dieser Äußerlichkeit Platz finden für jene Bewegung absoluter Verinnerlichung, welche die Dialektik darstellt? Sieht man nicht, daß nach der eigensten Idee der Synthese das Leben nicht auf die Materie und das menschliche Bewußtsein nicht auf das Leben zurückzuführen sind? Zwischen der neuzeitlichen Wissenschaft, dem Gegenstand der Liebe und des Glaubens der Materialisten und der Dialektik, aus der die Materialisten ihr Werkzeug und ihre Methode zu machen beanspruchen, sind dieselben Verschiebungen am Werke, die wir soeben zwischen ihrem Positivismus und ihrer Metaphysik festgestellt haben: die eine zerstört die andere. Ebenso werden sie euch mit derselben Ruhe bald sagen, daß das Leben nur eine komplexe Kette von physikalisch-chemischen Erscheinungen ist, bald daß es ein nicht weiter zurückführbares Moment der natürlichen Dialektik ist. Oder vielmehr bemühen sie sich wider besseres Wissen, zu gleicher Zeit beides zu denken.

Man fühlt es aus ihren verworrenen Reden, daß sie den gleitenden und widersprüchlichen Begriff der zurückführbaren Nichtzurückführbarkeiten erfunden haben. Garaudy gibt sich damit zufrieden. Hört man ihn aber sprechen, so ist man von seinen Schwankungen überrascht: bald beteuert er, im Abstrakten, daß der mechanistische Determinismus erledigt sei und durch die Dialektik ersetzt werden müsse, bald kommt er, beim Versuch der Deutung einer konkreten Situation, auf die ursächlichen Beziehungen zurück, die einbahnig sind und die die absolute Äußerlichkeit der Ursache in Beziehung auf ihre Wirkung zur Voraussetzung haben. Durch diesen Begriff der *Ursache* wird vielleicht am besten die große Verwirrung des Denkens sichtbar, in welche die Materialisten verfallen sind. Als ich mit Naville die Wette einging, daß er diese berühmte Kausalität, von der er so gern Gebrauch macht, im Rahmen der Dialektik nicht zu definieren vermöchte, schien er verwirrt und blieb stumm. Wie gut verstehe ich ihn! Ich könnte gut sagen, der Begriff der Ursache schwebe irgendwie zwischen den wissenschaftlichen Beziehungen und den dialektischen Synthesen. Da der Materialismus, wie wir gesehen haben, eine *erklärende* Metaphysik ist (er will gewisse soziale Erscheinungen mit Hilfe anderer *erklären*, nämlich das Psychische durch das Biologische, das Biologische durch die physikalisch-chemischen Gesetze), bedient er sich grundsätzlich des kausalen Schemas. Aber da der Materialismus in der Wissenschaft die Erklärung des Weltalls sieht, so wendet er sich ihr zu und stellt mit Überraschung fest, daß der Kausalitätszusammenhang nicht wissenschaftlich ist. Wo ist denn die Ursache im Gesetz von Joule, in dem von Mariotte, im Archimedischen oder im Carnotschen Prinzip? Meistens stellt die Wissenschaft funktionelle Beziehungen zwischen den Erscheinungen auf und wählt die unabhängige Variable je nach Bequemlichkeit. Es ist übrigens strenggenommen unmöglich, die qualitative Kausalitätsbeziehung in der mathematischen Sprache auszudrücken. Die meisten physikalischen Gesetze haben ganz einfach die Form von Funktionen des Typs $y = f(x)$. Andere stellen zahlenmäßige Konstanten auf; wieder andere geben die Phasen irreversibler Erscheinungen wieder, aber ohne daß man sagen könnte, einer dieser Zustände sei die *Ursache* der folgenden (kann man sagen, daß bei der Karyokinese die Auflösung des Zellkerns *Ursache* für die Segmentation des Protoplasmastranges sei?). So hängt die materialistische Kausalität in der Luft. Und zwar weil sie ihren Ursprung in dem metaphysischen Vorhaben hat, den Geist auf die Materie zurückzuführen und das Psychische durch das Physische zu erklären. Der Materialist, enttäuscht, weil die Wissenschaft *zu wenig* bietet, um seine kausalen Erklärungen zu stützen, wendet sich also wieder zur Dialektik zurück. Aber die Dialektik bietet *zuviel:* das kausale Band ist einbahnig, und die Ursache bleibt in bezug auf ihre Wirkung äußerlich. Außerdem liegt in der Wirkung niemals mehr als in der Ursache, andernfalls bliebe gemäß der Betrachtungsweise der kausalen Erklärung dieser Rückstand unerklärt. Das dialektische Fortschreiten ist demgegenüber ein Zusammenziehen: an jeder neuen Etappe wendet es sich zur Gesamtheit der durchschrittenen Positionen zurück und nimmt sie in seinen Schoß auf. Und der Übergang von einer zur anderen ist immer eine Bereicherung: es ist stets *mehr* in der Synthese als in These und Antithese. Deshalb kann sich die Ursache der Materialisten weder auf die Wissenschaft stützen noch an die Dialektik klammern; sie bleibt ein roher und rein praktischer Begriff, Merkmal der fortwährenden Anstrengung des Materialismus, eine gegen die andere hinzubiegen und mit Gewalt zwei Methoden zu vereinigen, die sich ausschließen. Sie ist der Typ der falschen Synthese, und der Gebrauch, den man von ihr macht, ein unehrlicher.

Nirgends ist dies so fühlbar wie bei den Versuchen der Marxisten zur Erforschung der »Überbauten«. In einem gewissen Sinn sind es für sie die »Widerspiegelungen« der Produktionsweise: »Begegnen wir«, schreibt Stalin, »unter der Herrschaft der Sklaverei bestimmten Ideen und sozialen Theorien, bestimmten Meinungen und politischen Einrichtungen, während wir unter dem Feudalismus andere antreffen und unter dem Kapitalismus wieder andere, so findet dies keine Erklärung in der ›Natur‹ oder in den ›Eigenheiten‹ der Ideen, Theorien, Meinungen und politischen Einrichtungen selber, sondern der Grund liegt in den verschiedenartigen Bedingungen des materiellen Lebens der Gesellschaft in den verschiedenen Zeiträumen der sozialen Entwicklung. Der Zustand der Gesellschaft, die Bedingungen des materiellen Lebens der Gesellschaft sind es, die ihre Ideen, ihre Theorien, ihre politischen Ansichten und ihre politischen Institutionen bestimmen«[1].

Die Verwendung des Ausdrucks »Widerspiegelung«, des Zeitwortes »bestimmen« ebenso wie die allgemeine Ausdrucksweise dieser Stelle sagen uns genug: wir befinden uns auf dem Gebiet des Determinismus, der Überbau ist gänzlich getragen und bedingt durch den sozialen Zustand, dessen Widerspiegelung er ist. Die Beziehung der Produktionsweise zur politischen Verfassung ist die von der Ursache zur Wirkung. So bildete sich einmal ein Naiver ein, die Philosophie Spinozas sei die genaue Widerspiegelung des Getreideshandels in Holland. Gleichzeitig ist es aber selbst für die Bedürfnisse der marxistischen Propaganda nötig, daß die Ideologien eine Art Selbstgenügsamkeit an Sein und Handeln besitzen in Rückbeziehung auf die soziale Lage, die sie bedingt, mit anderen Worten, eine gewisse Eigengesetzlichkeit hinsichtlich des Unterbaus. Deshalb nehmen die Marxisten Zuflucht bei der Dialektik und machen aus dem Überbau eine Synthese, die ihren Ausgang gewiß von den Bedingungen der Produktion und des materiellen Lebens nimmt, deren Natur und Entwicklungsgesetze aber eine wirkliche »Unabhängigkeit« haben. In derselben Abhandlung schreibt Stalin: »Die neuen Ideen und sozialen Theorien treten nur dann auf, wenn die Entwicklung des materiellen Lebens der Gesellschaft diese vor neue Aufgaben stellt... Neue Ideen und soziale Theorien tauchen gerade deshalb auf, weil sie für die Gesellschaft notwendig sind, weil ohne ihre gliedernde, bewegende und umwandelnde Tätigkeit die Lösung der dringenden Probleme, welche die Entwicklung des materiellen Lebens der

1 Stalin: *Dialektischer Materialismus und historischer Materialismus* (Matérialisme dialectique et matérialisme historique). Editions sociales, Paris.

Gesellschaft mit sich bringt, *unmöglich* ist«. In diesen Sätzen hat, wie ersichtlich, die Notwendigkeit ein völlig anderes Aussehen angenommen: eine Idee taucht auf, weil sie zur Verwirklichung einer neuen Aufgabe unerläßlich ist. Das heißt, die Aufgabe *ruft*, noch bevor sie erfüllt ist, nach der Idee, die ihre Ausführung »erleichtern« wird. Die Idee wird postuliert, aufgerufen durch eine Lücke, die auszufüllen sie kommt. Und in der Tat gebraucht Stalin eben diesen Ausdruck »aufgerufen« einige Zeilen weiter unten. Dieses Handeln der Zukunft, diese Notwendigkeit, die mit dem Zweckgedanken einerlei ist, diese gliedernde, bewegende und umwandelnde Macht der Idee führt uns offenbar auf den Boden der Hegelschen Dialektik zurück. Wie aber vermag ich zugleich beiden Aussagen Stalins Glauben zu schenken? »Wird die Idee durch den sozialen Zustand bestimmt« oder »durch die zu erfüllenden neuen Aufgaben aufgerufen?« Muß man mit Stalin denken, »das geistige Leben der Gesellschaft ist eine Widerspiegelung objektiver Wirklichkeit, eine *Widerspiegelung des Seins*«, d. h. eine abgeleitete, entliehene Wirklichkeit, die kein eigenes *Sein* besitzt, etwas, das den »lecta« der Stoiker entspricht? Oder soll man im Gegenteil mit Lenin bestätigen, »die Ideen werden lebendige Wirklichkeiten, wenn sie im Bewußtsein der Massen leben«? Kausale und einbahnige Beziehung, welche die Trägheit der Wirkung, der Widerspiegelung einschließt oder dialektische und synthetische Beziehung, die einschließen würde, daß die letzte Synthese sich zu den Teilsynthesen, die sie hervorgebracht haben, zurückwendet, um sie aufzunehmen und in sich selbst einzuschmelzen, und folglich, daß das geistige Leben, obwohl es aus dem materiellen Leben der Gesellschaft hervorgeht, zu diesem sich zurückwendet und es gänzlich in sich aufgehen läßt? Die Materialisten kommen da zu keiner Entscheidung: sie schwanken hin und her zwischen den beiden Möglichkeiten. Sie bejahen im Abstrakten den dialektischen Fortschritt, aber ihre konkreten Studien beschränken sich in den meisten Fällen auf die alten Taineschen Erklärungen aus der Bestimmungsmacht der Umwelt und des Zeitpunkts[1].

Mehr noch: Wie steht es eigentlich mit der Vorstellung von der *Materie*, welche die Dialektiker verwenden? Borgen sie sie von der Wissenschaft, so wäre es die inhaltsärmste Vorstellung, die sich in andere Vorstellungen einschmelzen wird, um zu einem konkreten, dem reichsten Begriff zu gelangen. Dieser Begriff, um zum Schluß zu kommen, wird als eine seiner Strukturen die Vorstellung der Materie in sich begreifen,

[1] Einzig die Umwelt wird bei ihnen genauer definiert durch die Weise des materiellen Lebens.

doch weit entfernt, durch die Materie erklärt zu werden, ist es der Begriff, der sie erklärt. In diesem Fall ist es erlaubt, von der Materie als der gehaltlosesten Abstraktion auszugehen; es ist ebenfalls erlaubt, vom Sein auszugehen, wie es Hegel tut: der Unterschied ist nicht groß, wenn auch der Hegelsche Ausgangspunkt als der abstrakteste der bestgewählte ist. Aber wenn wir die Hegelsche Dialektik wirklich umkehren und sie »wieder auf die Füße stellen« sollen, müssen wir eingestehen, daß die Materie als Ausgangspunkt der dialektischen Bewegung den Marxisten nicht als inhaltsärmste Vorstellung, sondern als der reichste Begriff erscheint; sie setzt sich mit dem ganzen All gleich, sie ist die Einheit aller Erscheinungen: das Denken, das Leben, die Einzelwesen sind nur ihre Art und Weise. Kurzum, sie ist die große spinozistische Allheit. Allein wenn es sich so verhält und die marxistische Materie das genaue Gegenstück zum Hegelschen Geist ist, so kommt man zu dem paradoxen Ergebnis, daß der Marxismus, um die Dialektik wieder auf die Füße zu stellen, an den Ausgangspunkt den reichsten Begriff gestellt hat. Und für Hegel steht ohne Zweifel der Geist am Anfang, aber als Wirkungsvermögen, als Aufforderung: die Dialektik ist dasselbe wie seine Geschichte. Für die Marxisten ist es im Gegenteil die allumfassende Materie, als Actus, die zuerst gegeben ist, und die Dialektik, ob sie sich nun auf die Geschichte der Arten oder auf die Entwicklung der menschlichen Gesellschaft anwendet, ist niemals mehr als die Nachzeichnung des teilhaften Werdens eines der Modi dieser Wirklichkeit. Aber gerade dann, wenn die Dialektik nicht die Entstehung der Welt selbst, wenn sie nicht eine fortschreitende Bereicherung ist, so ist sie überhaupt nichts. Indem der Marxismus die Dialektik in verbindlicher Weise wieder zu Ansehen brachte, hat er ihr damit den Gnadenstoß versetzt. Ihr geht es jetzt wie dem Bär in der Fabel –, sie hat Pflastersteine im Bauch. Wieso nur, wird man sagen, ist man dessen nicht gewahr geworden? Unsere Materialisten haben eben wider besseres Wissen eine gleitende und widersprüchliche Vorstellung von der »Materie« konstruiert. Je nach ihren Bedürfnissen ist es bald die inhaltsärmste Abstraktion, bald die reichste konkrete Gesamtheit. Sie springen von dem einen auf das andere über und verdecken das eine mit dem anderen. Und hat man sie endlich ins Netz getrieben und können sie nicht mehr entweichen, so erklären sie, der Materialismus sei eine Methode, eine Geistesrichtung. Setzte man ihnen noch etwas weiter zu, so würden sie sagen, er sei ein Lebensstil. Sie hätten gar nicht so unrecht, und ich, meinerseits, würde gern aus ihm eine der Formen des Geistes der Schwere und der

Flucht vor sich selbst machen. Wenn aber der Materialismus eine *menschliche Haltung* darstellt mit allem was sie an Subjektivem, Widersprüchlichem und Gefühlsmäßigem erlaubt, dann biete man ihn uns nicht als eine strenge Philosophie, als *die* Lehre von der Objektivität an. Ich habe schon Bekehrungen zum Materialismus gesehen: man tritt in ihn ein wie in eine Religion. Ich würde ihn gern als die Subjektivität derjenigen bestimmen, die sich ihrer Subjektivität schämen. Sicherlich ist er auch die schlechte Laune derjenigen, die körperlich leiden und die Wirklichkeit des Hungers, der Krankheiten, der Handarbeit und all dessen kennen, was einen Menschen zu untergraben vermag. Mit einem Wort: eine Lehre des ersten Aufstands. Der erste Aufstand ist durchaus legitim, besonders da, wo er die spontane Reaktion eines Bedrückten gegen seine Lage zum Ausdruck bringt, aber deswegen ist er noch nicht der Aufstand zum Guten. Er enthält stets eine Wahrheit, aber überschreitet sie. Dem Idealismus gegenüber auf die erdrückende Wirklichkeit der materiellen Welt hinzuweisen, heißt noch nicht, notwendigerweise ein Materialist zu sein. Wir kommen darauf zurück.

Wie hat aber übrigens die Dialektik, als sie vom Himmel auf die Erde fiel, ihre Notwendigkeit bewahrt? Das Hegelsche Bewußtsein braucht keine dialektische *Hypothese aufzustellen.* Es ist kein bloßer objektiver Zeuge, der von außen her der Erzeugung der Ideen beiwohnt: es selber ist dialektisch, es erzeugt sich selbst gemäß den Gesetzen des synthetischen Fortschrittes; keineswegs ist nötig, daß es Notwendigkeit in den Zusammenhängen *annimmt:* es *ist* diese Notwendigkeit, es lebt sie. Und seine Gewißheit kommt ihm nicht aus irgendwelcher mehr oder weniger der Kritik unterworfenen Evidenz, sondern aus der fortschreitenden Identifizierung der Dialektik des Bewußtseins mit dem Bewußtsein der Dialektik. Stellt die Dialektik im Gegenteil die Entwicklungsweise der materiellen Welt dar, ist das Bewußtsein, weit entfernt, sich ganz und gar mit der Dialektik zu identifizieren, nur eine »Widerspiegelung des Seins«, ein Teilerzeugnis, ein Moment des synthetischen Fortschrittes; wird es, anstatt von innen her bei seiner eigenen Erzeugung mitzuwirken, von außen her durch Gefühle und Ideologien überfallen, die ihre Wurzeln außerhalb seiner haben und die es, ohne sie zu erzeugen, erleidet — dann ist es lediglich Glied einer Kette, deren Anfang und Ende sehr weit auseinander liegen; und was vermag es *Bestimmtes* über die Kette auszusagen, ohne die ganze Kette zu sein? Die Dialektik legt gewisse Wirkungen in das Bewußtsein und setzt ihre Bewegung fort. Bei der Betrachtung dieser Wirkungen kann die Reflexion urteilen, daß sie die wahrscheinliche Existenz einer synthetischen Weise des Fortschrittes bezeugen. Oder aber sie vermag Vermutungen aufzustellen über die Betrachtung der äußeren Erscheinungen; *jedenfalls* aber muß sie sich begnügen, die Dialektik als eine Arbeitshypothese zu betrachten, als eine Methode, mit der man es versuchen kann und die sich dann durch ihren Erfolg rechtfertigt. Wieso kommt es, daß die Materialisten diese Forschungsmethode für eine Struktur des Weltalls halten, wieso kommt es, daß sie erklären, sicher zu sein, »die mit Hilfe der dialektischen Methode aufgestellten Beziehungen und wechselseitigen Bedingtheiten der Erscheinungen machten die notwendigen Gesetze der bewegten Materie aus«[1], da ja die Naturwissenschaften von einem entgegengesetzten Geist ausgehen und sich streng entgegengesetzter Methoden bedienen, und da ja die Geschichtswissenschaft erst in ihren Anfängen steckt? Offenbar wollten die Materialisten, als sie die Dialektik von einer Welt in die andere versetzten, nicht auf die Vorteile verzichten, die sie in der ersten aufwies. Sie haben ihr ihre Notwendigkeit und Gewißheit bewahrt, während sie sich selbst des Mittels, sie nachzuprüfen, beraubten. So wollten sie die synthetische Entwicklungsweise, die nur der Idee eigen ist, der Materie beilegen. Sie borgten von der inneren Reflexion der Idee in sich selbst eine Art Gewißheit, welcher in der Erfahrung der Welt keinerlei Platz zukommt. Aber auf einmal wird die Materie selber Idee: sie behält dem Namen nach ihre Undurchsichtigkeit, ihre Trägheit, ihre Äußerlichkeit bei, zeigt aber überdies eine vollkommene Lichtdurchlässigkeit – da man in voller Gewißheit und grundsätzlich über ihre inneren Abläufe entscheiden kann – sie ist Synthese, sie schreitet durch dauernde Bereicherung vorwärts. Täuschen wir uns nicht darüber: es handelt sich hier nicht um eine gleichzeitige Überwindung des Materialismus und des Idealismus[2]; Undurchsichtigkeit und Durchsichtigkeit, Äußerlichkeit und Innerlichkeit, Trägheit und synthetischer Fortschritt werden einfach nebeneinandergestellt zur trügerischen Einheit des »dialektischen Materialismus«. Die Materie ist dieselbe geblieben wie die Wissenschaft sie uns offenbart; es ist keine Vereinigung der Gegensätze eingetreten in Ermangelung eines neuen Begriffs, der

[1] Stalin, *ebenda*, S. 13.

[2] Obschon Marx dies bisweilen behauptet hat. Er schreibt 1844, daß der Widerspruch zwischen Idealismus und Materialismus überwunden werden müsse, und Henry Lefebre, der seinen Gedanken kommentiert, erklärt im »*Dialektischen Materialismus* (Matérialisme dialectique)«: »Der historische Materialismus, deutlich ausgedrückt in der ›*Deutschen Ideologie*‹, erreicht die Einheit des Idealismus und des Materialismus, die das Manuskript von 1844 geahnt und angekündigt hat.« Aber warum schreibt dann Garaudy, ein weiterer Wortführer des Marxismus, in den »*Lettres françaises*«: »Sartre verwirft den Materialismus und behauptet trotzdem, dem Idealismus zu entgehen. Hier enthüllt sich die Nichtigkeit dieser unmöglichen ›Dritten Partei‹ . . .?« Welche Verwirrung der Geister!

jene Gegensätze tatsächlich in sich selbst verschmelzen würde und eben weder Materie noch Idee wäre; will man den Widerspruch der Gegensatzglieder überwinden, so geschieht dies nicht durch heimliche Zuteilung der Beschaffenheiten des einen derselben an das andere. Man muß es in der Tat wohl anerkennen, der Materialismus »geht«, indem er sich als dialektisch ausgibt, in den Idealismus »über«. Genauso wie die Marxisten versichern, Positivisten zu sein, und ihren Positivismus durch den Gebrauch, den sie implizit von der Metaphysik machen, zertrümmern, ebenso wie sie gleichzeitig ihren Rationalismus verkünden und ihn durch ihre Auffassung vom Ursprung des Denkens zerstören — ebenso leugnen sie ihr Prinzip, das der Materialismus ist, eben dann, wenn sie es aufstellen, durch einen geheimen Rückgriff auf den Idealismus[1]. Diese Verwirrung spiegelt sich in der subjektiven Haltung des Materialisten gegenüber seiner eigenen Lehre wider: er weiß sich *sicher* in seinen Prinzipien, aber er behauptet mehr, als er zu beweisen vermag. »Der Materialist *läßt gelten* ...« sagt Stalin. Aber warum läßt er gelten? *Warum* also gelten lassen, Gott existiere nicht, der Geist sei eine Widerspiegelung der Materie, die Entwicklung der Welt gehe durch den Widerstreit gegensätzlicher Kräfte vor sich, es gebe eine objektive Wahrheit, es gebe im Weltall keineswegs unerkennbare, sondern einzig und allein noch unbekannte Dinge? Man sagt es uns nicht. Nur dann, wenn es richtig ist, daß, »hervorgerufen durch neue Aufgaben, die die Entwicklung des materiellen Lebens der Gesellschaft mit sich bringt, die Ideen und die neuen sozialen Theorien sich einen Weg bahnen, zum Erbgut der Volksmassen werden und diese mobilisieren und organisieren gegen die niedergehenden Kräfte der Gesellschaft, wobei sie damit die Zerstörung der Kräfte erleichtern, welche die Entwicklung des materiellen Lebens der Gesellschaft hemmen« —

1 Man wird vielleicht einwenden, daß ich nicht vom allgemeinen Ursprung aller Umwandlungen des Weltalls, nämlich der Energie, gesprochen habe und daß ich mich, um den dynamischen Materialismus zu würdigen, auf das Gebiet des Mechanismus begeben hätte. Darauf entgegne ich: Die Energie ist keine unmittelbar wahrgenommene Wirklichkeit, sondern ein Begriff, den man aufgestellt hat, um sich über gewisse Erscheinungen Rechenschaft abzulegen. Die Gelehrten kennen sie viel mehr nach ihren Wirkungen als nach ihrer Natur und wissen höchstens, wie Poincaré sagte, daß »etwas beharrt«. Übrigens steht das Wenige, das wir über sie vorbringen können, in scharfem Gegensatz zu den Forderungen des dialektischen Materialismus: Ihre Gesamtmenge bleibt sich gleich, sie pflanzt sich durch unstetige Größen fort, sie unterliegt einer dauernden Abnahme. Das letzte Prinzip vor allem ist unverträglich mit den Forderungen einer Dialektik, die sich bei jedem Schritt bereichern will. Und vergessen wir übrigens nicht, daß ein Körper seine Energie immer von außen her empfängt (sogar die inner-atomische Energie wird empfangen): Die Erforschung der energetischen Äquivalenzprobleme geschieht im Rahmen des allgemeinen Trägheitsprinzips. Aus der Energie das Vehikel der Dialektik machen, hieße sie mit Gewalt in die *Idee* verwandeln.

nur dann erscheint es ohne weiteres verständlich, daß das Proletariat sich diese Ideen zu eigen macht, weil sie ihm Rechenschaft über seine gegenwärtige Lage und seine Bedürfnisse geben, weil sie das wirksamste Werkzeug im Kampf gegen die Bürgerklasse darstellen. »Der Niedergang der Utopisten einschließlich der Populisten, Anarchisten und revolutionären Sozialisten, läßt sich unter anderem«, schreibt Stalin in dem angeführten Werk, »aus der Tatsache erklären, daß sie die ausschlaggebende Rolle der materiellen Lebensbedingungen der Gesellschaft für deren Entwicklung verkannten; befangen im Idealismus, gründeten sie ihre praktische Tätigkeit nicht etwa auf die Entwicklungsbedürfnisse des materiellen Lebens der Gesellschaft, sondern ungeachtet dieser Bedürfnisse und ihnen zum Trotz auf ›ideale Pläne‹ und ›allumfassende Projekte‹, die in keinem Zusammenhang mit dem wirklichen Leben der Gesellschaft standen. Was die Stärke und Lebenskraft des Marxismus-Leninismus ausmacht, ist, daß er sich in seiner praktischen Tätigkeit genau auf die Entwicklungsbedürfnisse des materiellen Lebens der Gesellschaft ausrichtet, ohne sich jemals vom wirklichen Leben der Gesellschaft loszulösen.« Ist der Marxismus das beste Werkzeug der Tat, so ist seine Wahrheit von pragmatischer Art: Er ist wahr für die arbeitende Klasse, weil er ihr zum Erfolg verhilft. Und da die *Arbeiterklasse* den sozialen Fortschritt verwirklichen muß, kommt er der Wahrheit näher als der Idealismus, der eine Zeitlang den Interessen des Bürgertums diente, als dieses noch eine im Aufstieg begriffene Klasse war, jetzt aber die Entwicklung des materiellen Lebens der Gesellschaft bloß zu bremsen vermag. Hat aber das Proletariat einmal die Bürgerklasse in sich aufgehen lassen und die klassenlose Gesellschaft verwirklicht, so werden neue Aufgaben zum Vorschein kommen, die ihrerseits nach neuen Ideen und sozialen Theorien rufen: dann gehört der Materialismus der Vergangenheit an, weil er ja der Gedanke der Arbeiterklasse ist und es keine solche mehr geben wird. Rein sachlich als Ausdruck der Bedürfnisse und Aufgaben einer Klasse betrachtet, wird der Materialismus zu einer *Meinung*, d. h. zu einer Kraft der Mobilisierung, der Umformung und der Organisation, deren objektive Wirklichkeit sich nach ihrem Wirkvermögen mißt. Diese Meinung aber, die Anspruch auf Gewißheit macht, trägt den Keim zu ihrer eigenen Zerstörung in sich, weil sie, im Namen ihrer Prinzipien selber, sich selbst als objektive Tatsache betrachten muß, als Widerspiegelung von Sein, als Gegenstand der Wissenschaft – und gleichzeitig die Wissenschaft zerstört, die sie, wenigstens als Meinung, zergliedern und festlegen muß. Der Zirkelschluß liegt offen zutage, und das Ganze hängt in der Luft, beständig zwischen dem Sein und dem Nichts hin- und herschwankend. Der Anhänger Stalins entzieht sich dieser Schwierigkeit durch den Glauben. Wenn er den Materialismus »gelten läßt«, dann deshalb, weil er wirken und die Welt verändern will: hat man sich in ein solch ausgedehntes Unternehmen eingelassen, so findet man keine Zeit mehr, hinsichtlich der Prinzipien, die es rechtfertigen, allzu wählerisch zu sein. Der Anhänger Stalins glaubt an Marx, an Lenin, an Stalin, er läßt das Autoritätsprinzip gelten und behält schließlich den blinden und ruhigen Glauben, daß der Materialismus eine Gewißheit ist. Diese Überzeugung wird auf seine allgemeine Haltung allen Gedankengängen gegenüber zurückwirken, die man ihm in Vorschlag bringt. Man gehe einer seiner Lehren oder irgendeiner seiner konkreten Behauptungen etwas näher zu Leibe, so wird er uns sagen, es sei keine Zeit zu verlieren, die Lage dulde keinen Verzug, zuerst müsse er handeln, dem Dringendsten begegnen und für die Revolution arbeiten: später werde man die Muße haben, um die Prinzipien wieder in Frage zu stellen – oder vielmehr werden sie sich selbst in Frage stellen. Aber für den Augenblick müsse jede Streitigkeit zurückgedrängt werden, weil eine solche die Gefahr einer Schwächung mit sich bringe. Das mag wohl richtig sein; aber der Anhänger Stalins soll nur einmal seinerseits angreifen, den bürgerlichen Gedanken oder irgendeine als reaktionär angesehene intellektuelle Haltung kritisieren, und schon behauptet er, die Wahrheit in Händen zu halten: dieselben Prinzipien, von denen er soeben noch sagte, es sei jetzt nicht die Zeit, um sie anzufechten, werden plötzlich zu Gewißheiten. Sie steigen im Range von nützlichen Sätzen zu reinen Wahrheiten. Die Trotzkisten, sagen wir zu ihm, sind im Irrtum; aber sie sind keine Polizeispitzel, wie ihr behauptet: Ihr wißt sehr gut, daß dem nicht so ist. Im Gegenteil, wird er uns antworten, ich weiß ganz gewiß, daß die Trotzkisten es tatsächlich sind: was sie im Grunde denken, ist mir gleichgültig; die Subjektivität existiert nicht. Aber *objektiv* betrachtet spielen sie das Spiel der Bourgeoisie, sie *benehmen* sich wie Lockspitzel und Angeber, denn ob man der Polizei unbewußt seine Mitwirkung leiht oder ihr vorsätzlich in die Hände arbeitet, kommt auf dasselbe hinaus. Wir entgegnen ihm, eben das laufe *nicht* auf dasselbe hinaus, und ganz *objektiv* betrachtet, seien das Verhalten des Trotzkisten und das des Polizisten einander *nicht* ähnlich. Er erklärt uns, daß das eine wie das andere gleich schädlich ist, daß die Wirkung aller beider darin bestehe, den Vormarsch der Arbeiterklasse zu bremsen. Und wenn wir beharren, wenn wir ihm zeigen, daß es verschiedene Arten gibt, diesen

Vormarsch zu bremsen und daß sie nicht gleichwertig seien, nicht einmal in ihren Wirkungen, so gibt er uns großartig zur Antwort, diese Unterscheidungen seien möglicherweise richtig, aber sie interessierten ihn nicht: wir befinden uns im Zeitraum des Kampfes, die Lage ist einfach und die Stellungen deutlich abgezeichnet: warum also noch Finessen? Der kämpferische Kommunist soll sich nicht mit so vielen Schattierungen den Kopf zerbrechen. So sind wir also wieder beim Nützlichen angelangt: damit schillert also dieser Satz »der Trotzkist ist ein Polizeispitzel« beständig vom Zustand der nützlichen Meinung zu dem der objektiven Wahrheit[1].

Diesen Doppelsinn des marxistischen Wahrheitsbegriffes läßt nichts besser erkennen als die Zweideutigkeit der kommunistischen Haltung dem Gelehrten gegenüber: die Kommunisten berufen sich auf ihn, beuten seine Entdeckungen aus, machen aus seinem Denken die allein gültige Grundform des Wissens; aber ihr Mißtrauen ihm gegenüber läßt sich nicht entwaffnen. Soweit sie sich auf den streng wissenschaftlichen Begriff der Objektivität stützen, haben sie seinen kritischen Geist, seinen Hang zu Forschung und Bestreitung, seine Geisteshelle nötig, die das Autoritätsprinzip verwirft und die beständig zum Experiment oder zur rationalen Evidenz Zuflucht nimmt. Aber sie hegen den gleichen Tugenden gegenüber Mißtrauen in dem Maße wie sie Gläubige sind und die Wissenschaft jeden Glauben in Frage stellt. Wenn der Gelehrte seine Eigenschaft als Wissenschaftler mit in die Partei bringt, wenn er das Recht zur Prüfung der Prinzipien fordert, so wird er zum »Intellektuellen«; und man stellt seiner gefährlichen Geistesfreiheit als dem Ausdruck seiner verhältnismäßigen materiellen Unabhängigkeit den Glauben des kämpferischen Arbeiters gegenüber, der zufolge seiner Lage darauf *angewiesen ist,* an die Richtsätze seiner Führer zu glauben.

Das also ist der Materialismus, für den ich mich entscheiden soll: ein Ungetüm, ein ungreifbarer Proteus, ein großartiger, unbestimmter und widersprüchlicher Schein. Man verlangt, ich solle mich heute noch für ihn entscheiden in voller Geistesfreiheit und aller Hellsichtigkeit; und das, für welches ich frei und klarsehend mit meinem besten Denken die Wahl treffen soll, ist eine Lehre, die das Denken zerstört. Ich weiß, für den Menschen gibt es kein anderes Heil als die Befreiung

1 Ich fasse hier kurz Unterhaltungen über den Trotzkismus zusammen, die ich zu wiederholten Malen mit kommunistischen Intellektuellen und nicht den unbedeutendsten gehabt habe. In allen Fällen haben diese Unterhaltungen die oben angegebene Wendung genommen.

der Arbeiterklasse: ich weiß dies, *bevor* ich Materialist bin, schon auf die bloße Prüfung der Tatsachen hin; ich weiß, die Belange des Geistes sind bei der Sache des Proletariats: Ist das aber ein Grund, daß ich von meinem Denken, welches mich bis hierhin geleitet hat, verlangen soll, sich selbst zu zerstören — daß ich es von nun an verpflichte, auf seine Kriterien zu verzichten, das Widersprüchliche zu denken, sich aufzuspalten zwischen unvereinbaren Thesen, ja das klare Bewußtsein seiner selbst zugrunde zu richten, sich aufs Geratewohl in einen schwindelerregenden Lauf zum Glauben hin einzulassen? Knie nieder, und du wirst glauben, sagt Pascal. Das Unternehmen des Materialisten kommt dem sehr nahe. Handelte es sich nun für mich als einzigen darum, auf die Knie zu fallen, um durch dieses Opfer das Glück der Menschen sicherzustellen, so müßte ich ohne Zweifel einwilligen. Aber es handelt sich darum, für alle auf die Rechte der freien Kritik zu verzichten, auf die Evidenz und schließlich auf die Wahrheit. Man sagt mir, all dies werde uns später wieder zurückgegeben werden; dafür aber fehlt der Beweis: wie sollte ich an ein Versprechen glauben, das mir im Namen von Prinzipien gemacht wird, die sich selbst zerstören? Ich weiß nur eines: nämlich daß eben *heute* mein Denken sich ausschalten soll. Bin ich in das unannehmbare Dilemma geraten, im Namen der Wahrheit die Belange des Proletariats zu verraten oder die Wahrheit zu verraten, um dem Proletariat zu dienen?

Betrachte ich den materialistischen Glauben nicht mehr nach seinem Inhalt, sondern nach seiner Geschichte, als eine soziale Erscheinung, dann sehe ich deutlich, daß er nicht eine Laune von Intellektuellen noch der bloße Irrtum eines Philosophen ist. Ich mag noch so weit zurückgehen, so finde ich ihn mit der revolutionären Haltung verbunden. Der erste, der ausdrücklich die Menschen von ihrer Furcht und ihren Fesseln befreien wollte, der erste, der auf seinem Gute die Leibeigenschaft beseitigen wollte, Epikur, war Materialist. Der Materialismus der großen Philosophen ebenso wie derjenige der »Gesellschaften des Gedankens (Sociétés de pensée)« trugen nicht wenig dazu bei, die Revolution von 1789 vorzubereiten. Schließlich verwenden die Kommunisten zur Verteidigung ihrer These mit Vorliebe einen Beweisgrund, der eine seltsame Ähnlichkeit aufweist mit dem, womit der Katholik seinen Glauben verteidigt: »Wenn der Materialismus falsch wäre, sagen sie, wie ist es dann zu erklären, daß er die Einigung der Arbeiterklasse zustande gebracht hat, daß er es ermöglicht hat, sie in den Kampf zu führen und daß er uns während des letzten halben Jahrhunderts trotz heftigster Unterdrückungen diese Reihe von Siegen hat davontragen lassen?« Dieser Beweis, der von der Kirche herstammt und *a posteriori* durch den Erfolg geführt wird, ist weit davon entfernt, ohne Bedeutung zu sein. Gewiß ist heute der Materialismus die Philosophie des Proletariates genau in dem Maße wie dieses revolutionär ist. Diese schroffe und trügerische Lehre ist Trägerin der reinsten und glühendsten Hoffnungen, diese Theorie, die von Grund aus die Freiheit des Menschen leugnet, ist zum Werkzeug seiner radikalsten Befreiung geworden. Das bedeutet, daß ihr Inhalt geeignet ist, die revolutionären Kräfte »zu mobilisieren und zu organisieren«; ferner, daß zwischen der *Lage* einer unterdrückten Klasse und dem materialistischen *Ausdruck* dieser Lage eine tiefgreifende Beziehung besteht. Doch können wir daraus nicht die Schlußfolgerung ziehen, daß der Materialismus eine Philosophie ist, noch weniger aber, daß er *die* Wahrheit ist.

Soweit der Materialismus ein zusammenhängendes Handeln gestattet, soweit er eine greifbare Situation zum Ausdruck bringt, soweit in ihm Millionen von Menschen eine Hoffnung und das Abbild ihrer Lage erblicken, muß er ohne Zweifel Wahrheiten in sich schließen. Damit will aber keineswegs gesagt sein, daß er in seiner Gänze wahr sei als Lehre. Die in ihm enthaltenen Wahrheiten können vollständig überdeckt und im Irrtum erstickt sein. Es mag sein, daß das revolutionäre Denken, um den dringlichsten Aufgaben zu begegnen, zu ihrer Zusammenfügung jener Wahrheiten eine schnelle und vorläufige Konstruktion entworfen hat, so wie die Schneider ein Kleidungsstück zunächst einmal heften. In diesem Fall liegt viel *mehr* im Materialismus als der Revolutionär von ihm verlangt. Es liegt aber auch viel weniger in ihm, denn diese hastige und erzwungene Zusammenstoppelung der Wahrheiten verhindert sie, sich von selbst untereinander zu gliedern und ihre echte Einheit zu erreichen. Der Materialismus ist unbestreitbar *der einzige Mythus,* der den revolutionären Forderungen entspricht; und der Politiker will nicht mehr: der Mythus ist für seine Zwecke brauchbar, und so macht er ihn sich zu eigen. Und der Politiker hat, sofern nur sein Unternehmen von langer Dauer sein soll, nicht einen Mythus nötig, sondern die *Wahrheit.* Es ist Sache des Philosophen, die im Materialismus enthaltenen Wahrheiten zum Zusammenhalt zu bringen und nach und nach eine Philosophie zu begründen, die ebenso genau wie der Mythus den revolutionären Forderungen entspräche. Und das beste Mittel, diese im Schoße des Irrtums liegenden Wahrheiten aufzufinden, besteht darin, durch eine aufmerksame Prüfung der revolutionären Haltung die Forderungen zu bestimmen, in jedem Fall den Weg noch einmal zu durchmessen, auf dem die konkreten Forderungen in den Anspruch auf eine materialistische Vorstellung des Weltalls hinausliefen, und acht zu geben, ob sie nicht dabei jedesmal vom Wege abgelenkt und von ihrer ursprünglichen Richtung abgewendet worden sind. Wenn man sie von dem Mythus befreit, der sie erdrückt und für sich selber verdeckt, so werden sie vielleicht die großen Umrisse einer zusammenhängenden Philosophie zu entwerfen erlauben, die gegenüber dem Materialismus die Überlegenheit besitzt, eine *wahre* Beschreibung der Natur und der menschlichen Beziehungen zu sein.

II

Die Philosophie der Revolution

Das Spiel der Nazi und ihrer Mitarbeiter bestand in einer Verwirrung der Ideen. So hatte sich das Régime Pétain den Namen Revolution zugelegt, und die Dinge waren bereits so weit ins Widersinnige geraten, daß man eines Tages am Kopf der Zeitung »*Gerbe*« die Worte lesen konnte: »Aufrechterhalten, das ist das Leitwort der Nationalen Revolution«. Es ist deshalb angebracht, einige elementare Wahrheiten in Erinnerung zu rufen. Um jede Voraussetzung zu vermeiden, werden wir die Begriffsbestimmung *a posteriori* uns zu eigen machen, die ein Historiker, A. Mathiez, von der Revolution gibt. Nach ihm handelt es sich um Revolution, wenn die Änderung der Einrichtungen von einer tiefgreifenden Umwandlung der Eigentumsverhältnisse begleitet wird.

Wir werden diejenige Partei oder diejenige Person im Schoße der Partei als revolutionär bezeichnen, durch deren Handlungen absichtlich eine derartige Revolution vorbereitet wird. Und die erste Anmerkung, die hier gemacht werden muß, ist die, daß nicht jeder beliebige die Voraussetzungen zum Revolutionär besitzt. Ohne Zweifel vermag das Vorhandensein einer starken und organisierten Partei, deren Ziel die Revolution ist, seine Anziehungskraft auf Einzelne oder Gruppen jeder Herkunft auszuüben; aber die Organisation dieser Partei kann nur auf Personen mit ganz bestimmter sozialer Lage beruhen. Mit anderen Worten: der Revolutionär ist *situationsbedingt*. Offenbar findet man ihn nur unter den Unterdrückten; doch genügt die Tatsache, daß jemand unterdrückt ist, allein noch nicht, um Revolutionär sein zu wollen. Man kann die Juden unter die Unterdrückten einreihen — dasselbe gilt übrigens für die völkischen Minderheiten in gewissen Ländern —, aber viele von ihnen sind Unterdrückte im Schoße der bürgerlichen

Klasse. Und weil sie ebenfalls an den *Vorrechten* der sie unterdrückenden Klasse teilhaben, können sie nicht an die Zerstörung eben dieser Vorrechte herangehen, ohne daß darin ein Widerspruch liegt. Ebenso werden wir die Kolonialvölker oder die Schwarzen Amerikas nicht revolutionär nennen, mögen auch ihre Belange mit denjenigen der Partei, welche die Revolution vorbereitet, zusammenfallen: denn ihre Eingliederung in die Gesellschaft ist nicht vollständig. Die ersteren fordern die *Rückkehr* zu einem früheren Zustand der Dinge; sie wollen ihre Unabhängigkeit *wiederfinden* und die Bande, die sie an die kolonisatorische Gesellschaft knüpfen, durchschneiden. Was die Schwarzen Amerikas und die bürgerlichen Juden wünschen, ist eine Rechtsgleichheit, die keineswegs eine Änderung im Gefüge der Eigentumsordnung nach sich zieht: sie wollen an den Privilegien ihrer Unterdrücker ganz einfach mitbeteiligt sein, d. h., im Grunde suchen sie eine vollständige Eingliederung.

Der Revolutionär befindet sich in einer solchen Lage, daß er keineswegs an jenen Vorrechten teilzunehmen vermag; nur durch Zerstörung der Klasse, die ihn unterdrückt, kann er das erlangen, was er für sich in Anspruch nimmt. Diese Unterdrückung ist also nicht wie die der Juden und Neger ein untergeordnetes und gewissermaßen nebensächliches Merkmal der in Betracht gezogenen sozialen Ordnung, sondern sie stellt im Gegenteil ein *wesentliches* Merkmal derselben dar. Der Revolutionär ist also zugleich ein Unterdrückter und eine Hauptstütze der Gesellschaft, die ihn unterdrückt. Oder deutlicher ausgedrückt, gerade als Unterdrückter ist er für diese Gesellschaft unentbehrlich; d.h., der Revolutionär gehört zu denen, die für die herrschende Klasse *arbeiten*.

Der Revolutionär ist notwendigerweise ein Unterdrückter und ein Arbeiter, und insofern er Arbeiter ist, ist er unterdrückt. Dieser Doppelcharakter als Poduzent und als Unterdrückter genügt, um die Lage des Revolutionärs, durchaus aber nicht den Revolutionär selber zu bestimmen. Die Seidenarbeiter von Lyon, die Arbeiter der Junitage 1848 waren keine Revolutionäre, sondern Meuterer: sie schlugen sich für Verbesserung von Einzelheiten ihres Loses, nicht für seine radikale Umgestaltung. Das bedeutet, ihre Lage war um sie geschlossen, sie nahmen sie als Ganzes an: sie fanden sich damit ab, entlohnt zu werden, an Maschinen zu arbeiten, die nicht ihnen gehörten, sie anerkannten die Rechte der besitzenden Klasse, sie gehorchten der Moral dieser Klasse; im Schoße eines Zustandes der Dinge, den sie weder überschritten noch anerkannt hatten, forderten sie weiter nichts als eine Lohnerhöhung. Der Revolutionär wird im Gegenteil bestimmt durch die *Überschreitung* der Lage, in der er sich befindet. Und weil er sie überschreitet auf eine radikal neue Lage hin, vermag er sie in ihrer synthetischen Ganzheit zu erfassen, oder, wenn man lieber will, er läßt sie für sich als Ganzheit existieren. Gerade von dieser Überschreitung in Richtung auf die Zukunft aus und vom Standpunkt der Zukunft aus sieht er seine Lage als wirkliche. Anstatt daß sie ihm als ein apriorisches und endgültiges Baugesetz des Weltalls erscheint, wie es der Fall ist beim Unterdrückten, der sich damit abfindet, ist sie für ihn lediglich ein *Moment* des Weltalls. Da er sie ja verändern will, betrachtet er sie sogleich vom Standpunkt der Geschichte aus und betrachtet sich selbst als wirkende Kraft der Geschichte. So entzieht er sich mit Hilfe dieses seines Planes in Richtung auf die Zukunft hin von Anfang an der Gesellschaft, die ihn zermalmt, und wendet sich wieder zu ihr zurück, um sie zu begreifen: er sieht eine Geschichte des Menschen, die dasselbe ist wie das Schicksal des Menschen, und deren Veränderung, die er verwirklichen will, wenn nicht das Ziel, so doch wenigstens eine wesentliche Etappe darstellt. Die Geschichte erscheint ihm als ein Fortschritt, weil er den Zustand, zu dem er uns hinführen will, für besser hält als den, in dem wir uns gegenwärtig befinden. Zugleich sieht er die menschlichen Beziehungen vom Standpunkt der Arbeit aus an, da die Arbeit nun einmal sein Los ist; die Arbeit aber ist, unter anderen Dingen, eine unmittelbare Verbindung des Menschen mit dem Weltall, die Inbesitznahme der Natur durch den Menschen, und zu gleicher Zeit eine ursprüngliche Art der Beziehung zwischen den Menschen. Sie ist also eine wesentliche Haltung der menschlichen Wirklichkeit, die, in der Einheit eines gleichen Entwurfs »existiert« und zugleich seine Beziehung zur Natur und seine Beziehung zum anderen in wechselseitiger Abhängigkeit existieren läßt. Und in dem Maße wie er seine Befreiung *als* Arbeiter fordert, weiß er recht wohl, daß sie durch eine bloße Eingliederung seiner Person in die bevorrechtete Klasse nicht zu verwirklichen ist. Ganz im Gegenteil wünscht er sich, daß die Solidaritätsbeziehungen, die er mit den anderen Arbeitern unterhält, zur eigentlichen Grundform der menschlichen Beziehungen werden. Er wünscht sich also die Befreiung der gesamten unterdrückten Klasse; im Gegensatz zum Aufständischen, der allein dasteht, läßt sich der Revolutionär nur in seinen Solidaritätsbeziehungen mit seiner Klasse begreifen.

Also fordert der Revolutionär, weil er sich der sozialen Struktur, von der er abhängig ist, bewußt wird, eine Philosophie seiner Lage; und da sein Handeln nur dann einen Sinn hat, wenn es das Schicksal des Menschen einbezieht, so muß diese Philosophie total sein, d.h., sie soll eine totale Erhellung der menschlichen Lage beibringen. Und weil er selbst als Arbeiter ein wesentliches Bauglied der Gesellschaft und das Scharnier zwischen den Menschen und der Natur ist, kann er nicht eine Philosophie brauchen, die nicht von vornherein und in ihrem Mittelpunkt die ursprüngliche Beziehung des Menschen zur Welt zum Ausdruck brächte, welche ja gerade die je zusammenhängende Tätigkeit des einen auf das andere hin ist. Weil diese Philosophie schließlich aus einer geschichtlichen Unternehmung hervorgeht und für denjenigen, der sie in Anspruch nimmt, eine bestimmte, von ihm gewählte Art von Geschichtswerdung aufweisen soll, muß sie den Gang der Geschichte notwendigerweise als ausgerichtet darstellen oder doch zum mindesten als ausrichtbar; und weil sie aus dem Handeln entsteht und sich wieder zu dem Handeln zurückwendet, das sie zu seiner Aufhellung benötigt, ist sie keine beschauliche Betrachtung der Welt, sondern muß selbst ein Handeln sein. Machen wir uns recht klar, daß diese Philosophie sich der revolutionären Anstrengung nicht hinzufügen will, sondern daß sie sich von dieser Anstrengung gar nicht unterscheidet; sie ist enthalten in dem ursprünglichen Plan des Arbeiters, der der revolutionären Partei beitritt, sie ist in seiner revolutionären Haltung inbegriffen, denn jeder Plan, die Welt zu ändern, ist untrennbar von einer gewissen Auffassung, die die Welt entschleiert vom Standpunkt der Veränderung aus, die man darin verwirklichen will. Die Bemühung des revolutionären Philosophen wird also darin bestehen, die großen Leitthemen der revolutionären Haltung freizulegen und zu ausdrücklichen zu machen. Und diese philosophische Bemühung ist an sich ein Akt, denn sie vermag jene Themen nur dann freizulegen, wenn sie sich in die Bewegung selbst, die jene erzeugt und die die revolutionäre Bewegung ist, hineinstellt. Und noch aus einem zweiten Grund stellt diese Bemühung einen Akt dar: weil die Philosophie, einmal zur ausdrücklichen gemacht, dem Revolutionär sein Schicksal, seinen Standort in der Welt und seine Ziele bewußter macht.

So ist das revolutionäre Denken ein *Denken in Situation;* es ist das Denken der Unterdrückten, insofern sie sich gemeinsam gegen die Unterdrückung empören; man kann es nicht von außen her nachkonstruieren, sondern es nur lernen, wenn es einmal getätigt ist, indem man die revolutionäre Bewegung in sich wiedererzeugt und es von der Lage aus, aus der es hervorgeht, betrachtet. Es ist dabei zu beachten, daß das Denken der aus der herrschenden Klasse hervorgegangenen Philosophen ebenfalls Handeln ist. Nizan hat dies in seinen »Chiens de garde« gut gezeigt. Dieses Denken zielt darauf, zu verteidigen, zu erhalten, zurückzustoßen. Aber seine Unterlegenheit gegenüber dem revolutionären Denken rührt daher, daß die Philosophie der Unterdrückung ihren pragmatischen Charakter zu verbergen trachtet; da sie es nicht darauf abgesehen hat, die Welt zu verändern, sondern sie zu erhalten wie sie ist, so erklärt sie, daß sie sie *beschaue*, so wie sie *ist*. Sie faßt die Gesellschaft und die Natur vom Gesichtspunkt der reinen Erkenntnis aus ins Auge, ohne sich einzugestehen, daß ihre Haltung den gegenwärtigen Zustand der Welt zu verewigen trachtet, indem sie dazu überreden will, daß man diese Welt eher zu erkennen als zu verändern vermöge und daß man sie, um sie zu verändern, mindestens erkennen müsse. Die Theorie vom Primat der Erkenntnis übt eine negative und hemmende Tätigkeit aus, indem sie der Sache ein reines und statisches Wesen verleiht, im Gegensatz zu jeder Philosophie, die den Gegenstand durch die Tätigkeit hindurch ergreift, welche ihn verändert, indem sie ihn benützt. Die erstere enthält schon in sich selbst eine Verneinung der Tätigkeit, die sie ausübt, da sie ja gerade den Vorrang der Erkenntnis behauptet, und jede pragmatistische Auffassung der Wahrheit ablehnt. Die Überlegenheit des revolutionären Denkens besteht darin, daß es von vornherein seinen Charakter als eines Handelns bekanntgibt; es ist sich bewußt, eine Tat zu sein; und wenn es sich als ein totales Erfassen des Weltalls ausgibt, so deshalb, weil der Entwurf des unterdrückten Arbeiters eine totale Haltung gegenüber dem ganzen Weltall ist. Da aber der Revolutionär das Wahre vom Falschen unterscheiden können muß, so erfordert diese unzertrennliche Einheit des Denkens und des Handelns eine neue und systematische Theorie der Wahrheit. Die pragmatische Auffassung kann ihm nicht zusagen, weil sie bloßer und einfacher subjektivistischer Idealismus ist. Deshalb hat man den materialistischen Mythus erfunden. Er hat den Vorteil, das Denken darauf zurückzuführen, nichts als eine der Formen der allgemeinsten Energie zu sein. Dadurch verliert es sein bläßliches Aussehen eines Irrlichtes. Außerdem stellt er es in jedem Fall dar als ein objektives Verhalten unter anderen, d. h. hervorgerufen durch den Zustand der Welt und zu diesem Zustand sich zurückwendend, um ihn zu verändern. Wir haben aber weiter oben gesehen, daß der Begriff eines bedingten Gedankens sich selbst zerstört; ich werde später zeigen, daß es sich mit demjenigen einer vorausbestimmten Tat ebenso verhält. Es handelt sich nicht darum, einen kosmogonischen Mythus auszudenken, der sinnbildlich das Denken-Handeln darstellt, sondern alle Mythen aufzugeben und auf das wahre revolutionäre Erfordernis zurückzukommen, nämlich Handeln und

Wahrheit, Denken und Wirklichkeit zu vereinigen. Mit einem Wort: es ist eine philosophische Theorie notwendig, die zeigt, daß die Wirklichkeit des Menschen Handeln ist und daß das Handeln gegenüber dem Weltall mit dem Verständnis dieses Weltalls, so wie es ist, eines ist – anders gesagt, daß das Handeln Enthüllung der Wirklichkeit *und zugleich* Abänderung dieser Wirklichkeit ist[1]. Aber der materialistische Mythus ist, wie wir gesehen haben, außerdem die bildhafte Vorstellung der geschichtlichen Bewegung, der Beziehung des Menschen zur Materie, der Beziehung der Menschen untereinander, kurzum, sämtlicher revolutionärer Themen, innerhalb der Einheit einer Kosmologie. Wir müssen also auf die inneren Zusammenhänge der revolutionären Haltung zurückkommen und sie im einzelnen untersuchen, um zu sehen, ob sie nichts anderes als eine mythische Veranschaulichung verlangen oder ob sie im Gegenteil die Grundlegung einer strengen Philosophie erfordern.

Jedes Glied der herrschenden Klasse ist ein Mensch göttlichen Rechtes. In eine Umwelt von Führern hineingeboren, ist er von seiner Kindheit an überzeugt, daß er *zum* Befehlen geboren ist, und dies ist in gewissem Sinne richtig, weil seine Eltern, die befehlen, ihn gezeugt haben, damit er ihre Nachfolge übernehme. Es gibt eine bestimmte soziale Funktion, die ihn in der Zukunft erwartet – in welche er hineingleitet, sobald er dazu das Alter hat und die gleichsam die metaphysische Wirklichkeit seiner Person ist. Daher ist er in seinen Augen eine Person, d. h. eine Synthese *a priori* der Tatsache und des Rechts. Von seinesgleichen erwartet, bestimmt, sie zu gewollter Zeit abzulösen, lebt er, weil er *das Recht hat* zu leben. Dieser vom Bourgeois für den Bourgeois geheiligte Charakter, der in den Zeremonien der Anerkennung offenkundig wird (Gruß, Visitenkarte, Familienanzeige, offizielle Besuche usw.) – das ist es, was man Menschenwürde nennt. Die Ideologie der führenden Klasse ist völlig von dieser Idee der Würde durchdrungen. Und wenn man von den Menschen sagt, sie seien »die Krone der Schöpfung«, so muß man das Wort im stärksten Sinne verstehen: Sie sind die Monarchen derselben durch göttliches Recht. Die Welt ist für sie gemacht, das Dasein der Menschen ist der absolute Wert und durchaus dem Geiste genugtuend, der dem Weltall seinen Sinn gibt. Diese Bedeutung besaßen ursprünglich alle philosophischen Systeme, die den Vorrang des Subjektes vor dem Objekt und die Grundlegung

1 Das ist es, was Marx »praktischen Materialismus« nennt in den »Sätzen über Feuerbach«. Aber warum »Materialismus«?

der Natur durch die Tätigkeit des Denkens behaupteten. Es versteht sich von selbst, daß der Mensch unter diesen Bedingungen ein übernatürliches Wesen ist: das, was man Natur nennt, ist die Gesamtheit dessen, was *da* ist, ohne das Recht zum Dasein zu haben.

Die unterdrückten Klassen sind für die geheiligten Menschen ein Teil der Natur. Sie sollen nicht befehlen. Bei anderen Gesellschaftsformen verlieh vielleicht die Tatsache, in der »domus« geboren zu sein, dem Sklaven ebenfalls einen geheiligten Charakter: nämlich den, *zum* Dienen geboren zu sein, gegenüber dem Menschen mit göttlichem Recht derjenige mit göttlicher Pflicht zu sein. Im Falle des Proletariates aber kann man nicht dasselbe sagen: der Arbeitersohn, in einem entlegenen Vorstadtviertel geboren, inmitten der Menge, hat keine unmittelbare Berührung mit der besitzenden Elite; persönlich hat er keine Pflichten, es seien denn die durch das Gesetz bestimmten, und es ist ihm nicht einmal verwehrt, sofern er jene mysteriöse Gnade besitzt, die man das Verdienst nennt, unter gewissen Umständen und gewissen Vorbehalten in die obere Klasse zu gelangen; sein Sohn und sein Enkel werden dann Menschen durch göttliches Recht. Somit ist er nichts anderes als ein Lebewesen, das am besten eingerichtete Tier. Jedermann fühlt das Verächtliche im Ausdruck »naturel«, dessen man sich zur Bezeichnung der Eingeborenen eines kolonisierten Landes bedient. Der Bankier, der Industrielle, der Professor sogar in der Hauptstadt sind keine »Naturels« irgendeines Landes: sie sind ganz und gar nicht »natürlich«. Der Unterdrückte im Gegenteil fühlt sich als ein »naturel«; jeder Vorfall in seinem Leben muß ihm immer wieder in Erinnerung bringen, daß er kein Recht auf Dasein hat. Seine Eltern haben ihn zu keinem besonderen Zweck in die Welt gesetzt; sondern durch Zufall, *zu nichts*, im besten Falle, weil sie Kinder liebten oder weil sie einer gewissen Propaganda zugänglich gewesen sind oder weil sie sich in den Genuß der Vorteile setzen wollten, die kinderreichen Familien gewährt werden. Es wartet seiner keine besondere Verrichtung, und wenn man ihn in eine Lehre tut, so nicht deshalb, um ihn vorzubereiten, das Priestertum, welches der Beruf ist, auszuüben, sondern lediglich, um ihm zu gestatten, sein nicht zu rechtfertigendes Dasein, das er seit seiner Geburt führt, fortzusetzen. Er wird arbeiten, um sein Leben zu fristen, und es genügt nicht, zu sagen, man stehle ihm das Eigentum an den Erzeugnissen seiner Arbeit: man bestiehlt ihn bis in den Sinn seiner Arbeit hinein, da er sich ja mit der Gesellschaft, für die er erzeugt, nicht solidarisch fühlt. Sei er Monteur oder Handlanger, er weiß wohl, daß er nicht unersetzlich ist: die Austauschbarkeit kennzeichnet ja geradezu den Arbeiter. Die Arbeit des Mediziners oder Juristen wertet man nach ihrer Qualität; allein nach ihrer Quantität aber diejenige des »guten« Arbeiters. Durch die Umstände seiner Lage hindurch gewinnt er Bewußtsein von sich als einem Angehörigen einer zoologischen Art: der Menschenart. Solange er auf dieser Ebene verharrt, erscheint ihm seine Lage selbst als eine natürliche: er wird sein Leben weiterführen, so wie er es begonnen hat, unterbrochen von plötzlichen Auflehnungen, falls sich die Unterdrückung stärker fühlbar macht, die aber nur aus der Unmittelbarkeit des Augenblickes kommen. Der Revolutionär überschreitet diese Lage, da er sie ja verändern will, und von diesem Gesichtspunkt des Willens zur Veränderung aus betrachtet er sie. Man muß von vornherein bemerken, daß er sie für seine gesamte Klasse verändern will und nicht nur für sich selbst; dächte er nur an sich, so könnte er ebensogut den Boden der Art verlassen und zu den Werten der herrschenden Klasse Zutritt suchen; es versteht sich daher von selbst, daß er *a priori* einwilligen würde, den geheiligten Charakter der Menschen göttlichen Rechts anzunehmen, mit dem einzigen Zweck, seinerseits daraus Nutzen zu ziehen. Da er aber nicht daran denken kann, für *seine ganze Klasse* dieses göttliche Recht zu beanspruchen, dessen Ursprung ja gerade eine Unterdrückung darstellt, die er zu zerstören beabsichtigt, so wird sein erster Schritt dahin gehen, die Rechte der herrschenden Klasse zu bestreiten. In seinen Augen gibt es keine Menschen göttlichen Rechtes. Er hat sich ihnen ja nicht genähert, doch errät er, daß sie dasselbe Dasein wie er führen, ebenso unbestimmt und nicht zu rechtfertigen. Im Unterschied von den Mitgliedern der unterdrückenden Klasse sucht er nicht die Angehörigen der anderen Klasse von der menschlichen Gemeinschaft auszuschließen. Aber zuallererst will er sie jenes magischen Aussehens entkleiden, das sie für diejenigen, die sie unterdrücken, furchterregend macht. Mit einer unmittelbaren Bewegung leugnet er außerdem die Werte, die sie anfänglich aufgestellt haben. Wenn es wahr wäre, daß ihr Gutes *a priori* das Gute ist, dann wäre die Revolution in ihrem Wesen vergiftet: sich gegen die unterdrückende Klasse wenden, hieße, sich gegen das Gute überhaupt wenden. Aber er denkt auch nicht daran, dieses Gute durch ein anderes Gute *a priori* zu ersetzen, denn er steht nicht in der aufbauenden Phase; er will sich bloß frei machen von allen Werten und Verhaltensregeln, die die herrschende Klasse sich ausgedacht hat, da ja diese Werte und Vorschriften lediglich eine Bremse für sein Verhalten sind und naturgemäß auf eine Verlängerung des *status quo* zielen. Und weil er die soziale Ordnung verändern will, so muß er zunächst den Gedanken verwerfen, die Vorsehung hätte ihre Errichtung gelenkt. Nur wenn er diese Ordnung als eine bloße Tatsache ansieht, kann er hoffen, sie zu ändern, d. h. sie durch eine andere Tatsache zu ersetzen, die ihm besser entspricht. Das revolutionäre Denken ist gleichzeitig humanistisch. Die Behauptung: *auch* wir sind Menschen, liegt jeder Revolution zugrunde. Und dadurch gibt der Revolutionär doch wohl zu verstehen, daß seine Unterdrücker Menschen sind. Zweifellos wird er ihnen Gewalt antun, er wird versuchen, ihr Joch zu brechen, und sollte er auf ihrer Seite einige Menschenleben zerstören müssen, so wird er stets danach trachten, diese Zerstörung auf ein Mindestmaß zu beschränken, weil er Techniker und Kader benötigt; daher läßt auch trotz allem die blutigste Revolution Anschluß der Gegner zu; sie ist vor allem eine Aufsaugung und eine Angleichung der herrschenden Klasse durch die unterdrückte. Umgekehrt wie Überläufer oder der verfolgte Angehörige einer Minderheit, der sich auf die Höhe der Bevorrechteten erheben und sich an sie angleichen will, möchte der Revolutionär sie zu sich herabsteigen machen, indem er die Rechtsgültigkeit ihrer Vorrechte verneint. Und weil das beständige Gefühl seiner Zufälligkeit ihn geneigt macht, sich als eine nicht zu rechtfertigende Tatsache anzuerkennen, so betrachtet er die Menschen göttlichen Rechts als bloße, mit ihm vergleichbare Tatsachen. Der Revolutionär ist also nicht der Mensch, welcher Rechte in Anspruch nimmt, sondern im Gegenteil derjenige, welcher den Begriff des Rechtes selbst zertrümmert, das er als ein Erzeugnis der Gewohnheit und der Gewalt ansieht. Sein Humanismus gründet sich nicht auf die Menschenwürde, sondern spricht im Gegenteil dem Menschen jede besondere Würde ab; die Einheit, in die er alle seine Artgenossen und sich selbst einschmelzen will, ist nicht die des Reiches der Menschen, sondern die der Art des Menschen; es gibt eine menschliche Art, eine nicht zu rechtfertigende und zufällige Erscheinung; durch die Umstände ihrer Entwicklung ist sie irgendwie innerlich aus dem Gleichgewicht geworfen worden; es ist nun die Aufgabe des Revolutionärs, sie jenseits ihres jetzigen Zustandes ein vernunftgemäßeres Gleichgewicht finden zu lassen. So wie die Art sich um den Menschen göttlichen Rechts geschlossen hat und ihn in sich aufgesogen hat, ebenso schließt sich die Natur um den Menschen und saugt ihn in sich auf: der Mensch ist eine natürliche Tatsache, die Menschheit eine Art unter anderen. Nur auf diese Weise glaubt der Revolutionär den Täuschungen der bevorrechteten Klasse entgehen zu können; der Mensch, der sich selbst als natürlichen weiß, kann nie mehr durch den Rückgriff auf die *apriorische* Moral getäuscht werden. Der Materia=

lismus erscheint dann, um ihm seine Hilfe anzubieten: das Hohelied der Tatsache. Zweifellos sind die Zusammenhänge, die durch die materialistische Welt hin entstehen, notwendig, aber die Notwendigkeit erscheint im Schoße einer ursprünglichen Zufälligkeit. Existiert das Weltall, so können seine Entwicklung und die Aufeinanderfolge seiner Zustände durch Gesetze geregelt sein. Es ist aber nicht notwendig, daß das Weltall existiert, noch daß es ein Sein überhaupt gibt, und die Zufälligkeit des Weltalls teilt sich allen, sogar den notwendigsten, Zusammenhängen, jeder besonderen Tatsache mit. Jeder Zustand, von außen, durch den früheren Zustand regiert, kann verändert werden, sofern man auf seine Ursachen einwirkt. Und der neue Zustand ist nicht mehr und nicht minder *natürlich* als der vorhergehende, wenn man darunter versteht, daß er nicht auf Rechte gegründet und daß seine Notwendigkeit nur relativ ist. Zu gleicher Zeit bietet der Materialismus, da es sich ja darum handelt, den Menschen in der Welt einzusperren, den Vorteil, einen oberflächlichen Mythus über den Ursprung der Arten aufzustellen, indem er die verwickelten Formen des Lebens aus den einfachsten ableitet. Es handelt sich nicht nur darum, überall den Zweck durch die Ursache zu ersetzen, sondern einen bunten Bilderbogen von einer Welt zu geben, in der die Ursachen allenthalben die Zwecke ersetzt haben. Daß der Materialismus stets diese Rolle gehabt hat, geht schon aus der Haltung des ersten und naivsten der großen Materialisten hervor: Epikur anerkennt, daß eine unbestimmte Zahl von einander abweichender Erklärungen ebenso wahr sein könnte wie der Materialismus, d. h. ebenso genau von den Erscheinungen Rechenschaft zu geben vermöchte; aber Epikur wettet, daß keine unter ihnen zu finden ist, die den Menschen vollständiger von seinen Ängsten befreite. Und die wesentliche Furcht des Menschen, vor allem wenn er leidet, ist nicht so sehr der Tod noch die Existenz eines strengen Gottes, sondern er fürchtet einfach, daß der Zustand der Dinge, an dem er leidet, zu transzendenten und unverkennbaren Zwecken hervorgebracht worden sei und aufrechterhalten werde; jede Anstrengung zur Veränderung dieses Zustandes wäre dann schuldhaft und umsonst; eine feine Verzagtheit schliche sich bis in seine Urteile hinein und verhinderte ihn sogar, eine Veränderung zu entwerfen und zu wünschen. Epikur hat den Tod zu einer Tatsache herabgesetzt, als er ihn von jener moralischen Blickseite befreite, die ihm durch die Fiktion unterirdischer Gerichtshöfe anhaftete; er hat zwar die Gespenster nicht abgeschafft, allein daraus streng physische Erscheinungen gemacht; er wagte sich nicht an die Beseitigung der Götter, hat sie aber darauf zurückgeführt, nur eine göttliche *Art* zu sein ohne Beziehung mit uns. Er hat ihnen die Macht, sich selbst zu schaffen, weggenommen und gezeigt, daß sie wie wir durch das Rieseln der Atome erzeugt wurden.

Aber fragen wir hier noch einmal: ist der materialistische Mythus, der gewissen Menschen zu dienen und sie zu ermutigen vermochte, wirklich notwendig? Was das revolutionäre Bewußtsein verlangt, ist, daß die Vorrechte der Unterdrückerklassen nicht zu rechtfertigen sind, daß die ursprüngliche Zufälligkeit, die der Revolutionär in sich selbst findet, für das Dasein seiner Unterdrücker selber ebenso konstitutiv sei, und schließlich, daß das durch seine Herren errichtete Wertgefügte, welches zum Ziele hat, tatsächlichen Vorrechten eine Rechtsexistenz zu verleihen, in Richtung eines Zustandes der Welt überschritten werden könne, der noch nicht da ist und der, tatsächlich und rechtlich, alle Privilege ausschließen wird. Es ist aber augenscheinlich, daß er eine zwiespältige Haltung dem *Natürlichen* gegenüber einnimmt. In einer gewissen Art und Weise taucht er in die Natur ein und zieht seine Herren mit sich; aber andrerseits verkündet er, an die Stelle der von der Natur blindlings hervorgebrachten Ordnung eine vernunftgemäße Ordnung der menschlichen Beziehungen setzen zu wollen. Der Ausdruck, den der Marxismus zur Bezeichnung der zukünftigen Gesellschaft gebraucht, heißt *Antiphysis*. Das bedeutet, daß man eine menschliche Ordnung einrichten will, deren Gesetze geradezu die Verneinung der Naturgesetze sind. Zweifellos muß man das so verstehen, daß diese Ordnung nur dann geschaffen wird, wenn man *vorerst* den Vorschriften der Natur gehorcht. Aber schließlich ist es tatsächlich so, daß diese Ordnung, im Schoße einer Natur, die sie verleugnet, *entworfen* werden muß; so, daß in der widernatürlichen Gesellschaft die Vorstellung des Gesetzes der Errichtung des Gesetzes vorangehen wird, wahrend heute nach materialistischer Auffassung das Gesetz die Vorstellung, die man von ihm hat, bedingt. Mit einem Wort, der Übergang zur Antiphysis bedeutet die Ersetzung der Gesellschaft der Gesetze durch den Staat der Zwecke. Und ganz zweifellos mißtraut der Revolutionär den Werten und weigert sich anzuerkennen, daß er eine bessere Einrichtung der menschlichen Gemeinschaft erstrebt; befürchtet er doch, eine Rückkehr zu den Werten, selbst über einen Umweg, öffne das Tor zu neuen Täuschungen. Andererseits jedoch begreift die Tatsache allein, daß er für eine Ordnung, deren Anbruch er niemals zu erleben meint, sein Leben zu opfern übernimmt, in sich, daß diese zukünftige Ordnung, die alle seine Handlungen rechtfertigt und die er doch nicht genießen wird, für ihn die Rolle eines Wertes hat. Was ist denn in Wirklichkeit ein Wert, wenn nicht der Aufruf dessen, was noch nicht ist, an uns?[1] Um sich über diese verschiedenen Erfordernisse Rechenschaft abzulegen, müßte eine revolutionäre Philosophie den materialistischen Mythus beseitigen und zu zeigen versuchen, erstens, daß der Mensch nicht zu rechtfertigen ist; daß sein Dasein zufällig ist, insofern weder er noch irgendeine Vorsehung ihn erzeugt haben; zweitens, daß infolgedessen jede durch Menschen errichtete kollektive Ordnung in Richtung auf andere Ordnungen hin überschritten werden kann; drittens, daß das in einer Gesellschaft geltende Wertgefüge das Baugesetz dieser Gesellschaft widerspiegelt und es zu erhalten trachtet; viertens, daß es also stets in Richtung auf andere Systeme hin überschritten werden kann, die nicht deutlich wahrgenommen werden, weil eben die Gesellschaft, die sie zum Ausdruck bringen werden, noch nicht existiert, die aber geahnt und, um es ganz zu sagen, erfunden werden durch die eigene Anstrengung der Mitglieder der Gesellschaft, um diese zu überschreiten. Der Unterdrückte lebt seine ursprüngliche Zufälligkeit, und die revolutionäre Philosophie hat dies zu berücksichtigen. Aber indem er seine Zufälligkeit lebt, anerkennt er die Rechtsexistenz seiner Unterdrücker sowie den absoluten Wert der von ihnen hervorgebrachten Ideologien. Nur durch eine Bewegung des Überschreitens, die diese Rechte und diese Ideologie in Frage stellt, wird er zum Revolutionär. Die revolutionäre Philosophie muß vor allem die Möglichkeit dieser Bewegung des Überschreitens erklären; und es ist augenscheinlich, daß sie nicht aus dem rein materiellen und natürlichen Dasein des Einzelnen ihre Herkunft schöpfen kann, weil sie sich ja eben zu diesem Dasein zurückwendet, um es vom Gesichtspunkt der Zukunft aus zu beurteilen. Diese Möglichkeit, sich von einer Situation *loszulösen*, um in bezug auf sie einen Standpunkt einzunehmen (einen Standpunkt, der nicht reine Erkenntnis ist, sondern Begreifen und Handeln in unauflöslicher Einheit), das ist genau, was man Freiheit nennt. Ein Materialismus, wie er auch beschaffen sein mag, wird dies niemals erklären. Eine Kette von Ursachen und Wirkungen kann mich wohl zu einer Gebärde veranlassen, zu einem Benehmen, das selber eine Wirkung ist und das den Zustand der Welt verändern wird; sie kann aber nicht bewirken, daß ich mich zu meiner Lage zurückwende, um sie in ihrer Ganzheit zu erfassen; mit einem Wort: sie vermag nicht über das revolutionäre Klassenbewußtsein Rechenschaft zu geben. Ohne Zweifel ist nun die materialistische Dialektik

1 Diese Zweideutigkeit findet sich in den Urteilen des Kommunisten über seine Gegner. Denn schließlich müßte der Materialismus ihm verbieten zu urteilen: ein Bourgeois ist nur das Produkt einer strengen Notwendigkeit.

da, um diese Überschreitung gegen die Zukunft hin zu erklären und zu rechtfertigen. Aber ihre Anstrengung geht darauf, die Freiheit alles in allem in die Dinge und nicht in den Menschen zu legen, was widersinnig ist. Nie wird ein Zustand der Welt das Klassenbewußtsein hervorbringen können. Und den Marxisten ist dies so wohlbekannt, daß sie auf die Kämpfer zählen – d. h. auf ein bewußtes und verabredetes Handeln –, um die Massen zu radikalisieren und dieses Bewußtsein in ihnen zu wecken. Sehr gut; woher aber nehmen diese Kämpfer selber ihr Verständnis der Lage? Müssen sie nicht in irgendeinem Augenblick sich losgelöst haben und Abstand davon gewonnen haben? Um nun zu verhindern, daß der Revolutionär durch seine ehemaligen Unterdrücker getäuscht werde, ist es schließlich ratsam, ihm die in Geltung befindlichen Werte als einfache Gegebenheiten aufzuweisen. Sind sie aber gegeben und folglich fähig, überschritten zu werden, so nicht deshalb, weil sie Werte sind, sondern weil sie sich in tatsächlicher Geltung befinden. Und um eine *Selbst*täuschung des Revolutionärs zu verhindern, muß man ihm die Mittel geben zum Verständnis dafür, daß das von ihm verfolgte Ziel – mag er es Antiphysis, klassenlose Gesellschaft der Befreiung des Menschen nennen – ebenfalls ein Wert ist, und sollte dieser Wert nicht überschreitbar sein, so einfach deshalb, weil er nicht verwirklicht ist. Dies übrigens hat Marx geahnt, als er von einem Jenseits des Kommunismus sprach – und Trotzki, wenn er von der permanenten Revolution redete. Ein zufälliges, nicht zu rechtfertigendes, aber freies Wesen, vollständig untergetaucht in eine Gesellschaft, die es unterdrückt, jedoch fähig, über diese Gesellschaft hinauszugehen durch seine Anstrengungen, sie zu verändern – das ist es, was der revolutionäre Mensch zu sein beansprucht. Der Idealismus täuscht ihn insofern, als er ihn mit bereits gegebenen Rechten und Werten fesselt; er verdeckt ihm sein Vermögen, seine eigenen Wege zu erfinden. Aber auch der Materialismus täuscht ihn, indem er ihm seine Freiheit stiehlt. Die revolutionäre Philosophie muß eine Philosophie der Transzendenz sein.

Aber der Revolutionär selber – und zwar vor jeder Verdrehung dieses Begriffs – mißtraut der Freiheit. Und er hat recht. Es hat nie an Propheten gefehlt, die ihm verkündet haben, er sei frei; und jedesmal geschah es, um ihn zu betrügen. Die stoische Freiheit, die christliche Freiheit und die Freiheit Bergsons haben seine Ketten nur noch verstärkt, indem sie sie vor ihm verbargen. Sie alle gelangten schließlich zu einer gewissen *inneren* Freiheit, die der Mensch in jeder beliebigen Lage zu bewahren vermöchte. Diese innere Freiheit ist eine reine

Täuschung idealistischer Art; sie wird keineswegs als eine notwendige Bedingung der *Tat* aufgefaßt. In Wahrheit ist sie reiner Selbstgenuß. Wenn Epiktet in Ketten sich nicht auflehnt, so deswegen, weil er sich frei fühlt, weil er im *Genuß* der Freiheit ist. Demzufolge ist ein Zustand so viel wert wie der andere, der des Sklaven ist so viel wert wie der des Herren; warum also noch eine Veränderung wollen? Im Grund ist diese Freiheit nur die mehr oder minder klare Bejahung der Autonomie des Denkens; indem sie aber dem Denken seine Unabhängigkeit ausdrücklich zuerteilt, trennt sie es von der Situation – da ja das Wahre allumfassend ist und man das Wahre in jedem beliebigen Fall denken kann –, trennt sie es ebenfalls vom Handeln –, weil eben einzig die Absicht von uns abhängt, die Tat aber bei ihrer Verwirklichung der Einwirkung der wirklichen Kräfte der Welt unterliegt, die jene entstellen und für ihren eigenen Urheber unkenntlich werden lassen. Abstrakte Gedanken und leere Absichten, sie sind es, die man dem Sklaven unter dem Namen der metaphysischen Freiheit läßt. Und gleichzeitig haben die Befehle des Herrn oder die Notwendigkeit zu leben, ihn in beschwerliche und konkrete Handlungen hineingezogen und nötigen ihn, im einzelnen Gedanken über die Materie, das Werkzeug zu formen. In der Tat ist das befreiende Element des Unterdrückten die Arbeit. In diesem Sinne ist es die Arbeit, welche von vornherein revolutionär ist. Gewiß wird sie *befohlen* und nimmt zuerst die Gestalt der Knechtung des Arbeiters an; ist es doch nicht wahrscheinlich, daß dieser, hätte man sie ihm nicht auferlegt, *diese* Arbeit unter *diesen* Bedingungen während *dieser* Zeitspanne zu *diesem* Lohn gewählt hätte. Unerbittlicher als der Sklavenhalter im Altertum, bestimmt der Arbeitgeber sogar im voraus die Handgriffe und das Verhalten des Arbeiters. Er zerlegt die Arbeit des Arbeiters in Einzelteile, nimmt ihm bestimmte weg, um sie durch andere ausführen zu lassen; er reduziert die bewußte und synthetische Tätigkeit des Arbeiters dahin, nichts anderes als eine Summe unbestimmt oft wiederholter Handgriffe zu sein. So zielt er dahin, den Arbeiter auf den Stand einer bloßen Sache zu bringen, indem er seine Verhaltensweise gleichsam zu Eigenschaften macht. In dem Bericht von ihrer Reise in Rußland zu Beginn des 19. Jahrhunderts führt Frau von Staël dafür ein treffendes Beispiel an: »Von zwanzig Musikern (eines Orchesters russischer Leibeigener) läßt ein jeder je ein und dieselbe Note hören, so oft diese vorkommt. Daher trägt jeder dieser Menschen den Namen der Note, die er auszuführen hat. Man sagt, wenn man sie vorübergehen sieht: das ist das Sol, das Mi oder das Re des Herrn Narischkin.« Hier ist also der einzelne Mensch eingeschränkt auf eine unveränderliche Eigenschaft, die ihn bestimmt, wie das Atomgewicht und die Schmelztemperatur. Das neuzeitliche Taylorsystem tut nichts anderes. Der Arbeiter wird zum Menschen einer einzigen Verrichtung, die er hundertmal am Tage wiederholt; er ist nur noch Gegenstand, und es wäre kindlich oder hassenswert, wollte man einer Stepperin in der Schuhfabrik oder einer Arbeiterin, die Zeiger auf das Zifferblatt des Geschwindigkeitsmessers der Fordautomobile setzt, erzählen, sie behielten bei dem Tun, an das sie gebunden sind, die innere Freiheit des Denkens. Aber zu gleicher Zeit bietet die Arbeit einen Anreiz zu konkreter Befreiung sogar in diesen Grenzfällen, weil sie eben schon gleich Verneinung des zufälligen und launenhaften Gesetzes bedeutet, welches dasjenige des Gebieters ist. Bei der Arbeit muß sich der Unterdrückte nicht mehr darum sorgen, dem Gebieter zu gefallen, er entkommt der Welt des Tanzes, der Höflichkeit, der Zeremonie und der Psychologie; er braucht nicht zu erraten, was sich hinter den Augen seines Vorgesetzten abspielt, er ist nicht mehr der Willkür einer Laune preisgegeben. Gewiß, seine Arbeit wird ihm von Anfang an auferlegt, und schließlich stiehlt man ihm ihren Ertrag. Aber innerhalb dieser beiden Grenzen verleiht sie ihm die Herrschaft über die Dinge; der Arbeiter ergreift sich als Möglichkeit, die Form eines materiellen Gegenstandes ins Unendliche abzuändern, indem er auf ihn einwirkt nach gewissen allgemeinen Regeln. Anders ausgedrückt: Der Determinismus der Materie ist es, der ihm das erste Bild seiner Freiheit darbietet. Ein Arbeiter ist nicht Determinist wie der Gelehrte: er macht aus dem Determinismus kein ausdrücklich formuliertes Postulat. Er lebt in seinen Arbeitsbewegungen, in der Bewegung seines Armes, der eine Niete trifft oder einen Hebel niederdrückt; er ist davon so durchdrungen, daß er, tritt die gewünschte Wirkung nicht ein, nach der verborgenen Ursache, die jene am Zustandekommen verhindert hat, suchen wird, ohne jemals bei den Dingen Launen oder plötzliche und zufällige Brüche der natürlichen Ordnung zu vermuten. Und, wenn im Tiefpunkt seiner Sklaverei, dann nämlich, wenn die Willkür des Herrn ihn in eine Sache verwandelt, das Handeln ihn befreit, indem es ihm die Herrschaft über die Dinge und eine Spezialisten-Autonomie verleiht, über die der Herr nichts vermag, dann hat sich die Idee der Befreiung für ihn mit der des Determinismus verbunden. Tatsächlich vermöchte er seine Freiheit nicht als über der Welt schwebend zu erfassen, weil er eben für den Herrn oder für die unterdrückende Klasse Ding ist; nicht durch eine selbstbezogene Rückwendung auf sich nimmt er wahr, daß er frei ist; vielmehr gelangt er über seinen Sklavenzustand hinaus durch sein Handeln an den Erscheinungsformen, die ihm gerade durch die Strenge ihrer Verkettung das Bild einer konkreten Freiheit widerspiegeln, die darin besteht, die Erscheinungsformen zu verändern. Und da ja der Entwurf zu seiner konkreten Freiheit ihm in den Verknüpfungen des Determinismus erscheint, so ist es nicht verwunderlich, wenn er danach trachtet, die Beziehung von Mensch zu Mensch, die sich seinen Augen als die einer tyrannischen Freiheit zu einem erniedrigten Gehorsam darstellt, durch die Beziehung Mensch zu Ding zu ersetzen, und schließlich, weil eben der die Dinge regierende Mensch seinerseits Ding ist, von einem anderen Standpunkt aus durch die Beziehung Ding zu Ding. So erscheint ihm der Determinismus – insofern er sich der Psychologie der Höflichkeit widersetzt – als ein läuternder Gedanke, als eine Katharsis. Und kommt er auf ihn zurück, um sich als determiniertes Ding zu betrachten, so befreit er sich gleichzeitig von der gefürchteten Freiheit seiner Herren; denn er nimmt sie mit sich in die Verknüpfungen des Determinismus, er betrachtet sie ihrerseits als Dinge. Er erklärt ihre Anordnungen aus ihrer Lage, aus ihren Neigungen, aus ihrer Geschichte, indem er sie sozusagen in das All untertaucht. Wenn alle Menschen Dinge sind, so gibt es keine Sklaven mehr, es gibt nur noch faktisch Unterdrückte. Wie Simson, der es auf sich nahm, sich unter den Trümmern des Tempels zu begraben, wenn nur die Philister mit ihm zugrunde gingen, befreit sich der Sklave, indem er die Freiheit seiner Herren und seine eigene aufhebt, und indem er sich mit ihnen von der Materie verschlingen läßt. Folglich steht die befreite Gesellschaft, wie er sie begreift, im Gegensatz zum kantianischen Gemeinwesen der Zwecke; sie gründet sich nicht auf die gegenseitige Anerkennung der Freiheiten. Weil aber eben die befreiende Beziehung die des Menschen zu den Dingen ist, so wird sie den Unterbau zu dieser Gesellschaft abgeben. Es handelt sich lediglich darum, die Unterdrückungs-Beziehung zwischen den Menschen abzuschaffen, damit der Wille des Sklaven und der des Herrn, die sich im Kampf des einen gegen den anderen erschöpfen, sich gänzlich wieder den Dingen zuwenden. Die befreite Gesellschaft wird ein harmonisches Unternehmen zur Auswertung der Welt sein. Da sie durch die Aufsaugung der bevorrechteten Klassen zustande kommt und in ihrem Begriff durch die Arbeit bestimmt wird, d. h. durch die Einwirkung auf die Materie, und da sie selbst den Gesetzen des Determinismus unterworfen ist, so ist der Ring geschlossen, die Welt schließt sich wieder. Zum Unterschied vom Aufständischen will der Revolutionär tatsächlich eine *Ordnung*. Und da die ihm vorgeschlagenen geistigen Ordnungen allenthalben das mehr oder weniger täuschende Bild der Gesellschaft bieten, die ihn unterdrückt, so ist es die materielle Ordnung, die er wählen wird. Die materielle Ordnung, d. h. die Ordnung der Wirksamkeit, in der er gleichzeitig als Ursache und als Wirkung vorkommt. Hier bietet ihm nochmals der Materialismus seine Dienste an. Dieser Mythus zeigt das genaueste Bild einer Gesellschaft, in der die Freiheiten abhanden gekommen sind. Auguste Comte bestimmte ihn als die Lehre, die darauf abzielt, das Höhere durch das Niedrigere zu erklären. Es versteht sich von selbst, daß die Ausdrücke Höheres und Niedrigeres hier nicht in ihrer moralischen Bedeutung genommen werden, sondern daß sie mehr oder minder verwickelte Organisationsformen bezeichnen. Nun aber wird ja eben der Arbeiter von demjenigen, den er ernährt und beschützt, als der Niedrigere angesehen, und die herrschende Klasse betrachtet sich von Anfang an als die höhere Klasse. Dadurch, daß ihre inneren Baulinien vielfältiger und feiner sind, ist sie es, welche die Ideologien, die Kultur und die Wertsysteme hervorbringt. Das Bestreben der oberen Gesellschaftsschichten besteht darin, das Niedrigere durch das Höhere zu erklären, sei es, indem sie in jenem eine Entartung des Höheren erblicken, sei es durch die Auffassung, das Niedrigere sei da, *um* den Bedürfnissen des Höheren zu dienen. Diese Art zweckhafter Erklärung erhebt sich selbstverständlich auf die Höhe eines Prinzips der Erklärung des *Weltalls*. Die Erklärung »durch das Untere«, d. h. durch die wirtschaftliche, technische und schließlich biologische Bedingtheit ist im Gegensatz dazu diejenige, welche die unterdrückte Klasse annimmt, weil diese Bedingtheit aus ihr die Stütze der ganzen Gesellschaft macht. Ist das Höhere lediglich der Ausfluß des Niedrigeren, dann ist die »auserlesene Klasse« nichts weiter als eine Nebenerscheinung. Die Unterdrückten müssen ihr nur den Dienst verweigern, so verkümmert sie und stirbt: sie ist nichts durch sich selbst. Man braucht nur diese Ansicht, die exakt ist, zu erweitern und daraus ein allgemeines Erklärungsprinzip zu machen, damit der Materialismus entsteht. Und die materialistische Erklärung der Welt, d. h. des Biologischen durch das Physikalisch-Chemische und des Gedankens durch die Materie, wird ihrerseits zu einer Rechtfertigung der revolutionären Haltung. Was eine spontane Umsturzbewegung des Unterdrückten gegen den Unterdrücker war, wird unter ihren Händen mit Hilfe eines gegliederten Mythus die allumfassende Daseinsform der Wirklichkeit.

Nochmals bietet hier der Materialismus dem Revolutionär mehr, als dieser verlangt. Denn der Revolutionär verlangt nicht, Ding zu sein, sondern vielmehr, die Dinge zu beherrschen. Es ist richtig, daß er in der Arbeit eine gerechte Würdigung der Freiheit erlangt hat. Diejenige Freiheit, welche durch seine Einwirkung auf die Dinge auf ihn zurückgestrahlt wurde, ist weit entfernt von der abstrakten Denkfreiheit des Stoikers. Sie offenbart sich in einer besonderen Lage, in welche der Arbeiter durch den Zufall seiner Geburt und durch die Laune oder das Interesse seines Herrn geworfen worden ist. Sie erscheint in einem Unternehmen, das er nicht durchaus aus freiem Antrieb begonnen hat und das er nicht zu Ende führen wird; sie unterscheidet sich sogar nicht von seiner Gebundenheit im Schoße dieses Unternehmens; wenn er aber schließlich sich seiner Freiheit bewußt wird, zutiefst in seiner Sklaverei, so darum, weil er die Wirksamkeit seines konkreten Handelns ermißt. Er besitzt nicht die reine Idee einer Autonomie, in deren Genuß er nicht steht, aber er kennt seine Macht, die im Verhältnis zu seinem Handeln steht. Was er, im Laufe des Handelns selbst, feststellt, ist, daß er den gegenwärtigen Zustand der Materie mit Hilfe eines genauen Planes, sie so oder so einzuteilen, überschreitet, und daß es ihm tatsächlich gelingt, sie einzuteilen, wie er es gewollt hat, da dieser Plan eins ist mit der Beherrschung der Mittel hinsichtlich der Zwecke. Wenn er die Beziehung von Ursache zu Wirkung entdeckt, so nicht, indem er sich ihr unterzieht, sondern innerhalb des Aktes selber, der den gegenwärtigen Zustand (Anhängen der Kohle an den Wänden der Kohlengrube usw.) gegen ein gewisses Ziel hin überschreitet, das diesen Zustand aus der Tiefe der Zukunft erhellt und begrifflich bestimmt. So enthüllt sich die Beziehung von Ursache zu Wirkung in und durch die Wirksamkeit eines Aktes, der zugleich Plan und Verwirklichung ist. Er ist tatsächlich eben die Fügsamkeit und zugleich der Widerstand des Weltalls, die ihm zu gleicher Zeit das Gleichbleiben der Ursachenreihen und das Bild seiner Freiheit widerspiegeln; dies aber darum, weil seine Freiheit sich nicht von der Verwendung der Ursachenreihen für einen Zweck unterscheidet, den diese Freiheit selbst aufstellt. Ohne die Erhellung, die dieser Zweck der gegenwärtigen Lage erteilt, gäbe es in dieser Lage weder eine Beziehung der Ursächlichkeit, noch eine solche von Mittel zu Zweck; oder vielmehr gäbe es darin eine unbestimmte Unendlichkeit von Mitteln und von Zwecken, von Wirkungen und von Ursachen, ebenso wie es eine unterschiedslose Unendlichkeit von Kreisen, Ellipsen, Dreiecken und Vielecken im geometrischen Raume gäbe ohne die erzeugende Tat des Mathematikers, der eine Figur zeichnet, indem eine Anzahl von ihm gewählter Punkte nach einem bestimmten Gesetz miteinander verbindet. So offenbart der Determinismus in der Arbeit die Freiheit nicht insofern, als er ein abstraktes Naturgesetz ist, sondern insofern, als ein menschlicher Plan inmitten des unendlichen gegenseitigen Einwirkens der Erscheinungen einen gewissen teilweisen Determinismus abgrenzt und beleuchtet. Und in diesem Determinismus, der sich einfach durch die Wirksamkeit des menschlichen Handelns erweist – ebenso wie die Schiffbauer das Archimedische Prinzip bereits verwendet und begriffen hatten, bevor ihm Archimedes seine jetzige Gestalt gegeben hatte –, ist das Verhältnis von Ursache zu Wirkung nicht zu unterscheiden von demjenigen von Mittel zu Zweck. Die organische Einheit des Plans des Arbeiters ist das Auftauchen eines Zweckes, der vorher nicht im Weltall war und welcher sich durch die Anordnung der Mittel, ihn zu erreichen, kundgibt (denn der Zweck ist nichts anderes als die synthetische Einheit aller zu seiner Hervorbringung eingesetzten Mittel); währenddessen die untere Schicht, welche diese Mittel von unten her darbietet und sich ihrerseits durch deren Anordnung selbst zu erkennen gibt, durch die Ursache=Wirkung=Relation gebildet wird, so wie das Archimedische Prinzip, das zugleich Stütze und Inhalt der Technik der Schiffbauer ist. In diesem Sinne kann man sagen, das Atom sei durch die Atombombe geschaffen worden, die sich nur im Lichte des anglo=amerikanischen Plans, einen Krieg zu gewinnen, begreifen läßt. So gibt sich die Freiheit nur im Akt zu erkennen, sie ist eins mit dem Akt; sie ist die Grundlage der Verbindungen und gegenseitigen Einwirkungen, welche die inneren Baulinien des Aktes bilden; sie genießt nie sich selbst, sondern gibt sich in und durch ihre Produkte zu erkennen; sie ist nicht eine innere Kraft, sich den bedrängendsten Lagen zu entreißen: denn es gibt weder Außen noch Innen für den Menschen. Sie ist im Gegenteil das Vermögen, sich in die gegenwärtige Handlung einzulassen und eine Zukunft zu errichten; sie erzeugt eine Zukunft, die erlaubt, die Gegenwart zu begreifen und zu verändern. Somit erfährt der Arbeiter in der Tat seine Freiheit durch die Dinge; aber gerade weil die Dinge ihn die Freiheit lehren, ist er alles in der Welt, nur kein Ding. Und hier ist es, wo ihn der Materialismus täuscht und, sich selbst zum Trotze, ein Werkzeug in den Händen der Unterdrücker wird; denn wenn der Arbeiter seine Freiheit in der Arbeit, aufgefaßt als ursprüngliches Verhältnis des Menschen zu den materiellen Dingen, entdeckt, so denkt er sich in seinen Beziehungen zu dem Herrn, der ihn unterdrückt, als ein Ding; ist es doch der Herr, der ihn durch das Taylorsystem oder durch jedes andere Verfahren dahin reduziert, nichts als eine immer gleichbleibende Summe von Handgriffen zu sein, und ihn dadurch in einen passiven Gegenstand, bloßen Träger feststehender Eigenschaften verwandelt. Indem der Materialismus den Menschen in Verhaltensweisen zerlegt, die streng nach dem Vorbild der Verrichtungen des Taylorsystems[1] erdacht sind, spielt er die Rolle des Herrn. Es ist der Herr, der den Sklaven als Maschine begreift. Indem er sich als einfaches Naturprodukt betrachtet, als einen »Naturel«, sieht sich der Sklave *mit den Augen* des Herrn. Er denkt sich als einen »Anderen« und mit den Gedanken des »Anderen«.

Es besteht daher Einheit zwischen der Auffassung des materialistischen Revolutionärs und derjenigen seiner Unterdrücker. Und zweifellos kann man sagen, daß das Ergebnis des Materialismus darin bestehe, den Herrn in die Falle zu locken und ihn gleich dem Sklaven in ein Ding zu verwandeln. Der Gebieter aber weiß davon nichts und macht sich nichts daraus: er lebt im Schoße seiner Ideologien, seiner Rechte, seiner Kultur. *Allein* der Subjektivität des Sklaven erscheint er als Ding. Es ist daher unendlich richtiger und nützlicher, den Sklaven von seiner Arbeit her seine Freiheit, die Welt zu verändern und folglich seinen Zustand entdecken zu lassen, als sich unter Aufbietung aller Kräfte zu bemühen, ihm zu zeigen, der Herr sei ein Ding, wobei man ihm seine wahre Freiheit verdeckt. Und wenn es wahr ist, daß der Materialismus als eine Erklärung des Höheren durch das Niedrigere, ein passendes Bild vom gegenwärtigen Gefüge unserer Gesellschaft ist, so ist es nur um so augenscheinlicher, daß er nur ein Mythus ist, im platonischen Sinne des Wortes. Denn der Revolutionär kann eine sinnbildliche Erklärung der gegenwärtigen Lage nicht brauchen; er will vielmehr einen Gedanken, der ihm die Zukunft zu schmieden erlaubt. Nun aber wird der materialistische Mythus jeden Sinn verlieren in einer klassenlosen Gesellschaft, in der keine Höheren und keine Niedrigeren mehr anzutreffen sein werden.

Aber, werden die Marxisten einwenden, wenn ihr den Menschen lehrt, er *sei frei*, so verratet ihr ihn; denn er hat dann gar nicht mehr nötig, es zu werden; kann man sich einen Menschen denken, der von Geburt frei ist und der doch beansprucht, befreit zu werden? Darauf entgegne ich: Ist der Mensch nicht ursprünglich frei, sondern ein für allemal determiniert, so vermag man nicht einmal zu begreifen, worin denn seine Befreiung bestehen könnte. Gewisse Leute werden mir sagen: Man wird die menschliche Natur von dem sie verunstaltenden Zwang befreien. Das sind Dummköpfe. Was kann denn wohl die Natur eines Menschen sein außerhalb dessen, was er konkret in seinem gegenwärti=

1 Der Behaviorismus ist die Philosophie des Taylorismus.

gen Dasein ist? Wie könnte ein Marxist an eine *wahre* menschliche Natur glauben, die einzig durch die Umstände der Unterdrückung verdeckt wäre? Andere wiederum beanspruchen, das Glück der Art zu verwirklichen. Was aber ist ein Glück, das nicht *empfunden, erfahren* wird? Glück ist wesensmäßig Subjektivität. Wie könnte es unter der Herrschaft des Objektiven bestehen? Allerdings ist das einzige Ergebnis aus der Hypothese des allumfassenden Determinismus und vom Standpunkt der Gegenständlichkeit einfach eine vernünftigere Gesellschaftsordnung. Was für einen Wert kann aber eine derartige Ordnung bewahren, wenn sie nicht als solche von einer freien Subjektivität empfunden und nach neuen Zielen hin überschritten wird? In Wirklichkeit besteht kein Gegensatz zwischen den beiden Erfordernissen des Handelns, nämlich, daß der Handelnde frei und die Welt, in der er handelt, determiniert sei. Denn nicht vom selben Standpunkt aus und anläßlich derselben Wirklichkeiten fordert man das eine oder das andere. Die Freiheit ist ein Bauelement der menschlichen Tat und tritt nur hervor im Sichbinden. Der Determinismus ist Gesetz der Welt. Zudem erfordert die Tat nichts weiteres als teilweise Verkettungen und örtliche Konstanten. Ebenso ist es nicht wahr, daß ein freier Mensch nicht wünschen kann, befreit zu werden. Denn nicht in der gleichen Beziehung ist er frei und gefesselt. Seine Freiheit ist gleichsam die Erhellung der Lage, in die er geworfen ist. Aber die Freiheiten der anderen können ihm seine Lage unhaltbar machen, ihn immer unausweichlicher zur Auflehnung oder in den Tod treiben. Wenn die Arbeit der Sklaven ihre Freiheit offenbart, so bleibt es darum nicht weniger dabei, daß diese Arbeit auferlegt, auflösend und aufreibend ist; daß man alle schlau um ihre Erträgnisse bringt; daß sie durch diese Arbeit abgesondert werden, ausgeschlossen aus einer Gesellschaft, die sie ausbeutet und mit der sie nicht solidarisch sind. Richtig ist, daß sie Glieder einer Kette sind, von der sie weder Anfang noch Ende kennen; richtig ist, daß der Blick des Herrn, seine Ideologie und seine Befehle ihnen jedes andere Dasein als das materielle zu verweigern trachten. Gerade dadurch, daß sie Revolutionäre werden, d. h., indem sie sich mit den anderen Gliedern ihrer Klasse zusammenschließen, um die Tyrannei ihrer Herren abzuschütteln, werden sie ihre Freiheit am besten offenkundig machen: die Unterdrückung läßt ihnen keine andere Wahl als Resignation oder Revolution. Aber in *beiden* Fällen bekunden sie ihre Wahlfreiheit. Und schließlich, welches auch immer das Ziel ist, das man dem Revolutionär zuweist, er geht über dasselbe hinaus und sieht darin nur eine Etappe. Wenn er Sicherheit sucht, oder eine bessere materielle Gesellschaftsordnung, so deshalb, da=

mit diese ihm als Ausgangspunkt dienen. Dies haben die Marxisten selber erwidert, als Reaktionäre bei Gelegenheit einer Einzelforderung betreffs der Löhne vom »schmutzigen Materialismus der Massen« sprachen. Sie gaben zu verstehen, daß hinter diesen materiellen Forderungen die Bejahung eines Humanismus stehe, daß diese Arbeiter nicht bloß einige Sous mehr zu verdienen verlangten, sondern daß ihr Verlangen gleichsam das verkörperte Sinnbild ihrer Forderung sei, Menschen zu sein. Menschen, d. h. Freiheiten im Besitze ihres Schicksals[1]. Diese Bemerkung gilt für das Endziel des Revolutionärs. Über die vernunftgemäße Organisation der Gesamtheit hinaus fordert das Klassenbewußtsein einen neuen Humanismus, eine entfremdete Freiheit, die die Freiheit zum Ziel genommen hat. Der Sozialismus ist nur das Mittel, das gestatten wird, die Herrschaft der Freiheit zu verwirklichen. Ein materialistischer Sozialismus ist darum widersprüchlich, weil der Sozialismus sich als Ziel einen Humanismus setzt, den der Materialismus unvorstellbar macht.

Einer der Züge des Idealismus, der dem Revolutionär am meisten widersteht, ist die Bestrebung, die Veränderungen der Welt als durch die Ideen beherrscht, oder noch besser, als Veränderungen innerhalb der Ideen vorzustellen. Der Tod, die Arbeitslosigkeit, die Unterdrükkung eines Streiks, das Elend und der Hunger sind keine Ideen. Es sind Wirklichkeiten des Alltags, die in ihrer ganzen Schrecklichkeit gelebt werden. Zweifellos haben sie eine Bedeutung, behalten aber vor allem einen Grund an irrationaler Undurchsichtigkeit. Der Krieg von 1914 ist nicht, wie Chevalier es sagte, »Descartes gegen Kant«, er ist der unsühnbare Tod von zwölf Millionen junger Menschen. Der Revolutionär, erdrückt von der Wirklichkeit, weigert sich, sie fortschwindeln zu lassen. Er weiß, daß die Revolution keine bloße Erfüllung von Ideen sein wird, sondern daß sie Blut, Schweiß und Menschenleben kosten wird. Er wird bezahlt dafür, zu wissen, daß die Dinge gediegene und bisweilen unüberwindbare Hindernisse sind, daß der bestdurchdachte Plan sich an Widerständen stößt, die ihn oftmals scheitern lassen. Er weiß, daß das Handeln keine glückliche Zusammenstellung von Gedanken ist, sondern die Anstrengung eines ganzen Menschen gegen die starrköpfige Undurchdringlichkeit des Weltalls. Hat man die Bedeutungen der Dinge enträtselt, so weiß er, daß ein nicht anzugleichender Rückstand bleibt, der die Andersheit, die Irrationalität, die Undurchsichtigkeit des Wirklichen ist, und daß es dieser Rückstand ist, der zuletzt erstickt, zermalmt. Er will, zum Unterschied vom Idealisten, den er eines feigen Denkens bezichtigt, hart denken. Noch besser: der Feindseligkeit

1 Das führt Marx bewunderungswürdig in »Nationalökonomie und Philosophie« aus.

der Dinge will er nicht die Idee entgegenstellen, sondern das Handeln, das sich schließlich in Anstrengungen, in erschöpfende Strapazen, in Nachtwachen auflöst. Auch hier noch scheint der Materialismus seinen Bedürfnissen am befriedigendsten Ausdruck zu verleihen, eben weil er die Übermacht der undurchdringlichen Materie über die Idee bejaht. Für ihn ist alles Tat, Widerstreit der Kräfte, Handeln. Das Denken selbst wird eine wirkliche Erscheinung in einer meßbaren Welt; es wird durch die Materie hervorgebracht und verbraucht Energie. In der Ausdrucksweise des Realismus muß man den vielberufenen Vorrang des Gegenstandes erfassen. Aber ist diese Auslegung so tief befriedigend? Geht sie nicht über ihr Ziel hinaus und täuscht sie nicht das Bedürfnis, das sie hat entstehen lassen? Wenn es wahr ist, daß nichts weniger den Eindruck von Anstrengung macht als die Erzeugung der Ideen aus einander, so verflüchtigt sich die Anstrengung ebensosehr, wenn wir das Weltall als das Gleichgewicht verschiedener Kräfte auffassen. Nichts gibt weniger den Eindruck von Anstrengung als eine Kraft, die auf einen materiellen Punkt einwirkt: sie leistet die Arbeit, zu der sie imstande ist, nicht mehr und nicht weniger, und verwandelt sich mechanisch in kinetische oder wärmeerzeugende Energie. Nirgends, in keinem Fall, vermittelt uns die Natur aus sich allein den Eindruck von überwundenem Widerstand, von Auflehnung und Unterwerfung, von Müdigkeit. In jeder Lage ist sie alles, was sie zu sein vermag, weiter nichts. Und die entgegengesetzten Kräfte arbeiten nach den ruhigen Gesetzen der Mechanik. Um von der Wirklichkeit als von einem durch die Arbeit zu bezwingenden Widerstand Rechenschaft zu geben, muß dieser Widerstand durch eine Subjektivität, die ihn zu überwinden sucht, gelebt werden. Die als reine Gegenständlichkeit aufgefaßte Natur ist das Gegenteil der Idee. Aber gerade deswegen verwandelt sie sich in Idee; sie ist die reine Idee der Gegenständlichkeit. Das *Wirkliche* verflüchtigt sich. Denn das Wirkliche ist das, was *für eine Subjektivität* undurchdringlich ist: es ist dieses Stück Zucker, von dem ich, wie Bergson sagt, erwarte, daß es schmilzt oder, wenn man lieber will, es ist die Verpflichtung für ein Subjekt, eine ähnliche Erwartung zu leben. Es ist der menschliche Plan, es ist mein Durst, der entscheidet, daß es »lange braucht«, um zu schmelzen. Außerhalb des Menschlichen schmilzt es weder langsam noch schnell, sondern genau in einer Zeit, die von seiner Natur, von seiner Dicke und von der Wassermenge, in die es eingetaucht wird, abhängig ist. Es ist die menschliche Subjektivität, die die *Gegnerschaft* des Wirklichen in und durch den Plan entdeckt, den sie macht, um es gegen die Zukunft hin zu überschreiten.

Damit ein Hügel leicht oder schwierig zu erklimmen sei, muß man den Plan zu seiner Besteigung gefaßt haben. Idealismus und Materialismus lassen in gleicher Weise das Wirkliche sich verflüchtigen, der eine, weil er das Ding aufhebt, der andere, weil er die Subjektivität aufhebt. Damit sich die Wirklichkeit enthüllt, ist es notwendig, daß ein Mensch gegen sie kämpfe; mit einem Wort, der Realismus des Revolutionärs erfordert gleicherweise das Vorhandensein der Welt und der Subjektivität; besser: er verlangt eine solche Wechselbeziehung der einen und der anderen, daß man sich keine Subjektivität außerhalb der Welt, noch auch eine Welt, die nicht durch die Anstrengung einer Subjektivität erleuchtet würde, denken könnte[1]. Das Höchstmaß an Wirklichkeit, das Höchstmaß an Widerstand erhält man durch die Annahme, daß der Mensch begrifflich ein solcher ist, der In-Situation-in-der-Welt ist und daß er die schwierige Lehrzeit des Wirklichen durchmacht, indem er sich bestimmt in Beziehung auf das Wirkliche.

Vermerken wir übrigens, daß die zu enge Bindung an den allumfassenden Determinismus Gefahr läuft, jeden *Widerstand* der Wirklichkeit zu unterdrücken. Ich erhielt den Beweis dafür in einer Unterhaltung mit Garaudy und zweien seiner Genossen. Ich fragte sie, ob wirklich die Würfel schon gefallen seien, als Stalin den deutsch-russischen Vertrag unterzeichnete, und als die französischen Kommunisten die Teilnahme an der Regierung de Gaulle beschlossen, ob in den beiden Fällen die Verantwortlichen nicht *das Wagnis auf sich genommen hätten* mit dem ziemlich angstvollen Gefühl ihrer Verantwortung. Denn mir scheint, das Hauptkennzeichen der Wirklichkeit bestehe darin, daß man niemals mit gesichertem Einsatz gegen sie spielt und daß die Folgen unseres Handelns nur wahrscheinliche sind. Aber Garaudy unterbrach mich: für ihn sind alle Spiele schon im voraus entschieden; es gibt eine Geschichtswissenschaft, und die Verkettung der Tatsachen ist unerbittlich, also setzt man auf sicher. Sein Eifer riß ihn so weit hin, daß er mir schließlich leidenschaftlich erklärte: »Und was tut die Intelligenz Stalins zur Sache? Ich pfeife darauf!« Es muß hinzugefügt werden, daß er unter den strengen Blicken seiner Genossen errötete, die Augen niederschlug und mit einer ziemlich demütigen Miene beifügte: »Übrigens ist Stalin sehr intelligent.« Im Gegensatz also zum revolutionären Realismus, der erklärt, daß das geringste Ergebnis nur in Mühsal erreicht wird, inmitten der ärgsten Ungewißheiten, bringt der materialistische Mythus gewisse Geister dazu, sich über den Aus-

1 Das ist, noch einmal, der Standpunkt von Marx 1844 vor seiner unglückseligen Begegnung mit Engels.

gang ihrer Anstrengung tief zu beruhigen. Es ist unmöglich, denken sie, daß sie nicht Erfolg hätten. Die Geschichte ist eine Wissenschaft, ihre Ergebnisse sind aufgezeichnet, man muß sie nur lesen. Diese Haltung ist offenbar eine Flucht. Der Revolutionär hat die bürgerlichen Mythen umgestürzt, und die Arbeiterklasse hat es unternommen, durch tausend Gestaltwandel hindurch, durch Mißhandlungen und Rückschläge, Siege und Niederlagen hin ihr eigenes Schicksal in Freiheit und in Angst sich zu schmieden. Aber unsere Garaudys fürchten sich. Was sie im Kommunismus suchen, ist nicht die Befreiung, vielmehr eine Verstärkung der Disziplin; nichts fürchten sie so sehr wie die Freiheit, und wenn sie auf die *apriorischen* Werte der Klasse, aus der sie hervorgegangen sind, verzichtet haben, so war das, um das *a priori* der Erkenntnis und der in der Geschichte bereits vorgezeichneten Wege wiederzufinden. Keine Risiken, keine Unruhe, alles ist sicher, die Ergebnisse sind verbürgt. Mit einem Mal entschwindet die Wirklichkeit, und die Geschichte ist nichts mehr als eine Idee, die sich entwickelt. Im Schoße dieser Idee fühlt sich Garaudy geborgen. Kommunistische Intellektuelle, denen ich diese Unterhaltung berichtete, zuckten die Achseln: »Gauraudy ist ein Wissenschaftler«, sagten sie mir mit Verachtung, »ein protestantischer Bürger, der zu seiner persönlichen Erbauung den Finger Gottes durch den historischen Materialismus ersetzt hat.« Ich habe nichts dagegen, und ich bekenne auch, daß Garaudy mir nicht als eine Leuchte erschienen ist; immerhin schreibt er viel, und man rückt nicht von ihm ab. Und es ist nicht aus Zufall, daß die meisten Wissenschaftler ihren Wohnsitz in der kommunistischen Partei gewählt haben und daß diese Partei, die doch sonst so unnachsichtig gegen Ketzereien ist, sie nicht verdammt. Es muß an dieser Stelle wiederholt werden. Will der Revolutionär handeln, so darf er die geschichtlichen Begebenheiten nicht als das Ergebnis von gesetzlosen Zufälligkeiten betrachten; aber er verlangt keineswegs, daß sein Weg schon bereitet sei: er will ihn im Gegenteil selbst bahnen. Unveränderliche Größen, gewisse Teilfolgen, Baugesetze im Innern von fest bestimmten sozialen Formen, das ist es, was er benötigt, um vorauszusehen. Gibt man ihm *mehr*, so verflüchtigt sich alles in die Idee; die Geschichte braucht nicht mehr *gemacht*, sondern nur von Tag zu Tag *gelesen* zu werden; das Wirkliche wird ein Traum.

Man forderte uns auf, zwischen dem Materialismus und dem Idealismus zu wählen, man versicherte uns, daß wir zwischen diesen beiden Lehren keinen Mittelweg zu finden wüßten. Wir haben ohne vorgefaßte Idee die revolutionären Forderungen zu Worte kommen lassen, und wir haben festgestellt, daß sie von sich aus die Umrisse einer originalen Philosophie festlegten, die Idealismus und Materialismus auf gleiche Stufe stellt. Es hat uns zunächst geschienen, daß der revolutionäre Akt recht eigentlich der freie Akt sei. Keineswegs der einer anarchistischen und individualistischen Freiheit; in diesem Fall könnte der Revolutionär in der Tat, gerade aus seiner Lage heraus, nur mehr, oder weniger ausdrücklich die Rechte der »auserlesenen Klasse« fordern, d. h. seine Eingliederung in die höheren sozialen Schichten. Da er aber im Schoße der unterdrückten Klasse und für die gesamte unterdrückte Klasse ein vernunftgemäßeres soziales Grundgesetz beansprucht, liegt seine Freiheit in der Tat, mit solcher er die Befreiung seiner ganzen Klasse und, allgemeiner, der ganzen Menschheit verlangt. Seine Freiheit ist wurzelhaft die Anerkennung der anderen Freiheiten, und sie fordert, von ihnen anerkannt zu werden. So stellt sie sich von Anfang an auf den Standpunkt der Solidarität. Und die revolutionäre Tat schließt in sich die Voraussetzungen einer Philosophie der Freiheit, oder wenn man lieber will, sie erschafft durch ihr bloßes Vorhandensein diese Philosophie. Aber wie der Revolutionär zu gleicher Zeit durch und in seinem freien Plan sich als einen Unterdrückten im Schoße einer unterdrückten Klasse entdeckt, so macht seine ursprüngliche Stellung notwendig, daß man ihm über die *Unterdrückung* Rechenschaft ablege. Dies bedeutet von neuem, daß die Menschen frei sind – denn es kann keine Unterdrückung der Materie durch die Materie geben, sondern nur Zusammenfügung der Kräfte – ferner, daß eine gewisse Beziehung zwischen den Freiheiten vorhanden sein kann, dergestalt daß die eine die andere nicht anerkennt und von außen auf sie einwirkt, um sie in einen *Gegenstand* zu verwandeln. Und umgekehrt, weil eben die unterdrückte Freiheit sich mit Hilfe der Kraft befreien will, benötigt die revolutionäre Haltung eine Theorie der *Gewalt* als Antwort auf die Unterdrückung. Auch hier sind die materialistischen Fachausdrücke ebenso unzulänglich, die Gewalt zu erklären, wie die Begriffe des Idealismus. Der Idealismus, der eine Philosophie der Umsetzung und der Angleichung ist, *erfaßt* nicht einmal den absoluten und unüberwindlichen Pluralismus der wider einander gerichteten Freiheiten; er ist ein Monismus. Aber auch der Materialismus ist ein Monismus; es gibt kein »Ringen der Gegensätze« im Schoße der materiellen Einheit. Die Wahrheit zu sagen, *gibt* es nicht einmal Gegensätze: Kalt und Warm sind einfach verschiedene Grade auf der Thermometerskala, man geht schrittweise vom Licht zur Dunkelheit über; zwei gleich große Kräfte entgegengesetzter Bedeutung heben sich auf und erzeugen einfach einen

Gleichgewichtszustand. Die Idee eines Ringens der Gegensätze ist die Projektion der menschlichen Beziehungen auf die materiellen Beziehungen. Eine revolutionäre Philosophie muß der Vielheit der Freiheiten Rechnung tragen und zeigen, auf welche Weise jede, für sich ungeschmälert Freiheit bleibend, für die andere Gegenstand sein können muß. Einzig dieser Doppelcharakter von Freiheit und Gegenständlichkeit ist es, welcher die zusammengesetzten Begriffe der Unterdrückung, des Kampfes, des Mißerfolges und der Gewalt zu erklären vermag. Denn man unterdrückt niemals etwas anderes als eine Freiheit; aber man kann sie nur unterdrücken, wenn sie sich von irgendeiner Seite dazu hergibt, d. h., wenn sie für den anderen das Äußere einer *Sache* darbietet. Auf diese Weise wird man die revolutionäre Bewegung und ihren Entwurf verstehen, der darin besteht, die Gesellschaft durch Gewalt von einem Zustand, worin die Freiheiten entäußert sind, in einen anderen, auf ihre gegenseitige Anerkennung gegründeten Zustand übergehen zu lassen.

Auf gleiche Weise will der Revolutionär, der die Unterdrückung in seinem Fleisch und in jeder seiner Gebärden *lebt,* keineswegs das ihm auferlegte Joch unterschätzen, noch dulden, daß die idealistische Kritik es in Ideen verdünnt. Er bestreitet zugleich die Rechte der bevorrechteten Klasse und zerstört mit dem selben Schlag die Rechtsidee überhaupt. Aber es wäre ein Irrtum zu glauben, wie es der Materialist tut, daß das nur geschehe, um sie durch die bloße und reine *Tatsache* zu ersetzen. Denn eine Tatsache kann nur eine andere Tatsache hervorbringen und nicht die Vorstellung der Tatsache; die Gegenwart bringt eine andere Gegenwart hervor, nicht die Zukunft. Deshalb verlangt die revolutionäre Tat, daß man in der Einheit einer Synthese den Widerspruch des Materialismus – der vom Zerfall einer Gesellschaft Rechenschaft geben kann, nicht aber vom *Aufbau* einer neuen Gesellschaft – und des Idealismus –, welcher der Tatsache ein Rechtsdasein verleiht, überwindet. Jene Tat verlangt eine neue Philosophie, welche die Beziehungen des Menschen zur Welt in verschiedener Weise ins Auge faßt. Wenn die Revolution möglich sein soll, so muß der Mensch die Zufälligkeit der Tatsache haben und doch durch seine praktische Fähigkeit, die Zukunft vorzubereiten, von der Tatsache verschieden sein und folglich auch durch die Fähigkeit, die Gegenwart zu überwinden, sich aus seiner Lage loszulösen. Diese Loslösung ist keineswegs vergleichbar mit der verneinenden Bewegung, durch welche der Stoiker in sich selbst zu flüchten trachtet; indem der Revolutionär sich vorwärts wirft, sich in Unternehmungen bindet, überschreitet er die Gegenwart; und da er ja ein Mensch ist, der Menschenwerk tut, muß man wohl *jeder mensch-*

lichen Tätigkeit diese Fähigkeit der Loslösung zuschreiben. Die geringste menschliche Gebärde wird von der Zukunft her begriffen; selbst der Reaktionär ist gegen die Zukunft hin gewandt; kümmert er sich doch um die Vorbereitung einer Zukunft, die mit der Vergangenheit identisch sein soll. Der absolute Realismus des Taktikers fordert, daß der Mensch ins Wirkliche getaucht sei, durch greifbare Gefahren bedroht, Opfer einer greifbaren Unterdrückung, aus der er sich mittels ebenfalls greifbarer Handlungen befreien wird; das Blut, der Schweiß, der Schmerz, der Tod sind keine Ideen; der Felsen, der zermalmt, die Kugel, die tötet, sind keine Ideen. Damit aber die Dinge das enthüllen, was Bachelard mit gutem Recht ihren »Feindseligkeitskoeffizienten« nennt, muß dies im Lichte eines Entwurfes, der sie erhellt, geschehen, wäre es auch nur der sehr einfache und sehr abgegriffene Entwurf, zu leben. Es ist also nicht wahr, daß der Mensch, wie dies der Idealist will, außerhalb der Welt und Natur steht, oder daß er bloß mit den Füßen in sie eintaucht – zimperlich wie eine Badende, die sich nur gerade benetzen will –, während seine Stirn im Himmel ist. Er ist vollständig in den Fängen der Natur, die ihn von einer Sekunde zur anderen zermalmen und mit Körper und Seele vernichten kann. Er ist von vornherein da; Geborenwerden ist für ihn wahrhaftig »auf die Welt kommen«, in eine Lage, die er nicht gewählt hat, mit *diesem* Körper, *dieser* Familie, *dieser* Rasse vielleicht. Wenn er aber nun eben, wie Marx ausdrücklich sagt, »die Welt zu verändern« plant, so bedeutet das, daß er vom Ursprung her ein Wesen ist, für das *die Welt* in ihrer Gesamtheit da ist. Dies trifft niemals zu für ein Stück Phosphor oder Blei, das ein Teil der Welt ist, von Kräften durchkreuzt, die es erleidet, ohne sie in ihrer Zusammenwirkung zu verstehen. Der Mensch schreitet also über die Welt hinaus gegen einen zukünftigen Zustand hin, von dem aus er sie betrachten kann. Denn indem man die Welt verändert, vermag man sie zu erkennen. Weder das abgelöste Bewußtsein, das über das Weltall hinflöge und keinen Standpunkt betreffs seiner einnehmen könnte, noch der materielle Gegenstand, der einen Zustand der Welt widerspiegelt, ohne ihn zu begreifen, vermögen jemals die Gesamtheit des Bestehenden in einer Synthese zu »erfassen« – wäre sie auch nichts weiter als begrifflich. Das vermag allein ein Mensch, der sich im Weltall in einer Situation befindet, vollständig durch die Kräfte der Natur zu Boden gedrückt, und der sie vollständig überschreitet durch seinen Plan, sie in die Gewalt zu bekommen. Diese neuen Begriffe der »Situation« und des »In-der-Welt-Seins« sind es, deren Erhellung der Revolutionär durch sein ganzes Verhalten konkret verlangt. Und entgeht er dem Dickicht von Rechten und Pflichten, in das der Idealist ihn irrezuführen trachtet, so soll er deswegen nicht in die durch den Materialismus genau abgesteckten Engpässe fallen. Zweifellos lassen die intelligenten Marxisten eine gewisse Zufälligkeit der Geschichte gelten; aber nur um zu sagen, daß die Menschheit, sollte der Sozialismus Schiffbruch erleiden, in der Barberei zugrunde gehe. Mit einem Wort, sollen die aufbauenden Kräfte die Oberhand gewinnen, so weist ihnen der historische Determinismus einen einzigen Weg an. Doch kann es allerhand Barbareien und allerhand Sozialismen geben, vielleicht sogar einen barbarischen Sozialismus. Was der Revolutionär beansprucht, ist, dem Menschen die Möglichkeit zu geben, sein ihm eigenes Gesetz zu erfinden. Dies ist die Grundlage seines Humanismus und seines Sozialismus. Er denkt im Grunde seiner selbst nicht — wenigstens solange ihm nicht Sand in die Augen gestreut wird —, daß der Sozialismus ihn an einer Ecke der Geschichte erwarte, wie ein Wegelagerer mit einem Knüttel an der Ecke eines Waldes. Er denkt, daß er den Sozialismus *macht*, und da er sämtliche Rechte abgeschüttelt und sie zu Boden gestürzt hat, anerkennt er für ihn keine andere Daseinsberechtigung als diese *Tatsache*, daß die revolutionäre Klasse ihn erfindet, ihn will und ihn errichten wird. Und in diesem Sinn ist diese hemmnisreiche und langsame Eroberung des Sozialismus nichts anderes als die Bestätigung der menschlichen Freiheit in und durch die Geschichte. Aber gerade weil der Mensch frei ist, ist der Sieg des Sozialismus durchaus nicht gesichert. Derselbe liegt nicht am Ende des Weges wie etwa ein Grenzstein; sondern er ist *der* menschliche Entwurf. Er wird das sein, was die Menschen aus ihm machen werden; es geht dies aus dem Ernst hervor, mit dem der Revolutionär seine Tätigkeit ins Auge faßt. Dieser fühlt sich nicht nur verantwortlich für das Kommen einer sozialistischen Republik im allgemeinen, sondern auch für die besondere Natur dieses Sozialismus.

Indem die revolutionäre Philosophie zugleich über das idealistische Denken, das bürgerlich ist, sowie den materialistischen Mythus, der eine Zeitlang den unterdrückten Massen entsprechen konnte, hinausgeht, nimmt sie also für sich in Anspruch, die Philosophie des *Menschen* überhaupt zu sein. Und das ist ganz natürlich: soll sie wahr sein, so wird sie in der Tat allumfassend sein. Die Zweideutigkeit des Materialismus besteht darin, daß er bald eine Klassenideologie und bald der Ausdruck der absoluten Wahrheit zu sein behauptet. Aber der Revolutionär nimmt, gerade in seiner Wahl der Revolution, eine bevorrechtete Stellung ein: er kämpft nicht für die Erhaltung einer Klasse wie der Kämpfer der bürgerlichen Parteien, sondern für die Aufhebung der Klassen, er teilt die Gesellschaft nicht in Menschen göttlichen Rechts und in »Naturels« oder »Untermenschen«[1] ein, sondern er fordert die Vereinigung der völkischen Gruppen, der Klassen, kurzum die Einheit *aller Menschen;* er läßt sich nicht durch die Rechte und Pflichten täuschen, die *a priori* in einem intelligiblen Himmel wohnen, sondern er setzt gerade in dem Akt, mit dem er sich gegen jene auflehnt, die völlige und metaphysische menschliche Freiheit; er ist der Mensch, der will, daß der Mensch frei und gänzlich sein Schicksal auf sich nehme. Deshalb ist seine Sache wesensmäßig die des Menschen, und soll seine Philosophie die *Wahrheit* über den Menschen aussprechen. Aber, so wird man sagen, wenn sie allumfassend ist, d. h. wahr für alle, steht sie dann nicht gerade jenseits der Parteien und der Klassen? Befinden wir uns da nicht wieder bei dem apolitischen, asozialen und wurzellosen Idealismus? Ich erwidere: Diese Philosophie kann sich ursprünglich nur den Revolutionären enthüllen, d. h. den Menschen, die sich *in der Lage von Unterdrückten* befinden; und sie braucht diese, um sich in der Welt zu offenbaren. Aber es ist wahr, sie soll die Philosophie eines jeden Menschen sein können, im Sinne wie ein Bourgeois als Unterdrücker durch seine Unterdrückung selber unterdrückt wird. Denn um die unterdrückten Klassen unter seiner Herrschaft zu halten, muß er mit seiner Person bezahlen und sich im Drahtverhau der von ihm erfundenen Rechte und Werte verstricken. Behält der Revolutionär den materialistischen Mythus bei, so kann der junge Bourgeois nur über die Sicht der sozialen Ungerechtigkeiten zur Revolution gelangen; er kommt dazu durch individuellen Edelsinn, was immer verdächtig ist, denn die Quelle des Edelsinns kann versiegen, und es bedeutet für ihn eine zusätzliche Prüfung, wenn er den Materialismus schlucken soll, der seiner Vernunft widerstreitet und nicht seine persönliche Lage zum Ausdruck bringt. Hat sich die revolutionäre Philosophie aber einmal deutlich zum Ausdruck gebracht, so wird der Bourgeois, der die Ideologie seiner Klasse kritisiert hat, der seine Zufälligkeit und seine Freiheit anerkannt, der begriffen hat, daß diese Freiheit nur durch die *Anerkennung* bestätigt werden kann, welche die anderen Freiheiten ihr entgegenbringen – so wird er entdecken, daß diese Philosophie zu ihm von ihm selber redet, in dem Maße wie er den Täuschungs-Apparat der bürgerlichen Klasse abzulegen und sich als einen Menschen unter den anderen zu bejahen gewillt ist. In diesem Augenblick wird der revolutionäre Humanismus ja nicht als die

1 In der Urschrift deutsch. D. Übers.

Philosophie einer unterdrückten Klasse sichtbar werden, sondern als die Wahrheit selbst, erniedrigt, verdeckt, unterdrückt durch Menschen, die ein Interesse haben, sie zu fliehen; und für alle, die guten Willens sind, wird es offenbar werden, daß die Wahrheit selbst revolutionär ist. Nicht etwa die abstrakte Wahrheit des Idealismus, sondern die konkrete Wahrheit, gewollt, erschaffen, aufrechterhalten und erobert durch soziale Kämpfe hindurch von Menschen, die an der Befreiung des Menschen arbeiten.

Man wird mir vielleicht einwenden, daß diese Analyse der revolutionären Erfordernisse eine abstrakte sei, da ja letzten Endes die einzigen Revolutionäre, die es gibt, die Marxisten seien, die eben dem Materialismus anhängen Es ist richtig, daß die kommunistische Partei die einzige revolutionäre Partei ist. Ebenso richtig ist, daß der Materialismus die Lehre der Partei ist. Allein ich habe nicht versucht zu beschreiben, was die Marxisten *glauben,* sondern herauszustellen, was in ihrem *Tun* begrifflich eingeschlossen ist. Und gerade der Umgang mit den Kommunisten hat mich gelehrt, daß nichts veränderlicher, abstrakter und subjektiver ist als das, was man ihren Marxismus nennt. Was gibt es Verschiedeneres als die naive und begrenzte Wissenschaftslehre Garaudys und die Philosophie Hervés? Man wird sagen, diese Verschiedenheit spiegle die Verschiedenheit ihrer Intelligenz wider — was zutrifft. Vor allem aber bezeichnet sie den Grad an Bewußtheit, die jeder von ihnen betreffs seiner tieferen Haltung hat, sowie den Grad von Glauben jedes von ihnen an den materialistischen Mythus. Ist es doch kein Zufall, daß man heutzutage eine Krisis des marxistischen Geistes verzeichnet und daß er sich dabei bescheidet, Leute vom Schlage eines Garaudy zu seinen Wortführern zu machen. Die Kommunisten sind nämlich festgefahren zwischen der Tatsache, daß der materialistische Mythus alt geworden ist, und der Furcht, eine Spaltung oder doch mindestens eine Unschlüssigkeit in ihre Reihen zu tragen, wenn sie eine neue Ideologie sich zu eigen machen. Die Besten unter ihnen schweigen; man füllt die Stille mit dem Geschwätz der Dummköpfe aus. Zweifellos denken die Führer: »Was hat schließlich die Ideologie für eine Bedeutung? Unser alter Materialismus hat seine Proben abgelegt und wird uns bestimmt bis zum Siege führen. Unser Kampf ist kein Kampf der Ideen; er ist ein politischer und sozialer Kampf, von Menschen gegen Menschen.« Für die Gegenwart, für die nahe Zukunft sind sie sicherlich im Recht. Was für Menschen aber werden sie heranbilden? Nicht ungestraft formt man ganze Generationen, indem man sie erfolgreiche Irrtümer lehrt. Was wird eines Tages geschehen, wenn der Materialismus den revolutionären Entwurf erstickt?

Psychoanalyse des Antisemitismus

I

Wenn jemand das Unglück seines Vaterlandes und sein eigenes Mißgeschick, ganz oder teilweise, den jüdischen Elementen in der Gemeinschaft zuschreibt, wenn er diesem Zustand dadurch abhelfen will, daß man die Juden gewisser Rechte beraubt, daß man sie von gewissen wirtschaftlichen und gesellschaftlichen Funktionen ausschließt, daß man sie aus dem Lande verjagt oder samt und sonders ausrottet, so sagt man, er habe antisemitische »Ansichten«.

Das Wort »Ansichten« gibt zu denken. Die Dame des Hauses gebraucht es, um eine Diskussion abzuschneiden, die auszuarten droht. Es soll bedeuten, daß alle Meinungen gleichwertig sind; es beruhigt und nimmt den Gedanken den beleidigenden Ausdruck, weil es sie zu einer Geschmackssache macht.

Jeder Geschmack ist etwas Natürliches, alle Ansichten sind erlaubt; über Geschmack, Farben und Ansichten streitet man nicht. Im Namen der Demokratie, im Namen der Gedankenfreiheit maßt der Antisemit sich das Recht an, überall den Kreuzzug gegen das Judentum zu predigen.

Dabei haben wir uns seit der Großen Revolution eine analytische Anschauungsweise angewöhnt, das heißt, wir sehen jedes Ding als etwas Zusammengesetztes, das man in seine Bestandteile zerlegen kann. Wir sehen Menschen und Charaktere wie Mosaiken, deren einzelne Steinchen nebeneinander bestehen, ohne daß dieses Nebeneinander ihr inneres Wesen beeinträchtigt. So erscheint uns die antisemitische Gesinnung als Molekül, das man mit was immer für anderen Molekülen kombinieren kann, ohne daß es sich verändert.

Somit kann jemand ein guter Gatte und Vater, ein Musterbürger, hochgebildet, ein Philanthrop und anderseits ein Antisemit sein. Er kann die Freuden der Liebe und die Freuden des Angelsportes lieben, in religiösen Dingen tolerant, voll großmütiger Ideen über die Lebens=

bedingungen der Eingeborenen Zentralafrikas sein und anderseits die Juden verabscheuen.

Wenn er sie nicht mag, sagt man, so nur deshalb, weil seine Erfahrungen ihn gelehrt haben, sie seien schlecht, weil die Statistiken bewiesen haben, sie seien gefährlich, und weil gewisse historische Faktoren sein Urteil beeinflußt haben.

Demnach ist diese Ansicht scheinbar nur auf äußere Ursachen zurückzuführen, und wer sie studieren will, beschäftigt sich gar nicht mit der Person des Antisemiten, sondern lediglich statistisch mit dem Prozentsatz der im Jahre 1914 mobilisierten Juden, dem Prozentsatz der Juden unter den Bankiers, den Industriellen, den Ärzten und den Anwälten, oder auch mit der Geschichte der Juden in Frankreich seit ihren Anfängen. Das ergäbe scheinbar eine streng objektive Sachlage mit einer ebenso streng objektiven Sinnesrichtung, die sie Antisemitismus benennen und die sie graphisch darstellen oder deren Variationen von 1870 bis 1944 sie registrieren können. Somit ist der Anitsemitismus scheinbar ein rein subjektiver Geschmack, der mit anderen Geschmacksrichtungen zusammen die Persönlichkeit ausmacht, und gleichzeitig ein unpersönliches und soziales Phänomen, das man in Ziffern und Durchschnittszahlen ausdrücken kann und das durch wirtschaftliche, geschichtliche und politische Gegebenheiten bedingt ist.

Ich sage nicht, daß diese beiden Auffassungen einander unbedingt widersprechen. Ich sage, sie sind gefährlich, ich sage, sie sind falsch. Ich gebe gerade noch zu, daß man über die Weinbaupolitik der Regierung seine eigene Meinung haben kann, das heißt, daß man nach reiflicher Überlegung die Weineinfuhr aus Algier billigt oder nicht, weil es sich in diesem Fall darum handelt, seine Meinung über eine Verwaltungsmaßnahme abzugeben. Aber ich weigere mich, einen Lehrsatz Meinung zu nennen, der es ausdrücklich auf bestimmte Wesen abgesehen hat und dessen Tendenz es ist, sie ihrer Rechte zu berauben oder sie auszurotten.

Der Jude, auf den der Antisemit abzielt, ist nicht ein schematisches Wesen, lediglich durch seine verwaltungsrechtlichen Funktionen oder durch sein Bürgerrecht charakterisiert. Er ist Jude, Sohn jüdischer Eltern, an seinem Äußeren, seiner Haarfarbe, vielleicht an seiner Kleidung und angeblich an seinem Charakter erkennbar. Der Antisemitismus gehört nicht zu jener Art von Gedanken, die vom Recht der Gedankenfreiheit geschützt werden müssen.

Überdies ist er ganz etwas anderes als ein Gedanke. Er ist vor allem eine Leidenschaft. Gewiß kann er sich in das Gewand theoretischer Vorschläge kleiden. Der gemäßigte Antisemit ist ein höflicher Mann. Er wird Ihnen voll Sanftmut sagen: »Ich hasse keineswegs die Juden. Ich erachte es nur aus dem oder jenem für ratsam, wenn sie am Leben der Nation geringeren Anteil nehmen.« Aber im nächsten Augenblick, wenn er vertrauter geworden ist, läßt er sich schon mehr gehen und fügt hinzu: »Schauen Sie, es muß doch etwas mit den Juden los sein. Sie erzeugen in mir physisches Unbehagen.« Dieses Argument, das ich hundertmal gehört habe, ist wert, überprüft zu werden.

Vor allem entspringt es der Logik der Leidenschaft. Denn kann man sich jemanden vorstellen, der allen Ernstes sagen würde: »Es muß etwas an der Tomate daran sein, denn mir graust es, sie zu essen.« Aber überdies zeigt es uns, daß der Antisemitismus auch in seinen gemäßigtesten, kultiviertesten Formen eine Gedankenverirrung ist, die sich in scheinbar vernünftigen Reden äußert, aber bis zu physiologischen Veränderungen führen kann. Manche Männer werden plötzlich impotent, wenn sie erfahren, daß die Frau, mit der sie Liebesverkehr haben, Jüdin ist. Es existiert bei manchen Leuten ein Ekel vor Juden, wie es einen Ekel vor Chinesen oder Negern gibt. Und doch ist dieser Ekel nicht organisch bedingt, denn sie können sehr wohl in eine Jüdin verliebt sein, wenn sie nichts von ihrer Rasse wissen. Er dringt durch den Geist in den Körper. Er ist eine seelische Einstellung, aber so tief verankert, daß er wie bei der Hysterie ins Physiologische übergreift.

Diese Einstellung entspringt nicht der Erfahrung. Ich habe hundert Personen nach den Gründen ihres Antisemitismus befragt. die meisten haben sich darauf beschränkt, die Fehler aufzuzählen, die man von jeher den Juden nachsagt. »Ich hasse sie, weil sie eigennützig, intrigant, klebrig, taktlos sind« und so weiter. »Aber verkehren Sie wenigstens mit einigen?« »Oh, ich werde mich hüten!« Ein Maler sagte mir: »Ich mag die Juden nicht, weil sie mit ihrem kritischen Wesen unsere Dienstboten zur Disziplinlosigkeit aufhetzen!«

Nun folgen genauere persönliche Erfahrungen. Ein junger, talentloser Schauspieler behauptet, die Juden hätten ihm seine Theaterkarriere verdorben, weil sie ihm nur untergeordnete Rollen gegeben hätten. Eine junge Frau sagte mir: »Ich hatte unerträglichen Ärger mit Kürschnern. Sie haben mich bestohlen, sie haben meinen schönsten Pelz ruiniert. Nun, es waren eben lauter Juden!« Aber warum haßte sie eher die Juden als die Kürschner? Warum die Juden überhaupt und die Kürschner überhaupt statt eines bestimmten Juden oder eines bestimmten Kürschners? Weil sie die Prädisposition zum Antisemitismus hatte.

Ein Schulkamerad sagte mir, daß die Juden ihn reizten, weil »verjudete« Körperschaften sie derart bevorzugen, daß sie zu ihren Gunsten tausend Ungerechtigkeiten begehen. »Ein Jude ist in diesem Jahre durchgekommen, wo ich durchgefallen bin, und Sie werden mir nicht einreden, daß dieser Kerl, dessen Vater aus Krakau oder Lemberg stammt, ein Gedicht von Ronsard oder einen Gesang von Virgil besser versteht als ich.« Aber andererseits gesteht er, daß er Prüfungen verachtet, weil es nur »Federfuchsereien« sind, und daß er sich für eben diese Aufnahmeprüfung gar nicht vorbereitet hatte.

Er bedient sich also, um seinen Mißerfolg zu erklären, zweier verschiedener Auslegungsarten, so wie jene Irren, die, wenn sie in ihrem Wahn befangen sind, vorgeben, König von Ungarn zu sein, und wenn man sie scharf anfährt, eingestehen, daß sie Schuster sind. Seine Gedanken bewegen sich auf zwei Ebenen, ohne daß ihn dies im geringsten stört. Mehr noch, es wird vorkommen, daß er seine Faulheit damit rechtfertigt, daß man, wie er sagt, doch nicht blöde sein wird, sich auf eine Prüfung vorzubereiten, bei der man die Juden den guten Franzosen vorzieht. Übrigens war er der siebenundzwanzigste auf der endgültigen Liste. Es waren vor ihm zwölf Durchgekommene und vierzehn Durchgefallene. Hätte ihn ein Ausschluß der Juden vom Wettbewerb gefördert? Und selbst wenn er unter den Durchgefallenen an erster Stelle gestanden wäre, ja selbst wenn man durch Ausschluß eines der bereits Durchgekommenen ihm noch die Gelegenheit zur Aufnahme geboten hätte, warum hätte man eher den Juden Weil als den Normannen Mathieu oder den Bretonen Arzell ausschließen sollen? Es bedurfte eines eingefleischten Vorurteils gegen Wesen und soziale Stellung der Juden, um meinen Kameraden so in Harnisch zu bringen. Um zu schließen, daß es von sechsundzwanzig glücklicheren Bewerbern gerade der Jude gewesen sei, der ihm seinen Platz geraubt hatte, mußte er sich von vornherein dafür entschieden haben, sein eigenes Leben von Leidenschaftserwägungen leiten zu lassen.

Nicht die Erfahrung schafft den Begriff des Juden, sondern das Vorurteil fälscht die Erfahrung. Wenn es keinen Juden gäbe, der Antisemit würde ihn erfinden. Gut, wird man sagen, aber muß man nicht auch ohne konkrete Erfahrungen zugeben, daß der Antisemitismus sich aus gewissen historischen Tatsachen erklärt, denn schließlich kommt er ja nicht aus der Luft? Es ist mir ein leichtes, darauf zu erwidern, daß die französische Geschichte uns nichts über die Juden lehrt. Sie waren bis 1789 unterdrückt, und später haben sie nach Kräften am Leben der Nation teilgenommen. Gewiß haben sie die Möglichkeiten des freien

Wettbewerbs ausgenützt und haben den Platz der Schwachen eingenommen, aber nicht mehr und nicht weniger als jeder andere Franzose. Sie haben nie ein Verbrechen gegen Frankreich begangen, und sie haben nie Frankreich verraten.

Und wenn man festzustellen glaubte, daß die Zahl der im Jahre 1914 eingerückten Juden verhältnismäßig zu gering war, so nur darum, weil man in den Statistiken gewühlt hat, denn es handelt sich hier nicht um eine ins Auge fallende Tatsache, und gewiß hat sich kein Frontsoldat darüber wundern müssen, in dem engen Sektor, aus dem damals seine Welt bestand, keinen Israeliten zu erblicken.

Aber da alles, was uns die Geschichte über die Rolle Israels lehrt, von der eigenen Geschichtsauffassung abhängt, so halte ich es für besser, der Geschichte eines fremden Landes ein Beispiel offenkundigen »jüdischen« Verrates zu entlehnen und die Rückwirkungen zu erwägen, die dieser Verrat auf den zeitgenössischen Antisemitismus gehabt haben kann.

Während der blutigen polnischen Aufstände des 19. Jahrhunderts verhielten sich die Warschauer Juden, die der Zar aus politischen Gründen schonte, offenbar äußerst lau. Und da sie an den Revolten nicht teilgenommen hatten, konnten sie ihren geschäftlichen Umsatz in einem durch die Repressalien vernichteten Lande nicht nur aufrechterhalten, sondern sogar vergrößern. Ich weiß nicht, ob all das so war, aber es ist sicher, daß viele Polen fest daran glauben und daß diese historische Tatsache viel dazu beigetragen hat, die Mißstimmung gegen die Juden hervorzurufen.

Aber bei genauerer Betrachtung der Dinge finde ich einen circulus vitiosus. Die Zaren, so heißt es, haben die Juden in Polen geschont, während sie in Rußland mit Vorliebe Pogrome gegen die Juden anbefahlen. Dieses konträre Verfahren hatte die gleiche Ursache. Die russische Regierung hielt die Juden sowohl in Rußland als auch in Polen für unassimilierbar, und je nach den Erfordernissen der zaristischen Politik ließ man sie in Kiew oder Moskau niedermachen, weil sie das zaristische Regime zu schwächen drohten, in Warschau aber protegieren, um bei den Polen Zwietracht zu säen. Diese wieder bezeigten den Juden nur Haß und Verachtung, aber der Grund war der gleiche: für sie konnte sich Israel nicht der Gemeinschaft einordnen.

Von den Zaren als Juden behandelt, von den Polen als Juden behandelt, im Herzen einer fremden Gemeinschaft, sehr wider Willen mit jüdischen Interessen beschäftigt, kann man sich nicht wundern, wenn diese Minderheiten sich der Vorstellung entsprechend verhielten, die man von ihnen hatte. Besser gesagt, es kommt hier nicht so sehr auf die

»historische Tatsache« an, als auf die Vorstellung, die die Drahtzieher der Geschichte sich von den Juden machten. Und wenn die heutigen Polen den Juden ihr damaliges Verhalten noch nachtragen, so werden sie von den gleichen Gedanken geleitet.

Um den Enkeln die Fehler ihrer Vorfahren vorzuwerfen, muß man einen recht primitiven Begriff von Verantwortung haben. Aber nicht genug an dem, man muß seine Vorstellung von den Kindern nach dem Bilde der Großeltern geformt haben, man muß den Jungen zumuten, es den Alten gleichzutun, man muß sich eingeredet haben, daß der jüdische Charakter vererbt sei.

So behandelten die Polen von 1940 die Juden als Juden, weil ihre Vorfahren von 1848 es mit ihren Zeitgenossen auch so gemacht hatten. Und vielleicht hätte diese alteingefressene Vorstellung die Juden von heute unter anderen Umständen dazu gebracht, so zu handeln, wie jene von 1848.

So bestimmt anscheinend die Idee, die man sich vom Juden macht, die Geschichte und nicht die geschichtlichen Gegebenheiten die Idee.

Und da man auch von den sozialen Gegebenheiten spricht, so finden wir da bei näherer Betrachtung den gleichen circulus vitiosus. Man sagt, daß es zu viele jüdische Anwälte gibt, aber beschwert man sich, daß es zu viele normannische Anwälte gibt? Und wenn selbst alle Bretonen Ärzte wären, würde man nicht einfach sagen, daß »die Bretagne für ganz Frankreich die Ärzte liefert«? Oh, wird man erwidern, das ist ganz und gar nicht das gleiche. Zweifellos, aber das ist ja gerade der springende Punkt: wir betrachten die Normannen als Normannen und die Juden als Juden. Somit erscheint, wohin wir uns auch wenden mögen, die vorgefaßte Idee vom Juden als das Wesentlichste.

Es zeigt sich, daß der Antisemitismus des Antisemiten von keinem äußeren Faktor herstammen kann. Der Antisemitismus ist eine selbstgewählte Haltung der ganzen Persönlichkeit, eine Gesamteinstellung nicht nur dem Juden gegenüber, sondern auch den Menschen im allgemeinen, der Geschichte und der Gesellschaft gegenüber. Er ist gleichzeitig eine Leidenschaft und eine Weltanschauung.

Gewiß sind manche Züge bei dem einen Antisemiten stärker ausgeprägt als bei dem anderen, aber sie sind latent immer alle vorhanden und ziehen am gleichen Strang.

Wir müssen nun versuchen, dieses ganze Gedankenchaos zu beschreiben:

Ich habe bereits erwähnt, daß der Antisemitismus sich als Leidenschaft gebärdet. Selbstverständlich handelt es sich um Haß- und Wutaffekte. Aber Haß und Wut sind im allgemeinen Reaktionen auf eine Herausforderung. Ich hasse den, der mich leiden machte, der mich verhöhnt oder beschimpft. Wir haben gesehen, daß die antisemitische Leidenschaft von anderer Art ist. Sie greift den Tatsachen vor, die sie hervorrufen sollte, sie spürt sie auf, um sich selbst anzufachen, und sie ist gezwungen, sie auf ihre Weise auszulegen, damit sie tatsächlich beleidigend werden. Und dennoch, wenn Sie mit dem Antisemiten auf die Juden zu sprechen kommen, zeigt er alle Anzeichen heftiger Erregung. Wenn wir überdies bedenken, daß man sich einer Wut erst hingeben muß, bevor sie ausbricht, und daß man sich, wie man so richtig sagt, »in Wut versetzt«, so muß man zugeben, daß der Antisemit freiwillig sein Leben auf Leidenschaft eingestellt hat. Es kommt oft vor, daß man sein Leben lieber der Leidenschaft widmet als der Vernunft. Aber im allgemeinen liebt man den Gegenstand der Leidenschaft, Frauen, Ruhm, Macht, Geld.

Da der Antisemit den Haß erwählt hat, müssen wir schließen, daß er den *Zustand* der Leidenschaft liebt. Gewöhnlich ist diese Art von Affekt unbeliebt. Wer eine Frau heiß begehrt, ist wegen der Frau und trotz der Leidenschaft entflammt. Man mißtraut den leidenschaftlichen Argumenten, die mit allen Mitteln eine Meinung vertreten, die von der Liebe, dem Haß oder der Eifersucht diktiert wurde. Man hütet sich vor leidenschaftlichen Verirrungen und vor dem, was man Monoideismus benannt hat. Der Antisemit dagegen zieht das allem anderen vor. Aber wie kann man absichtlich falsch urteilen? Aus Sehnsucht nach dem Absoluten.

Der denkende Mensch zermartert ächzend sein Gehirn, er weiß, daß seine Erwägungen immer nur Möglichkeiten und keine Gewißheiten ergeben werden, daß andere Betrachtungen alles wieder in Frage stellen werden, er weiß nie, wohin er geht, er ist allem »geöffnet«, und die Welt hält ihn für einen Zauderer. Aber manche Menschen werden von der ewigen Starre der Steine angezogen. Sie wollen wie Felsblöcke unerschütterlich und undurchdringlich sein und scheuen jeden Wechsel: denn wohin könnte der Wechsel sie führen?

Es handelt sich um eine Urangst vor dem Ich, eine Scheu vor der Wahrheit. Sie fürchten nicht so sehr die innere Wahrheit, die sie nicht einmal ahnen, als ihre stets fliehende, unerreichbare Gestalt.

Ihre eigene Existenz erscheint ihnen dadurch irgendwie nur bedingt. Sie aber wollen bedingungslos und im Heute leben. Sie wollen keine erworbenen Eigenschaften, sie wollen sie fertig in die Wiege gelegt bekommen.

Weil sie sich vor der Logik fürchten, so ersehnen sie eine Lebensform, bei der Logik und Forschung nur eine untergeordnete Rolle spielen, wo man nicht sucht, was man nicht schon gefunden hat, und wo man niemals etwas wird, was man nicht schon war. Bleibt nur als einziger Ausweg die Leidenschaft.

Nur die Benommenheit durch ein starkes Gefühl kann blitzartige Gewißheit geben, nur sie kann die Logik im Zaum halten, kann der Erfahrung trotzen und ein Leben lang fortbestehen.

Der Antisemit hat sich dem Haß ergeben, weil der Haß ein Glaube ist; er hat von Anfang an beschlossen, die Worte und die Vernunftgründe zu entwerten.

Wie wohl fühlt er sich nun, wie wertlos und oberflächlich erscheinen ihm nun die Debatten über die Rechte der Juden. Er hat sich von vornherein auf eine andere Ebene gestellt. Wenn er sich aus Höflichkeit herbeiläßt, einen Augenblick lang seinen Standpunkt zu verteidigen, so macht er zwar scheinbar mit, gibt sich aber nie ganz. Er versucht nur seine intuitive Gewißheit in Worte zu kleiden.

Ich habe bereits einige »Geistesblitze« von Antisemiten zitiert: »Ich hasse die Juden, weil sie unsere Dienstboten aufhetzen; weil ein jüdischer Kürschner mich betrogen hat« und so weiter.

Glauben Sie ja nicht, daß die Antisemiten sich der Sinnlosigkeit dieser Aussprüche nicht bewußt sind.

Sie wissen, daß ihre Redereien oberflächlich und haltlos sind, aber das unterhält sie. Ihr Gegner soll die Worte wägen, weil er an Worte glaubt, sie aber haben das Recht, mit ihnen zu spielen. Es macht ihnen sogar Spaß, mit dem Gespräch zu jonglieren, denn wenn sie Possen reißen, so diskreditieren sie den Ernst des Gesprächspartners. Sie sind voll Wonne »schlechten Glaubens«, denn sie wollen ja nicht durch stichhaltige Argumente überzeugen, sondern nur einschüchtern oder verwirren.

Wenn man sie zu sehr bedrängt, so verschließen sie sich und weisen mit einer hochtrabenden Phrase darauf hin, daß die Zeit des Argumentierens vorüber sei.

Sie haben keine Angst davor, überzeugt zu werden, sondern nur lächerlich zu erscheinen oder vor einem Dritten, den sie in ihr Lager ziehen wollen, eine schlechte Figur zu spielen.

Wenn demnach, wie wir gesehen haben, der Antisemit den Vernunftgründen und der Erfahrung unzugänglich ist, so nicht, weil seine Überzeugung so stark ist, sondern weil er von vornherein beschlossen hat, unzugänglich zu bleiben.

Er hat auch beschlossen furchterregend zu sein. Man darf ihn nicht reizen. Niemand weiß, wohin die Verirrung seiner Leidenschaft ihn führen kann, wohlgemerkt, außer ihm selbst. Denn diese Leidenschaft ist nicht von außen provoziert. Er hat sie fest in der Hand, er läßt sie gerade so weit gehen, als es ihm paßt, bald läßt er die Zügel schießen, bald zieht er sie an. Er ist seiner selbst ganz sicher, aber in den Augen der anderen sieht er sein furchteinflößendes Bild, und diesem Bild paßt er seine Worte und Gesten an.

Dieses Vorbild enthebt ihn davon, sein Ich in sich selbst zu suchen; er hat beschlossen, nach außen zu leben, sich nie zu erforschen und nichts zu sein als die Angst, die er anderen einflößt. Aber mehr noch als vor der Vernunft, flieht er vor dem heimlichen Wissen um sich.

Aber, wird man sagen, vielleicht ist er nur in bezug auf die Juden so. Vielleicht führt er sich ansonsten vernünftig auf? Ich erwidere, daß das unmöglich ist.

Als Beispiel diene der Fischhändler, der, aufgebracht durch die Konkurrenz zweier jüdischer Fischhändler, die sich getarnt hatten, eines schönen Tages im Jahre 1942 zur Feder griff und sie anzeigte. — Man versichert mir, daß er sonst sanft, freundlich und der beste Sohn der Welt war. Aber ich möchte das bezweifeln. Ein Mensch, der nichts daran findet, Menschen auszuliefern, kann nicht unsere Auffassung von Menschen und Menschenwert haben, nicht einmal denen gegenüber, als deren Wohltäter er sich aufspielt. Er sieht sie nicht mit unseren Augen, seine Großmut, seine Sanftmut sind nicht unsere Großmut, nicht unsere Sanftmut. — Die Leidenschaft kennt keine Schranken. —

Der Antisemit anerkennt freiwillig, daß der Jude klug und arbeitsam ist, er wird sogar zugeben, daß er ihm in dieser Beziehung überlegen ist. Doch dieses Zugeständnis kostet ihn nicht viel. Er stellt diese Eigenschaft unter Anführungszeichen, denn für ihn richtet sich ihr Wert nach dem, der sie besitzt. Je mehr Tugenden der Jude hat, um so gefährlicher ist er. Der Antisemit gibt sich über sich selbst keinen falschen Illusionen hin. Er rechnet sich zur Mittelklasse, fast zur unteren Mittelklasse, kurz, zum Durchschnitt. Es kommt nie vor, daß ein Antisemit behauptet, den Juden individuell überlegen zu sein. Aber man darf ja nicht glauben, daß er sich seiner Mittelmäßigkeit schämt; im Gegenteil, sie behagt ihm.

Er ist ein Mensch, der jede Art der Einsamkeit fürchtet, die des Genies so gut wie die des Mörders. Er ist das typische Herdentier, und so klein er auch sein mag, so duckt er sich noch vorsichtshalber, um nicht aus der Herde hervorzuragen und sich selbst gegenüberzustehen.

Er ist Antisemit geworden, weil der Antisemitismus ein Gesellschaftsspiel ist. Die Worte: »Ich hasse die Juden« spricht man am besten im Chor; wenn man sie ausspricht, so klammert man sich an eine Tradition und an eine Gemeinde. An die große Gemeinde der Mittelmäßigen. Man muß keineswegs demütig oder bescheiden sein, um sich zur Mittelmäßigkeit bekannt zu haben. Ganz im Gegenteil, es gibt einen herausfordernden Hochmut der Mittelmäßigkeit, und der Antisemitismus ist ein Versuch, die Mittelmäßigkeit aufzuwerten, um eine Elite der Mittelmäßigen zu schaffen.

Für den Antisemiten ist der Verstand eine typisch jüdische Angelegenheit, und er kann ihn daher in aller Ruhe verachten wie alle anderen Tugenden, die der Jude besitzt. Das alles ist »Ersatz« für jene ausgeglichene Mittelmäßigkeit, die ihm immer fehlen wird.

Der echte Franzose, in seinem Vaterland, in seiner Provinz verwurzelt, von einer zweitausendjährigen Überlieferung getragen, im Besitz der Weisheit seiner Urväter, von alterprobten Gebräuchen geführt, »braucht« keine Intelligenz.

Hundert Generationen haben durch ihre Arbeit den Gegenständen, die ihn umgeben, ihren Stempel aufgedrückt. Nun gründet er seine Kraft und seine Tugend auf die Verschmelzung mit diesen Dingen, somit auf den Besitz.

Aber selbstverständlich handelt es sich um ererbten, nicht um käuflich erworbenen Besitz.

Der Antisemit ist grundsätzlich verständnislos gegenüber gewissen modernen Eigentumsformen, wie Geld, Aktien und so weiter. Das sind Abstraktionen, Vernunftgebilde, die der abstrakten, semitischen Intelligenz verwandt sind. Die Aktie gehört niemandem, weil sie jedem gehören kann. Sie ist ein Merkmal des Reichtums, kein konkretes Gut.

Der Antisemit begreift nur eine Art primitiver, bäuerlicher Aneignung, die sich auf einen wahrhaften, magischen Zusammenhang mit dem Besitz gründet, wo Besitzer und Besitz durch ein mystisches Band gegenseitiger Einwirkung miteinander verbunden sind. Er ist der Dichter der eigenen Scholle.

Sie verwandelt den Besitzer und verleiht ihm eine bestimmte eigenartige Empfindsamkeit. Begreiflicherweise bezieht dieses Feingefühl sich nicht auf die ewigen Wahrheiten, nicht auf die universellen Werte. Das Universelle ist jüdisch, da es Sache der Intelligenz ist. Was dieser verfeinerte Sinn erfaßt, ist eben das, was der Intelligenz entgeht. Anders ausgedrückt, der Grundsatz des Antisemitismus ist, daß der tatsächliche Besitz eines bestimmten Dinges auf magische Weise den Sinn dieses Dinges vermittelt. Maurras bestätigt: Nie wird ein Jude den Vers von Racine verstehen: »Dans l'orient désert, quel devint mon ennui.«

Und warum sollte ich, Durchschnittsmensch, verstehen, was der gerissenste, höchstentwickelte Verstand nicht erfassen konnte? Weil Racine mir gehört, Racine und meine Sprache und meine Scholle.

Vielleicht spricht der Jude ein reineres Französisch als ich, vielleicht kennt er die Satzlehre und die Grammatik besser als ich, vielleicht ist er gar Schriftsteller. Tut nichts, diese Sprache spricht er erst seit zwanzig Jahren und ich seit einem Jahrtausend. Die Korrektheit seines Stils ist abstrakt und angelernt, meine Fehler passen zum Genius der Sprache.

Hier erkennt man die Kritik Barrès an den Börsianern. Aber ist es ein Wunder? Sind die Juden nicht die Börsianer der Nation? Man überläßt ihnen alles, was Geld oder Verstand erwerben können, aber das ist nur blauer Dunst. Es zählen einzig und allein die unfaßbaren Werte, und eben die werden sich ihnen immer und ewig entziehen.

So bekennt sich der Antisemit von Anfang an zu einem faktischen Irrationalismus. Er wehrt sich gegen den Juden, wie das Gefühl gegen den Verstand, wie der Einzelne gegen die Allgemeinheit, wie die Vergangenheit gegen die Gegenwart, wie das Konkrete gegen das Abstrakte, wie der Grundbesitzer gegen den Besitzer mobiler Werte.

Dabei gehören viele Antisemiten – ja vielleicht die Mehrzahl – dem städtischen Kleinbürgertum an. Es sind Beamte, Angestellte, kleine Kaufleute, die durch die Bank nichts besitzen. Aber in dem Augenblick, da sie sich gegen den Juden auflehnen, kommt es ihnen zum Bewußtsein, daß sie »Besitzer« sind. Indem sie sich den Juden als Dieb vorstellen, versetzen sie sich in die beneidenswerte Lage eines Menschen, der bestohlen werden könnte.

Weil der Jude ihnen Frankreich rauben will, so gehört Frankreich ihnen. So haben sie den Antisemitismus erwählt als Mittel, sich als Besitzende zu fühlen.

Der Jude hat mehr Geld als sie? Um so besser, denn das Geld ist jüdisch, und sie können es genauso verachten wie den Verstand. Sie sind weniger begütert als der Krautjunker aus dem Périgord, als der Großbauer aus Beauce. Tut nichts, sie brauchen nur ihre Rachsucht gegen diese jüdische Diebsbande zu nähren, und schon fühlen sie, wie ganz Frankreich sich um sie schart. Die wahren, die guten Franzosen sind alle gleich, denn jeder Einzelne von ihnen besitzt für sich allein das ganze ungeteilte Frankreich.

Ich möchte den Antisemitismus den Snobismus der Armen nennen. Tatsächlich scheint es, daß die Mehrzahl der Reichen diese Leidenschaft eher für ihre Zwecke benützen, als sich ihr mit Herz und Seele hinzugeben. Sie haben Besseres zu tun. –

Sie verbreitet sich gewöhnlich im kleinen Mittelstand, eben weil es dort keinen Grundbesitz, keine Schlösser, keine Häuser gibt, sondern nur Bargeld und einige Aktien auf der Bank.

Es ist kein Zufall, daß das deutsche Kleinbürgertum von 1925 antisemitisch war. Dieses »Proletariat im steifen Kragen« hatte nur eine Sorge: sich vom wahrhaften Proletariat zu unterscheiden.

Von der Großindustrie zugrunde gerichtet, von den Junkern verhöhnt, flog ihr Herz der Großindustrie und den Junkern zu. Das deutsche Kleinbürgertum ergab sich mit der gleichen Begeisterung dem Antisemitismus, wie es die Kleidung der Bourgeoisie trug, weil die Arbeiter international eingestellt waren, weil die Junker Deutschland beherrschten und sie es auch beherrschen wollten.

Aber der Antisemitismus ist nicht nur die Freude am Haß, er bietet auch positive Genüsse. Wenn ich den Juden als minderwertiges, schädliches Wesen behandle, so fühle ich mich im gleichen Augenblick zu einer Elite gehörig. Und zum Unterschied von den modernen Eliten, die auf Verdienst und Arbeit aufgebaut sind, erinnert diese in allen Punkten an einen Geburtsadel. Ich brauche nichts zu tun, um ihn zu verdienen, und kann nichts tun, um ihn zu verlieren. Er wurde ein für allemal verliehen. Er ist ein Ding an sich.

Wir dürfen aber diesen prinzipiellen Vorrang nicht mit Wert verwechseln. Der Antisemit hat kein Bedürfnis nach Wert. Wert will gesucht sein, wie Wahrheit. Er ist schwer zu erlangen, man muß ihn verdienen, und hat man ihn erworben, ist er ständig in Frage gestellt. Ein Fehltritt, ein Irrtum, und er verfliegt. So sind wir von der Wiege bis zum Grab für das verantwortlich, was wir wert sind. Der Antisemit flieht die Verantwortung wie sein eigenes Gewissen. Er wählt für sein Ich die Starre des Felsens und für seine Moral eine Stufenleiter morscher Werte. Er weiß, daß, was immer er tun mag, er auf der obersten Stufe bleiben wird, und daß, was immer der Jude tun mag, er höchstens die erste Stufe erklimmen kann.

Die seelischen Hintergründe des Antisemitismus sind bereits erkennbar. Der Antisemit entscheidet sich für das Unwandelbare aus Angst vor seiner eigenen Willensfreiheit und für die Mittelmäßigkeit aus Angst vor der Einsamkeit, und aus dieser unwandelbaren Mittelmäßigkeit macht er einen künstlichen, hölzernen Adel.

Für diese verschiedenen Machinationen ist der Jude ihm unentbehrlich. Wem wäre er sonst überlegen? Einzig und allein dem Juden gegenüber fühlt er sich als Herrenmensch. Wenn durch ein Wunder alle Juden ausgerottet würden, so wie er es erhofft, so wäre er mit einem Schlag wieder Hausmeister oder Krämer in einer streng hierarchischen Gesellschaft, wo der Wert, »echter Franzose« zu sein, bedenklich gefallen wäre, weil alle ihn besitzen würden.

Das Gefühl seiner geheiligten Rechte an seinem Vaterland wäre dahin, weil niemand mehr da wäre, sie zu bestreiten, und ebenso das geheime Einverständnis, das ihn mit den Reichen und Mächtigen verband, weil es im Grunde negativ war.

Für die Mißerfolge, die er der unlauteren Konkurrenz der Juden zuschrieb, müßte er wohl oder übel andere Ursachen suchen oder sein Inneres befragen. Er würde verbittern und sich ganz dem Haß gegen die oberen Schichten hingeben. So ist der Antisemit dazu verurteilt, ohne den Feind, den er vernichten will, nicht leben zu können.

Diese Gleichschaltung, die der Antisemit so eifrig anstrebt, hat nichts gemein mit der Gleichheit im demokratischen Sinne. Diese soll in einer wirtschaftlichen abgestuften Gesellschaft verwirklicht werden und stets mit der Verschiedenheit der Funktionen vereinbar bleiben.

Aber der Antisemit fordert die Gleichheit aller Arier entgegen der Abstufung der Funktionen. Er versteht nichts von Arbeitsteilung und will nichts davon verstehen. Wenn nach ihm jeder Bürger den Titel des Franzosen beanspruchen darf, so nicht weil er an seinem Platz, in seinem Beruf, gemeinsam mit allen anderen am wirtschaftlichen und kulturellen Leben der Nation mitwirkt, sondern weil er wie jeder andere ein unbestreitbares, angeborenes Anrecht auf die ganze unteilbare Heimat hat.

Die Gesellschaft, wie der Antisemit sie sieht, ist, wie wir überdies annehmen konnten, eine Gesellschaft der Nebeneinanderstellung, da sein Ideal des Besitzes der Grundbesitz ist.

Und da die Antisemiten zahlreich sind, trägt jeder von ihnen dazu bei, inmitten des geordneten Staates eine Gemeinschaft blinder Solidarität zu bilden. Der Grad der Zugehörigkeit jedes Antisemiten zu dieser Gemeinschaft sowie der Grad seiner Angleichung werden durch den Wärmegrad dieser Gemeinschaft, wenn ich so sagen darf, bestimmt.

Proust zum Beispiel hat geschildert, wie der Anti-Dreyfusianismus den Herzog seinem Kutscher näherbrachte, und wie dank ihres Hasses gegen Dreyfus die bürgerlichen Familien den Zutritt zu den adeligen Häusern erzwangen.

Das kommt daher, daß die gleichgeschaltete Gemeinschaft, auf die der Antisemit sich beruft, zum Typus der Massengemeinschaften gehört oder zu jener Sorte von Augenblicksgemeinschaften, die bei einem Fall von Lynchjustiz oder einem Skandal plötzlich aus der Erde schießen. Die Gleichheit ist hier die Frucht der Nichtdifferenzierung der Funktionen. Das soziale Band ist der Zorn.

Die Gemeinschaft hat kein anderes Ziel, als gegen bestimmte Individuen umfassende Repressalien zu ergreifen. Die Masseninstinkte und die Massenvorstellungen übertragen sich um so stärker auf den Einzelnen, als keiner von ihnen durch eine besondere Funktion ausgefüllt ist. Daher gehen die Individuen in der Menge unter, und die Denkungsart sowie die Reaktionen der Gruppe sind völlig primitiv.

Natürlich erzeugt nicht nur der Antisemitismus derartige Gemeinschaften. Ein Aufruhr, ein Verbrechen, ein flagrantes Unrecht können sie plötzlich aus dem Boden stampfen. Nur sind es in diesen Fällen flüchtige Gebilde, die rasch und spurlos verschwinden.

Da der Antisemitismus die großen Haßausbrüche gegen die Juden überdauert, so bleibt die vom Antisemiten begründete Gemeinschaft auch in normalen Perioden in latentem Zustand bestehen, und jeder Antisemit beruft sich auf sie.

Er kann die moderne Gesellschaftsordnung nicht verstehen und sehnt sich nach den Krisenperioden, in denen die Urgemeinschaft plötzlich wieder auftaucht und ihren Siedepunkt erreicht. Da möchte er mit der Gruppe verschmelzen und vom reißenden Strom der Massen fortgetragen werden. Diese Pogromatmosphäre schwebt ihm vor, wenn er nach der »Vereinigung aller Franzosen« schreit.

In diesem Sinn ist der Antisemitismus eine verkappte Form vom sogenannten Kampf des Bürgers gegen die Staatsgewalt.

Befragen Sie einmal einen jener ungestümen Jünglinge, die sich zusammentun, um in einer abgelegenen Gasse einen einsamen Juden zu mißhandeln, und die in aller Ruhe das Gesetz brechen. Er wird Ihnen sagen, daß er eine kräftige Regierung wünscht, die ihn der niederschmetternden Verantwortung enthebt, selbständig zu denken. Da aber die Republik eine schwache Regierungsform ist, führt ihn die Lust zu gehorchen zum Ungehorsam.

Aber wünscht er denn wirklich eine starke Regierung? Tatsächlich verlangt er für die anderen eine straffe Ordnung und für sich eine verantwortungslose Unordnung.

Er will sich außerhalb der Gesetze stellen und trotzdem seiner Einsamkeit und seiner Willensfreiheit entrinnen.

Also nimmt er zu einer List Zuflucht: Der Jude nimmt an den Wahlen teil, es sitzen Juden in der Regierung, also ist der Staat von Grund auf faul, vielmehr besteht er gar nicht, und es ist recht und billig, seine Gesetze zu mißachten. Es handelt sich übrigens gar nicht um Ungehorsam, denn man widersetzt sich dem nicht, das gar nicht besteht.

Demnach bestünde für den Antisemiten ein »wahres« Frankreich mit einer »wahren«, aber verschwommenen und ungegliederten Regierung, und ein abstraktes, offizielles verjudetes Frankreich, gegen das man sich gebührend auflehnen muß.

Natürlich wird diese ständige Auflehnung von einer Gruppe inszeniert, denn der Antisemit ist in keiner Lebenslage fähig, allein zu handeln oder zu denken.

Und die Gruppe selbst will sich nicht als Minderheitspartei betrachten, denn als solche wäre sie verpflichtet, ein Programm aufzustellen und eine Richtlinie festzulegen, was Initiative, Verantwortungsfreude und eigenen Willen erfordert.

Die antisemitischen Vereinigungen wollen nichts schaffen, sie lehnen jede Verantwortung ab, sie wollen sich keinesfalls als Teil der öffentlichen Meinung ausgeben, denn auch in diesem Fall müßten sie ein Programm aufstellen und gesetzliche Maßnahmen vorschlagen.

Sie wollen lieber als eine Gruppe angesehen werden, die unverfälscht und in aller Ruhe die Gefühle der »wahren« ungeteilten Heimat vertritt.

Somit ist jeder Antisemit mehr oder weniger der Feind des geordneten Staates. Er will das gehorsame Mitglied einer undisziplinierten Gruppe sein. Er verehrt die Ordnung, aber die »soziale« Ordnung. Man könnte sagen, daß er die politische Unordnung provozieren will, um die soziale Ordnung wiederherzustellen, die ihm als primitive, gleichgeschaltete, überhitzte Gesellschaftsordnung, unter Ausschluß der Juden, vorschwebt.

Diese Grundsätze verleihen ihm eine eigenartige Unabhängigkeit, die ich pervertierte Freiheit nennen möchte. Denn die wahre Freiheit übernimmt ihre Verantwortung, während die Freiheit des Antisemiten daher kommt, daß er sich jeder Verantwortung entzieht.

Er schwebt zwischen einer autoritären Gesellschaft, die noch nicht besteht, und einer offiziellen und toleranten Gesellschaft, die er verleugnet, daher kann er sich alles gestatten, ohne als Anarchist zu gelten, was er mit Entsetzen zurückweisen würde.

Der tiefe Ernst seiner Absichten, die kein Wort und keine Tat auszudrücken vermögen, berechtigt ihn zu einer gewissen Schalkhaftigkeit. Er ist ein Schelm, er reißt Possen, er prügelt, »säubert«, stiehlt – und alles für die gute Sache.

Unter einer starken Regierung nimmt der Antisemitismus ab, außer er gehört zum Regierungsprogramm. Aber in diesem Fall verändert er seine Gestalt. Obwohl der Antisemit ein Judenfeind ist, braucht er die Juden, und obwohl er Antidemokrat ist, ist er ein natürliches Produkt der Demokratie und kann sich nur im Rahmen einer Republik betätigen.

Wir beginnen zu verstehen, daß der Antisemitismus nicht einfach eine »Meinung« über die Juden ist und daß er die ganze Persönlichkeit des Antisemiten umfaßt. Aber wir sind mit seiner Schilderung noch nicht zu Ende, denn er beschränkt sich nicht darauf, moralische und politische Richtlinien zu ziehen, er ist an sich eine Philosophie und eine Weltanschauung.

Tatsächlich könnte man nicht behaupten, was er behauptet, ohne sich implizite auf gewisse intellektuelle Grundsätze zu stützen.

Der Jude, sagt er, ist ganz und gar schlecht, ganz und gar Jude. Seine Tugenden, falls er welche besitzt, verwandeln sich kraft seines Judentums in Laster, die Arbeit seiner Hände trägt notgedrungen seinen Stempel, und wenn er eine Brücke baut, so ist sie vom ersten bis zum letzten Pfeiler schlecht, weil sie jüdisch ist. Die gleiche Tat von einem Juden oder einem Christen vollführt, hat nicht den gleichen Sinn. Der Jude verleiht allem, was er berührt, weiß der Teufel was für eine abscheuliche Eigenschaft.

Die Deutschen verboten als erstes den Juden den Zutritt zu den Schwimmbädern. Sie glaubten, das ganze Bassin würde verunreinigt, wenn der Körper eines Juden hineintauchte. Wörtlich genommen verpestete der Jude sogar die Luft, die er atmet.

Wenn wir versuchen, durch abstrakte Behauptungen die Grundsätze zu formulieren, auf die man sich beruft, so kommen wir zu folgenden Ergebnissen:

Ein Ganzes ist mehr und etwas anderes als die Summe seiner Teile. Das Ganze bestimmt den Sinn und das innere Wesen seiner Bestandteile. Es gibt nicht eine einzige Tugend des Mutes für den Juden und den Christen, in der Art, wie der gleiche Sauerstoff mit Stickstoff und Argon verbunden die Luft, und mit Wasserstoff verbunden das Wasser bildet, sondern jedes Individuum ist ein unauflösbares Ganzes, mit »seinem« Mut, »seiner« Größe, »seiner« Art zu denken, zu lachen, zu trinken und zu essen.

Was heißt das anderes, als daß der Antisemit, um die Welt zu verstehen, zum Geist der Synthese Zuflucht genommen hat. Dank ihm darf er glauben, daß er mit ganz Frankreich eine untrennbare Einheit bildet.

Im Namen des synthetischen Geistes prangert er die rein analytische, kritische Intelligenz Israels an.

Aber wir müssen feststellen, daß man sich seit einiger Zeit, von der Rechten und von der Linken, bei den Konservativen und bei den Sozialisten, entgegen dem Geist der Analyse, der zur Zeit der Gründung der bürgerlichen Demokratie herrschte, auf synthetische Grundsätze beruft.

Es kann sich aber bei den beiden nicht um die gleichen Grundsätze handeln. Zumindest machen sie verschiedenen Gebrauch davon. Welchen Gebrauch jedoch macht der Antisemit von ihnen?

Bei den Arbeitern gibt es so gut wie keinen Antisemitismus. Weil es unter ihnen keine Juden gibt, wird man sagen. Aber diese Erklärung ist sinnlos, denn wenn dem so wäre, müßten die Arbeiter sich über diesen Ausfall beschweren.

Die Nazis wußten das sehr wohl, denn als sie ihre Propaganda auf das Proletariat ausdehnen wollten, schufen sie das Schlagwort vom »Jüdischen Kapitalismus«.

Trotzdem betrachtet die Arbeiterklasse die soziale Lage synthetisch, nur wendet sie keine antisemitischen Methoden an. Sie zerschneidet das Ganze nicht nach künstlich gegebenen Größen, sondern nach den wirtschaftlichen Funktionen.

Die Bourgeoisie, die Bauernschaft, das Proletariat, das sind die synthetischen Größen, mit denen sie sich befaßt. Und diese zerfallen wieder in untergeordnete Einheiten, wie Arbeiter- und Arbeitgebersyndikate, Truste, Kartelle, Parteien.

Somit entsprechen ihre Erklärungen der geschichtlichen Ereignisse vollkommen der unterschiedlichen Gliederung einer auf Arbeitsteilung begründeten Gesellschaft.

Die Geschichte ist demnach für sie das Ergebnis aus dem Kräftespiel der wirtschaftlichen Körperschaften und dem Ineinandergreifen der synthetischen Gruppen.

Die Mehrzahl der Antisemiten findet sich dagegen im Mittelstand, das heißt bei den Leuten mit gleichem oder höherem Lebensstandard als dem der Juden, oder, wenn man will, bei den Unproduktiven (Arbeitgeber, Kaufleute, Mitglieder der freien Berufe, Schmarotzer.) In Wirklichkeit produziert der Bourgeois nicht, er leitet, verwaltet, verteilt, kauft und verkauft. Seine Funktion ist es, in direkte Verbindung mit den Konsumenten zu treten, das heißt, daß seine Tätigkeit in einem ständigen Verkehr mit Menschen besteht, während der Arbeiter in der Ausübung seines Berufes in ständiger Berührung mit den Dingen ist. Jeder beurteilt die Geschichte vom Standpunkt seines Berufes aus.

Durch seine tägliche Beschäftigung mit der Materie geformt, sieht der Arbeiter in der Gesellschaft das Produkt realer Kräfte, die nach strengen Gesetzen wirken. Sein dialektischer »Materialismus« bedeutet, daß er die soziale Welt genauso betrachtet wie die materielle Welt.

Der Bourgeois dagegen und insbesondere der Antisemit wollen die Geschichte durch die Wirkung individueller Willensakte erklären. Und sind es nicht dieselben Willensakte, von denen sie in der Ausübung ihrer Berufe abhängig sind?[1]

Sie verhalten sich den sozialen Tatsachen gegenüber wie die primitiven Völker, die hinter Sonne und Mond einen kleinen Gott vermuten. Intrigen, Ränke, die Seelenschwärze des einen, der Mut und die Seelengröße des anderen, das bestimmt den Gang ihrer Geschäfte und den Lauf der Welt.

Der Antisemitismus, ein bürgerliches Phänomen, erscheint uns demnach als der Wille, die Massenereignisse durch die Initiative einzelner zu erklären.

Gewiß kommt es vor, daß der Proletarier auf seinen Plakaten und in seinen Zeitungen den Bourgeois so karikiert wie der Antisemit den Juden, aber diese äußere Ähnlichkeit darf uns nicht täuschen. Was für den Arbeiter den Bourgeois ausmacht, ist seine Stellung als Bourgeois, das heißt eine Gesamtheit äußerer Faktoren, und der Bourgeois selbst ist nichts als die synthetische Einheit seiner sichtbaren Kundgebungen. Es ist die Gesamtheit seines Betragens.

Was für den Antisemiten den Juden ausmacht, ist die Existenz des Judentums in ihm, des jüdischen Prinzips, ähnlich dem Phlogiston oder der einschläfernden Kraft des Opiums.

Man täusche sich nicht, die Erklärungen durch Vererbung und Rasse sind viel später nachgefolgt und sind nur das wissenschaftliche Mäntelchen für die ursprüngliche Überzeugung; lange vor Mendel und Gobineau gab es einen Abscheu vor dem Juden, und die ihn empfanden, hätten ihn nur mit den Worten Montaignes über seine Freundschaft zu La Boétie erklären können: »Weil er es ist, weil ich es bin.«

[1] Ich nehme hier die Ingenieure, Wissenschaftler und Bauunternehmer aus, deren Berufe sie dem Proletariat annähern, unter denen man übrigens selten Antisemiten findet.

Ohne diese metaphysische Eigenschaft wären die Dinge, die man von antisemitischer Seite den Juden vorwirft, völlig unverständlich. Wie soll man tatsächlich die verbohrte Narrheit eines reichen jüdischen Kaufmannes verstehen, der vernunftgemäß das Gedeihen des Landes, wo er Handel treibt, wünschen sollte und der sich angeblich darauf versteift, es zugrunde zu richten. Oder wie soll man den unseligen Internationalismus von Menschen verstehen, deren Familien, Gefühle und Gewohnheiten sowie die Quelle und der Wert ihres Vermögens sie an ein bestimmtes Land knüpfen sollten. Die Überklugen sprechen von einem jüdischen Willen zur Weltherrschaft, aber auch da erscheint, wenn man nicht den Schlüssel besitzt, die Kundgebung dieses Willens unverständlich; denn bald soll hinter dem Juden der internationale Kapitalismus, der Imperialismus der Truste und Waffenfabrikanten stecken und bald wieder der Bolschewismus mit seinem Messer zwischen den Zähnen. Und man scheut sich nicht, in gleicher Weise die jüdischen Bankiers, die den Kommunismus verabscheuen müßten, für ihn verantwortlich zu machen, und die armseligen Juden, die die Rue des Rosiers bevölkern, für den internationalen Kapitalismus.

Aber alles klärt sich auf, wenn wir es aufgeben, vom Juden ein vernunftgemäßes, seinen Interessen entsprechendes Verhalten zu fordern, sondern wenn wir in ihm dagegen ein metaphysisches Prinzip sehen, das ihn antreibt, unter allen Umständen »das Böse zu tun«, sogar wenn es zu seinem eigenen Untergang führen müßte.

Dieses Prinzip ist, wie zu vermuten war, magisch. Einerseits ist es eine Essenz, eine Wesensform, und der Jude kann es, was immer er auch tun mag, nicht verwandeln, so wie das Feuer es nicht lassen kann, zu brennen. Anderseits aber, da man die Möglichkeit haben muß, den Juden zu hassen, und da man ein Erdbeben oder die Reblausplage nicht haßt, so ist diese magische Kraft gleichzeitig auch freier Wille.

Nur ist die Willensfreiheit, um die es sich hier handelt, wohlweislich beschränkt. Der Jude ist frei, das Böse zu tun, nicht das Gute. Er besitzt die Willensfreiheit nur in dem Maße, um die volle Verantwortung für seine Verbrechen tragen zu müssen, er hat sie nicht in dem Maße, um sich zu bessern.

Sonderbare Willensfreiheit, die, anstatt der Wesensform voranzugehen und sie zu formen, ihr völlig untertan bleibt und nichts ist als eine ihr angehörende irrationelle Eigenschaft, aber doch Willensfreiheit bleibt.

Es gibt meines Wissens nur ein Geschöpf, das auf diese Art ganz frei und dem Bösen verschrieben ist. Es ist der Geist des Bösen selbst, es ist Satan. Somit ist der Jude gleich dem Geist des Bösen. Sein Wille ist, in Umkehrung des Kantschen Willens, ein Wille, der rein, grundlos und überhaupt nur das Böse ist, er ist der böse Wille an sich. Durch ihn kommt das Böse auf die Erde. Alles Übel der Welt (Krisen, Kriege, Hungersnot, Umsturz und Aufruhr) ist ihm direkt oder indirekt zuzuschreiben.

Der Antisemit fürchtet sich vor der Erkenntnis, daß die Welt schlecht sei, denn in diesem Falle müßte man erfinden, verbessern, und der Mensch wäre wieder der Herr seines Schicksals mit einer beängstigenden, unaufhörlichen Verantwortung. Darum sieht er im Juden das Grundübel der Welt.

Wenn die Völker sich bekriegen, so nicht, weil die Idee des Nationalismus in ihrer heutigen Form den Imperialismus und die Interessenkonflikte züchtet, sondern weil der Jude hinter den Regierungen steckt und die Flamme der Zwietracht entfacht.

Wenn es einen Klassenkampf gibt, so nicht, weil die Wirtschaftsordnung zu wünschen übrig läßt, sondern weil die jüdischen Rädelsführer, die krummnasigen Hetzer, die Arbeiter verführt haben.

Demnach ist der Antisemitismus ursprünglich ein Manichäismus. Er erklärt den Lauf der Welt durch den Kampf des Guten mit dem Bösen. Zwischen diesen beiden ist kein Ausgleich möglich. Der eine muß siegen, der andere untergehen.

Lesen Sie Céline, sein Zukunftsbild der Welt ist katastrophal. Der Jude ist allgegenwärtig, die Erde ist verloren, der Arier darf sich nie bloßstellen, darf nie verhandeln. Aber wehe, denn wenn er atmet, hat er schon seine Reinheit verloren, denn selbst die Luft, die in seine Lungen dringt, ist verpestet. Klingt das nicht wie die Predigt eines Katharers? Wenn Céline die nationalsozialistischen Thesen unterstützen konnte, so war er bestochen. Im Grunde seines Herzens glaubt er nicht an sie. Für ihn ist die einzige Lösung der Massenselbstmord, die Nichtfortpflanzung, der Tod. Andere, zum Beispiel Maurras, sind weniger entmutigend. Sie prophezeien einen langen, oft unentschiedenen Kampf mit dem Endsieg des Guten. Es ist Ormuzd gegen Ahriman.

Der Leser hat verstanden, daß der Antisemit den Manichäismus nicht als erklärendes Hilfsmittel verwendet, sondern daß das ursprüngliche Bekenntnis zum Manichäismus den Antisemitismus bedingt und erklärt. Wir müssen uns nun fragen, was dieses ursprüngliche Bekenntnis bei einem Menschen von heute zu bedeuten hat.

Vergleichen wir einen Augenblick die revolutionäre Idee des Klassenkampfes mit dem antisemitischen Manichäismus.

Für den Marxisten ist der Klassenkampf keineswegs der Kampf des Guten gegen das Böse, sondern ein Interessenkonflikt verschiedener menschlicher Gruppen. Der Revolutionär teilt den Standpunkt des Proletariats, erstens weil es seine eigene Klasse ist, sodann weil sie unterdrückt ist, weil sie weitaus die zahlreichste ist, und weil das Los des Proletariats sich letzten Endes vermutlich mit dem Los der Menschheit decken wird und endlich, weil die Folgen seines Sieges naturgemäß die Aufhebung der Klassenunterschiede bedeuten würden.

Das Ziel des Revolutionärs ist die Änderung der Gesellschaftsordnung. Dazu muß er zweifellos das alte Regime stürzen, aber das genügt nicht, er muß vor allem eine Neuordnung schaffen.

Wenn durch ein Wunder die bevorzugten Klassen am sozialistischen Neuaufbau mitwirken würden und man greifbare Beweise ihres guten Willens hätte, so gäbe es keinen Grund sie auszuschalten. Und wenn es auch höchst unwahrscheinlich ist, daß sie den Sozialisten ihre Dienste gutwillig anbieten, so weil gerade ihre Stellung als die der bevorzugten Klassen sie daran behindert, aber nicht, weil Gott weiß was für ein innerer Dämon sie antreibt, wider Willen das Böse zu tun.

Auf jeden Fall, wenn Bruchteile dieser Klassen sich von ihnen loslösen, so können sie stets den unterdrückten Klassen einverleibt werden, und diese Neulinge werden dann nach ihren Handlungen und nicht nach ihrer »Essenz« beurteilt werden.

»Ich schere mich den Teufel um Eure Essenz«, sagte mir eines Tages Politzer.

Für den antisemitischen Manichäisten dagegen liegt die Betonung auf der Zerstörung. Es handelt sich nicht um Interessenkonflikte, sondern um den Schaden, den ein böser Geist der Gesellschaft zufügt. Demzufolge besteht das Gute vor allem darin, das Böse zu vernichten. Hinter der Erbitterung des Antisemiten verbirgt sich der optimistische Glaube, daß nach Vertreibung des Bösen die Harmonie sich automatisch wieder einstellt. Seine Aufgabe ist somit rein negativ.

Es kann nicht davon die Rede sein, eine neue Gesellschaft aufzubauen, sondern nur die bestehende zu säubern. Um dieses Ziel zu erreichen, wäre die Mitwirkung der Juden guten Willens unnütz und sogar unheilvoll; und überdies kann ein Jude nicht guten Willens sein.

Als Streiter des Guten ist der Antisemit geheiligt, jedoch auch der Jude ist es auf seine Weise, wie die Unberührbaren, wie die Eingeborenen, die ein Tabu getroffen hat.

Der Kampf spielt sich auf der religiösen Ebene ab und führt zwangsläufig zum heiligen Krieg.

Die Vorteile dieser Stellungnahme sind mannigfaltig. Erstens fördert sie die Gedankenträgheit. Wir haben gesehen, daß der Antisemit nichts von der modernen Gesellschaft versteht, er wäre unfähig, einen Aufbauplan zu entwerfen. Seine Handlungsweise ist nie konstruktiv, sondern stets von der Leidenschaft diktiert. Ihm ist ein Wutausbruch, gleich dem Amok der Malaien, lieber als eine langatmige Unternehmung.

Seine geistige Tätigkeit beschränkt sich auf Auslegung, er sucht in den geschichtlichen Ereignissen die Spuren eines bösen Geistes. Daher kommen die kindischen und verwickelten Erfindungen, die an die der großen Paranoiker gemahnen.

Aber anderseits lenkt der Antisemitismus die revolutionären Strömungen von der Zerstörung der Einrichtungen auf die Vernichtung gewisser Menschen ab. Eine antisemitische Menge wird glauben, genug getan zu haben, wenn sie ein paar Juden massakriert und ein paar Tempel in Brand gesteckt hat. Er fungiert somit als Sicherheitsventil für die besitzenden Klassen, die ihn ermutigen und so den gefährlichen Haß gegen ein Regime in einen unschädlichen Haß gegen einzelne verwandeln.

Und hauptsächlich ist dieser kindliche Dualismus für den Antisemiten selbst eine ungeheure Beruhigung. Man muß nur das Böse aus der Welt schaffen, und das Gute ist schon da. Man muß es nicht mühsam suchen, nicht hervorzaubern, nicht geduldig dafür einstehen, wenn man es gefunden hat, nicht seine Wirkung erproben, noch seine Folgen bedenken und endlich nicht die Verantwortung der eigenen moralischen Wahl tragen.

Es ist kein Zufall, daß sich hinter den großen antisemitischen Ausbrüchen ein gewisser Optimismus verbirgt. Der Antisemit hat das Böse erwählt, um das Gute nicht in Frage stellen zu müssen. Je mehr ich meine Kräfte auf die Bekämpfung des Bösen richte, desto weniger bin ich versucht, das Gute in Frage zu stellen. Man spricht nicht davon, aber es steckt hinter allen Reden und Gedanken des Antisemiten, daß nach Erfüllung seiner Mission des geheiligten Zerstörers das verlorene Paradies von selbst wieder erstehen wird.

Im Moment ist er so beschäftigt, daß er keine Zeit hat, darüber nachzudenken. Er steht auf der Schanze, er kämpft, und seine ganze Empörung ist nur ein Vorwand, um nicht voll Angst und Bange nach dem Guten forschen zu müssen.

Aber es verbirgt sich mehr dahinter, und wir begeben uns nun auf das Gebiet der Psychoanalyse. Der Manichäismus verschleiert eine tiefe

Hinneigung zum Bösen. Für den Antisemiten ist das Böse zugleich Schicksal und Beruf. Später mögen andere kommen, sich mit dem Guten zu befassen, wenn es dazu kommt. Er kämpft als Vorposten der Gesellschaft und wendet den reinen Tugenden, die er verteidigt, den Rücken zu. Er hat nur mit dem Bösen zu tun; es ist seine Pflicht, es zu enthüllen, anzuprangern und sein Ausmaß festzustellen.

Seine einzige Sorge ist nun, Anekdoten zu sammeln, die die Schlüpfrigkeit, die Habgier, die Ränke und Verrätereien des Juden bloßstellen. Er wühlt im Unrat.

Man lese wieder »Das jüdische Frankreich« von Drumont; dieses Buch »hoher französischer Moralität« ist eine Sammlung unflätiger oder gemeiner Geschichten.

Nichts erhellt besser die komplexe Natur des Antisemiten. Da er sich nicht selbständig seinen eigenen Begriff des Guten machen wollte, ließ er sich, aus Angst, abseits zu stehen, den Allerweltsbegriff des Guten vorschreiben; daher gründet sich die Moral bei ihm niemals auf die Erkenntnis der Werte, noch auf Liebe im Sinne Platos, sondern sie offenbart sich nur durch die schärfsten Verfemungen und die unbarmherzigsten und willkürlichsten Gebote.

Aber worüber er unentwegt nachsinnt, wofür er die rechte Einfühlung und eine Art eigenen Sinn hat – ist das Böse. Er kann sich so bis zur Besessenheit unzüchtige oder verbrecherische Handlungen vorstellen, die ihn erregen und seine perversen Neigungen befriedigen, aber da er sie zu gleicher Zeit diesen schamlosen Juden zuschreibt, die er mit unsäglicher Verachtung straft, so befriedigt er sich, ohne sich etwas zu vergeben.

Ich kannte in Berlin einen Protestanten, bei dem das sinnliche Verlangen die Form der Entrüstung annahm. Der Anblick von Frauen im Schwimmtrikot versetzte ihn in Wut, er suchte freiwillig die Gelegenheiten auf, in eben diese Wut zu geraten, und verbrachte seine Tage in den Schwimmbädern.

Genauso ist der Antisemit. Eine Komponente seines Judenhasses ist die tiefe sinnliche Anziehung, die die Juden auf ihn ausüben. Sie ist vor allem eine unstillbare Neugier für das Böse, aber hauptsächlich gehört sie, meiner Meinung nach, ins Gebiet des Sadismus.

Aber man begreift den Antisemitismus nicht, wenn man nicht bedenkt, daß der Jude, der Gegenstand so vieler Verwünschungen, völlig unschuldig und harmlos ist. Darum bemüht der Antisemit sich auch, Gerüchte von jüdischen Geheimbünden und gefährlichen, heimlichen Freimaurereien zu verbreiten. Aber der Jude, den er von Angesicht zu

Angesicht sieht, ist zumeist nur ein schwaches Wesen, das nicht für die Gewalt geschaffen, sich nicht einmal verteidigen kann.

Der Antisemit kennt natürlich diese persönliche Schwäche des Juden, die ihn mit gebundenen Händen und Füßen den Pogromen ausliefert, und ergötzt sich schon im voraus daran.

Auch kann man seinen Judenhaß nicht mit dem Haß der Italiener von 1830 auf die Österreicher oder mit dem Haß der Franzosen von 1942 auf die Deutschen vergleichen. In den besagten zwei Fällen handelte es sich um harte, grausame, überlegene Unterdrücker, im Besitz von Waffen, Geld und Macht, und die den Rebellen mehr Unheil zufügen konnten, als diese auch nur im Traum den anderen hätten zufügen können. In dieser Art Haß ist kein Raum für sadistische Neigungen.

Aber da sich für den Antisemiten das Böse in diesen unbewaffneten, so wenig furchterregenden Menschen verkörpert, so gerät er nie in die peinliche Lage, ein Held sein zu müssen. Es ist ein Spaß, Antisemit zu sein. Man kann die Juden furchtlos schlagen und martern, höchstens werden sie die Gesetze der Republik anrufen, und die Gesetze sind milde. – Auch ist die sadistische Anziehungskraft des Antisemiten zum Juden so stark, daß man häufig sieht, wie eingeschworene Judenfeinde sich mit jüdischen Freunden umgeben. Gewiß nennen sie sie »Ausnahmejuden« und erklären, »die sind nicht wie die anderen«.

Im Atelier des Malers, den ich eingangs erwähnte und der die Morde von Lublin keineswegs verurteilte, stand am Kamin das Bild eines ihm nahestehenden, von der Gestapo füsilierten Juden.

Jedoch ihre Freundschaftsbeteuerungen sind nicht aufrichtig, denn sie denken nicht einmal daran, in ihrem Gerede die »guten Juden« zu verschonen, und auch wenn sie ihren jüdischen Bekannten ein paar gute Eigenschaften zubilligen, so geben sie nicht zu, daß ihre Gesprächspartner andere kennen, die ebenso gute Eigenschaften haben. Sie gefallen sich darin, diese wenigen in einer Art Umkehrung ihres Sadismus zu beschützen, und lieben es, das lebende Abbild dieses Volkes, das sie so verabscheuen, stets vor Augen zu haben.

Es kommt häufig vor, daß weibliche Antisemiten sich von Juden sexuell sowohl angezogen als abgestoßen fühlen. Ich kannte eine, die mit einem polnischen Juden intime Beziehungen unterhielt. Sie kam manchmal zu ihm ins Bett, ließ sich Brust und Schultern liebkosen, aber nicht mehr. Sie genoß seinen Respekt, seine Unterwürfigkeit und die Ahnung seines zurückgedrängten, gedemütigten Verlangens. Ihr späteres Sexualleben mit anderen Männern war völlig normal. In den Worten »eine schöne Jüdin« liegt eine ganz besondere sexuelle Bedeutung, ganz anders als in den Worten »schöne Rumänin«, »schöne Griechin«, »schöne Amerikanerin«. Es geht von ihnen ein Hauch von Massaker und Vergewaltigung aus. Die schöne Jüdin ist die, welche die Kosaken an den Haaren durch ihr brennendes Dorf schleifen. Die Literatur, die sich in Schilderungen von Auspeitschungen spezialisiert, räumt der Jüdin einen Ehrenplatz ein. Aber man muß nicht die pornographische Literatur durchstöbern; von der Rebekka aus »Ivanhoe« bis zur Jüdin von »Gilles«, mit Umgehung derer von Ponson du Terrail, haben die Jüdinnen in den ernstesten Romanen eine sehr eindeutige Funktion. Häufig vergewaltigt und grausam geschlagen, gelingt es ihnen manchmal, durch den Tod mit knapper Not der Schande zu entgehen, und jene, die ihre Tugend behalten, sind die fügsamen Mägde oder die gedemütigten Liebenden gleichgültiger Christen, die Arierinnen heiraten. Ich glaube, das genügt, um den sexuellen Symbolwert der Jüdin im Folklore zu charakterisieren

Zerstörer von Beruf, »keuscher« Sadist, ist der Antisemit im Grunde seiner Seele ein Verbrecher. Was er wünscht und plant, ist der Tod des Juden. Natürlich schreien nicht alle Judenfeinde am hellichten Tag nach seinem Tod, aber die Maßnahmen, die sie vorschlagen und die alle seine Erniedrigung, Demütigung und Verbannung bezwecken, sind ein Ersatz für den Mord, den sie im Sinn haben. Es sind symbolische Morde.

Jedoch der Antisemit hat ein reines Gewissen, er ist Verbrecher für die gute Sache. Es ist nicht seine Schuld, wenn er ausersehen ist, das Böse durch das Böse zu vernichten. Das »echte« Frankreich hat ihm das Amt des Richters verliehen.

Gewiß hat er nicht täglich die Gelegenheit, es auszuüben, aber täuschen wir uns nicht, seine plötzlichen Zornausbrüche, seine donnernden Philippiken gegen die »Saujuden« sind ebenso viele Hinrichtungen. In richtiger Erkenntnis dessen hat der Volksmund den treffenden Ausdruck »Judenfresser« geprägt.

Somit hat der Antisemit sich selbst zum Verbrecher, und zwar zum »unbefleckten« Verbrecher, auserkoren, aber auch hier flieht er vor der Verantwortung; er hat seine Mordinstinkte erkannt, aber er hat das Mittel gefunden, sie zu befriedigen, ohne es sich einzugestehen.

Er weiß, daß er schlecht ist, aber da er das Böse dem Guten zuliebe tut, da ein ganzes Volk von ihm die Befreiung erwartet, sieht er sich als geheiligter Bösewicht. Durch eine Art Umkehrung aller Werte, wie man es bei manchen religiösen Sekten, zum Beispiel in Indien, findet, wo es eine geheiligte Prostitution gibt, glaubt er, daß Zorn und Haß, Mord und Plünderung, kurz alle Formen der Gewalt Hochachtung und Begeisterung erwecken, und sogar in dem Moment, da die Niedertracht ihn berauscht, fühlt er sich beschwingt durch sein gutes Gewissen und das befriedigende Bewußtsein erfüllter Pflicht.

Nun ist das Porträt vollendet. Wenn viele Leute, die mit Vorliebe erklären, daß sie die Juden hassen, sich nicht wiedererkennen, so kommt das daher, weil sie tatsächlich die Juden nicht hassen. Sie lieben sie auch nicht, sie würden ihnen kein Haar krümmen; sie würden aber auch keinen Finger rühren, sie zu retten.

Sie sind keine Antisemiten, sie sind nichts und »niemand«, und weil man doch irgend etwas scheinen muß, so machen sie sich zum Echo, zum Sprachrohr. Sie gehen herum, ohne Böses zu denken, ohne überhaupt zu denken, und verbreiten ein paar eingelernte Phrasen, die ihnen den Zutritt zu gewissen Salons öffnen.

So kosten sie die Wonnen, nichts zu sein als ein leeres Gerede und den Kopf von einer ungeheuren Phrase angefüllt zu haben, die ihnen um so mehr imponiert, als sie nicht von ihnen stammt.

Hier dient der Antisemitismus nur als Rechtfertigung. Die Hohlheit dieser Leute ist übrigens derart, daß sie bereitwilligst diese Form der Rechtfertigung gegen jedwede andere eintauschen würden, vorausgesetzt, daß sie »vornehm« ist. Denn der Antisemitismus ist, wie alle Äußerungen einer Massenpsychose, die ein verborgenes und konservatives Frankreich gründen will, »vornehm«.

Alle diese Hohlköpfe glauben, daß sie, wenn sie um die Wette schreien, der Jude sei ein Landesschädling, einen Einweihungsritus vollführen, durch den sie zu den gesellschaftlichen Kraft- und Wärmequellen zugelassen werden.

In diesem Sinn hat der Antisemitismus etwas vom Menschenopfer beibehalten. Er bietet überdies diesen Leuten, die ihre tiefe innere Haltlosigkeit kennen und die sich langweilen, einen entscheidenden Vorteil. Sie können sich so den Anschein der Leidenschaft geben, und da es seit der Romantik üblich ist, Leidenschaft mit Persönlichkeit zu verwechseln, so kommen diese Antisemiten zweiter Hand billig zu einer Kampfnatur.

Einer meiner Freunde sprach mit mir in diesem Zusammenhang oft von einem alten Vetter, der öfters bei ihnen speiste und von dem man mit einem gewissen Stolz sagte: »Jules kann die Engländer nicht leiden.« Mein Freund erinnert sich nicht, daß man je etwas anderes über ihn gesagt hätte. Aber das genügte. Zwischen Jules und seiner Familie bestand ein heimliches Abkommen, man vermied es ostentativ, von den Engländern zu sprechen, und diese Vorsichtsmaßnahme umgab ihn in den Augen seiner Nächsten mit einem Schein von Leben und gab ihnen gleichzeitig das angenehme Gefühl, an einer rituellen Handlung teilzunehmen. Und manchmal, unter gewissen, sorgsam ausgewählten Umständen, warf jemand nach langer Überlegung wie unversehens eine Bemerkung über Großbritannien oder seine Kolonien ins Gespräch. Da mimte dann der Vetter Jules einen großen Wutanfall, und für einen kurzen Augenblick fühlte er sich leben, und alles war zufrieden.

Viele sind in der Art Antisemiten, wie Vetter Jules Anglophobe, und wohlgemerkt geben sie sich keinerlei Rechenschaft über die wahre Bedeutung ihrer Haltung.

Nichts als Widerscheine, schwankende Rohre im Wind, hätten sie den Antisemitismus bestimmt nicht erfunden, wenn es keine bewußten Antisemiten gäbe.

Aber sie sind es, die gleichmütig dafür sorgen, daß der Antisemitismus nicht ausstirbt, sondern sich von Generation zu Generation fortpflanzt.

Nun können wir den Antisemiten verstehen. Er ist ein Mensch, der Angst hat. Nicht vor den Juden, vor sich selbst, vor seiner Willensfreiheit, seinen Instinkten, seiner Verantwortung, vor der Einsamkeit und vor jedweder Veränderung, vor der Welt und den Menschen, vor allem — außer vor den Juden. Er ist ein uneingestandener Feigling, ein Mörder, der seine Mordsucht verdrängt und kennt, ohne sie zügeln zu können, und der es doch nur wagt, bildlich oder im Anonymat der großen Masse zu töten, ein Unzufriedener, der aus Angst vor den Folgen seiner Auflehnung es nicht wagt, sich aufzulehnen.

Wenn er sich zum Antisemitismus bekennt, so nimmt er nicht einfach eine Meinung an, sondern begeht einen Akt der Selbstbestimmung. Er wählt für sein Ich die Undurchdringlichkeit des Felsens, die völlige Unverantwortlichkeit des Soldaten, der seinen Vorgesetzten gehorcht; er aber hat keinen Vorgesetzten.

Er will nichts erwerben, nichts verdienen, sondern alles in der Wiege vorfinden — aber er ist nicht von Adel.

Das Gute soll für ihn fix und fertig, über jeden Zweifel erhaben, unantastbar sein, er wagt nicht, zu ihm aufzublicken, aus Angst, es am Ende bestreiten und nach einem anderen Guten forschen zu müssen.

Der Jude dient hier nur als Vorwand; anderswo bedient man sich des Negers oder des Gelben. Seine Existenz ermöglicht es einfach dem Antisemiten, seine Ängste im Keim zu ersticken, indem er sich davon überzeugt, daß ihm sein Platz an der Sonne von jeher reserviert war, daß er auf ihn wartete, und daß er das angestammte Recht hat, ihn einzunehmen.

Der Antisemitismus ist, kurz gesagt, die Angst, Mensch zu sein. Der Antisemit will ein unerbittlicher Felsen, ein reißender Sturzbach, ein verheerender Blitz – alles, nur kein Mensch sein.

II

Trotz alledem haben die Juden einen Freund – den Demokraten. Aber er ist ein armseliger Verteidiger. Wohl verkündet er, daß alle Menschen die gleichen Rechte haben, ja er hat die Liga der Menschenrechte geschaffen, jedoch seine eigenen Erklärungen verraten die Schwäche seiner Position.

Er hat sich im 18. Jahrhundert ein für allemal dem analytischen Geist verschrieben, er ist blind für die synthetischen Gebilde der Geschichte. Er kennt weder den Juden noch den Araber noch den Neger noch den Bourgeois oder den Arbeiter. Er kennt nur den Menschen, der sich immer und überall gleich bleibt.

Er löst alle Gemeinschaften in ihre Elemente auf. Ein Körper ist für ihn eine Summe von Molekülen und eine Gesellschaft eine Summe von Individuen. Und unter Individuum versteht er eine eigenartige Verkörperung allgemeiner Züge der menschlichen Natur.

So reden der Antisemit und der Demokrat ewig aneinander vorbei, ohne sich je zu verstehen und ohne zu bemerken, daß sie nicht von der gleichen Sache sprechen.

Wenn der Antisemit dem Juden seinen Geiz vorwirft, so wird der Demokrat erwidern, daß er Juden kennt, die nicht geizig sind. Aber der Antisemit ist nicht so leicht zu überzeugen; was er sagen wollte, ist, daß es einen jüdischen Geiz gibt, das heißt einen Geiz, der von jener synthetischen Einheit beeinflußt ist, die die jüdische »Persönlichkeit« ist. Er wird ruhig zugeben, daß es geizige Christen gibt, denn für ihn sind der jüdische und der christliche Geiz grundverschieden. Für den Demokraten hingegen ist der Geiz eine allgemeine, unveränderliche Eigenschaft, die sich den Gesamtzügen des Individuums hinzugesellen kann und die unter allen Umständen immer gleich bleibt. Es gibt nicht zwei verschiedene Arten, geizig zu sein, man ist es, oder man ist es nicht.

So übersieht der Demokrat wie der Wissenschaftler den Einzelmenschen, denn das Individuum ist für ihn nur die Summe allgemeiner Eigenschaften. Daraus folgt, daß seine Verteidigung des Juden den Juden als Menschen rettet und als Juden vernichtet.

Im Gegensatz zum Antisemiten hat der Demokrat keine Angst vor sich selbst. Was er fürchtet, sind die großen Massenformationen, in denen er Gefahr läuft, sich zu verlieren. So hat er sich zum analytischen Geist bekannt, weil der analytische Geist diese synthetischen Gebilde »nicht sieht«.

Von diesem Gesichtspunkt aus fürchtet er das Erwachen eines »jüdischen Bewußtseins« beim Juden, das heißt ein Bewußtsein der israelitischen Gemeinschaft, so wie er beim Arbeiter das Erwachen des »Klassenbewußtsein« fürchtet. Er will die Individuen davon überzeugen, daß sie jedes für sich allein bestehen. »Es gibt keine Juden«, sagt er, »also gibt es keine Judenfrage.« Das bedeutet, daß er den Juden von seiner Religion, seiner Familie, seinem Volk losreißen möchte, um ihn in den demokratischen Schmelztiegel zu werfen, aus dem er nackt und einsam als einzelstehendes, individuelles Teilchen, allen anderen Teilchen gleich, herauskommen wird: Das nannte man in den Vereinigten Staaten die Assimilationspolitik.

Die Einwanderungsgesetze haben den Bankrott dieser Politik verzeichnet und, genaugenommen, auch den Bankrott des demokratischen Standpunktes.

Wie sollte es auch anders sein? Für einen selbstbewußten und aufrechten Juden, der auf seiner Zugehörigkeit zur jüdischen Gemeinschaft besteht, ohne deshalb die Bande zu verkennen, die ihn mit einer nationalen Gemeinschaft verknüpfen, ist zwischen einem Antisemiten und einem Demokraten kein so großer Unterschied.

Dieser will ihn als Menschen vernichten, um nur den Juden, den Paria, den Unberührbaren bestehen zu lassen, jener will ihn als Juden vernichten, um ihn als Menschen zu erhalten, als allgemeines abstraktes Subjekt der Menschen- und Bürgerrechte.

Auch der liberalste Demokrat ist nicht frei von Antisemitismus. Er ist dem Juden insoweit feindlich gesinnt, als dieser es wagt, sich als Jude zu fühlen. Diese Feindseligkeit äußert sich in einer Art nachsichtiger, belustigter Ironie, so wie wenn er von einem jüdischen Freund, dessen jüdische Herkunft leicht erkennbar ist, sagt: »Er ist doch ›zu‹ jüdisch«, oder wenn er erklärt: »Das einzige, was ich den Juden vorwerfe, ist ihr Herdensinn, wenn man einen in ein Geschäft hineinnimmt, wird er zehn andere mitschleppen.«

Während der Besetzung waren die Demokraten über die antisemitischen Verfolgungen tief empört, aber von Zeit zu Zeit seufzten sie: »Die Juden werden mit einer derartigen Frechheit und Rachsucht aus dem Exil zurückkommen, daß ich ein Wiederaufleben des Antisemitismus befürchte.«

In Wirklichkeit fürchtete er, die Verfolgungen könnten den Juden schärfer zum Bewußtsein bringen, Juden zu sein.

Der Antisemit wirft dem Juden vor, Jude zu sein; der Demokrat wirft ihm mit Vorliebe vor, sich als Jude »zu betrachten«.

Zwischen seinem Gegner und seinem Verteidiger ist der Jude übel daran. Mir scheint, dem Juden bleibt nur die Wahl, gekocht oder gebraten zu werden.

Nun ziemt es sich, unsererseits die Frage zu stellen: Existiert der Jude, und wenn, was ist er? Zuerst Jude oder zuerst Mensch? Liegt die Lösung des Problems in der Ausrottung aller Juden oder in ihrer völligen Assimilation? Oder gibt es nicht eine andere Art der Fragestellung und eine andere Art der Lösung?

III

Wir stimmen in einem Punkt mit dem Antisemiten überein. Wir glauben nicht an die menschliche »Natur«, wir betrachten eine Gesellschaft nicht als Summe isolierter oder isolierbarer Moleküle. Wir glauben, daß man die biologischen, psychischen und sozialen Phänomene in synthetischem Geist betrachten soll. Jedoch wir sind anderer Ansicht in bezug auf die Anwendungsform dieser synthetischen Betrachtungsweise.

Wir anerkennen kein jüdisches »Prinzip«, und wir sind keine Manichäer, wir glauben auch nicht, daß der »echte« Franzose aus der Erfahrung oder der Überlieferung seiner Ahnen so leicht Nutzen zieht. Wir bleiben betreffs der Vererbung psychischer Eigenschaften äußerst skeptisch, und wir verwenden die ethnologischen Begriffe nur dort, wo sie wissenschaftlich nachgewiesen wurden, das heißt in der Biologie und in der Pathologie. Für uns ist der Mensch vor allem ein durch seine »Situation« bestimmtes Wesen. Das bedeutet, daß er mit seiner biologischen, wirtschaftlichen, politischen, kulturellen usw. Situation ein synthetisches Ganzes bildet. Man muß bei der Beurteilung des Menschen seine Situation in Betracht ziehen, denn sie bestimmt seine Möglichkeiten und sie formt ihn, aber umgekehrt ist er es, der ihr ihren Sinn gibt, so wie er sich zu ihr verhält.

In einer bestimmten Situation sein, heißt nach uns, diese Situation »gewählt« haben, und die Menschen unterscheiden sich, je nach ihren Situationen und je nachdem sie sich zu ihnen verhalten. Das allen Gemeinsame ist nicht eine bestimmte Wesensart, sondern bestimmte Lebensbedingungen, das heißt eine Summe von Schranken und Imperativen: der Zwang zu sterben, der Zwang zu arbeiten, um zu leben, der Zwang, in einer Welt zu leben, die schon von anderen Menschen bewohnt ist.

Und diese Bedingungen sind im Grunde nichts anderes als die menschliche Lage an sich, oder, wenn man es vorzieht, die Summe der allen Situationen gemeinsam abstrakten Merkmale.

Ich gebe also dem Demokraten zu, daß der Jude ein Mensch wie alle anderen ist, aber das lehrt mich nichts Besonderes, außer daß er frei und zugleich gebunden ist, daß er geboren wird, genießt, leidet und stirbt, liebt und haßt wie alle Menschen. Ich kann aus diesen zu allgemeinen Angaben nichts anderes entnehmen.

Wenn ich wissen will, »wer« der Jude ist, so muß ich, da er ein Wesen in einer bestimmten Situation ist, erst seine Situation näher betrachten. Ich bemerke, daß ich meine Schilderung auf die französischen Juden beschränke, denn unser Problem ist das der französischen Juden.

Ich leugne nicht, daß es eine jüdische Rasse gibt. Aber wir müssen uns recht verstehen. Wenn man unter Rasse jenes undefinierbare Sammelsurium versteht, in das man kunterbunt die somatischen, moralischen und geistigen Eigenschaften hineinwirft, glaube ich nicht mehr daran, als an das Tischrücken. Was ich faute de mieux ethnologische Eigenschaften nennen möchte, sind gewisse ererbte körperliche Formen, die man häufiger bei Juden als bei Nichtjuden beobachtet.

Aber auch da geziemt es sich, vorsichtig zu sein und eher von jüdischen Rassen zu sprechen. Bekanntlich sind nicht alle Semiten Juden, und das erschwert das Problem; es ist bekannt, daß gewisse blonde russische Juden einem ostpreußischen Arier näherstehen als einem kraushaarigen algerischen Juden.

In Wirklichkeit hat jedes Land seine Juden, und unsere Vorstellung des Israeliten entspricht nicht der unserer Nachbarn.

Als ich zu Beginn des Naziregimes in Berlin lebte, hatte ich zwei französische Freunde, einen Juden und einen Nichtjuden. Der Jude vertrat einen »ausgesprochenen semitischen Typus«. Er hatte eine gebogene Nase, abstehende Ohren und dicke Lippen. Ein Franzose hätte ihn auf den ersten Blick als Juden erkannt; aber weil er blond, hager und phlegmatisch war, bemerkten die Deutschen nichts. Es unterhielt ihn, ab und zu mit SS-Leuten auszugehen, die keine Ahnung von seiner Rasse hatten. Einer von ihnen sagte ihm einmal: »Ich kann einen Juden auf hundert Meter erkennen.« Mein anderer Freund dagegen, ein Korse aus einer alten katholischen Familie, hatte schwarzes, leicht gekraustes Haar, die Nase der Bourbonen, einen blassen Teint und war klein und dick. Die Gassenjungen warfen Steine nach ihm und schrien: »Jud', Jud'!« weil er einem gewissen orientalisch-jüdischen Typus ähnelte, der der landläufigen deutschen Vorstellung vom Juden entspricht.

Aber wie dem auch sei, und sogar angenommen, daß alle Juden gewisse gemeinsame körperliche Züge haben, so kann man, außer durch die haltlosesten Vergleiche, nicht schließen, daß sie die gleichen Charakterzüge haben. Mehr noch, die feststellbaren physischen Kennzeichen des Semiten sind voneinander unabhängig und trennbar. Ich kann ein solches Merkmal, wann immer, vereinzelt bei einem Arier wiederfinden. Werde ich daraus schließen, daß besagter Arier auch jene bestimmte psychische Eigenschaft hat, die man gewöhnlich den Juden zuschreibt? Gewiß nicht; aber dann fällt die ganze Rassentheorie in sich zusammen. Sie geht von der Annahme aus, der Jude sei ein unteilbares Ganzes, und ungeachtet dessen macht man aus ihm ein Mosaik, wo jedes Element ein Steinchen ist, das man beliebig herausnehmen und einer anderen Gesamtheit einfügen kann.

Wir können weder vom Physischen auf das Psychische schließen noch einen psycho-physiologischen Parallelismus vertreten. Wenn man sagt, daß man die »Gesamtheit« der somatischen Züge in Betracht ziehen muß, so erwidere ich:

Entweder ist diese Gesamtheit die Summe der ethnologischen Züge, so kann diese Summe keineswegs das Äquivalent einer vollen psychischen Synthese darstellen, nicht mehr, als eine Gruppe Gehirnzellen einem Gedanken entspricht, oder man versteht, wenn man vom physischen Aussehen der Juden spricht, die Verschmelzung ihrer körperlichen und geistigen Eigenschaften zu einem Ganzen, das man nur intuitiv erfassen kann.

In diesem Fall kann es tatsächlich eine »Gestalt« im Sinne Kohlers geben, und das meinen die Antisemiten, wenn sie behaupten, einen Juden »riechen« zu können, eine besondere »Witterung« für die Juden zu haben usw... Nur ist es unmöglich, die körperlichen Elemente gesondert von den psychischen Bedeutungen, die sich ihnen beimengen, zu betrachten.

Hier sehen Sie einen Juden, der auf seiner Türschwelle in der Rue des Rosiers sitzt. Ich erkenne ihn auf den ersten Blick als Juden. Er hat einen schwarzen Krausbart, eine leicht gebogene Nase, abstehende Ohren, Eisenbrille, einen steifen Hut, der ihm bis an die Augen reicht, schwarze Kleider, hastige, nervöse Gesten und ein seltsam schmerzliches, gütiges Lächeln.

Wie soll man da das Körperliche und das Moralische auseinanderhalten? Sein Bart ist schwarz und kraus; das ist ein körperliches Merkmal. Aber was mich vor allem wundernimmt, ist, daß er ihn wachsen läßt; dadurch drückt er seine Zugehörigkeit zu den Überlieferungen der jüdischen Gemeinschaft aus, er kennzeichnet sich als von Polen kommend und als einer ersten Generation von Emigranten angehörig. Ist sein Sohn weniger Jude, weil er sich den Bart abgenommen hat? Andere Züge, wie die Form der Nase, die abstehenden Ohren, sind rein anatomisch und andere wieder rein geistig und sozial, wie die Wahl der Kleidung und der Brillen, das Mienenspiel und die Gesten.

Was kennzeichnet ihn für mich als Juden, wenn nicht dieses unteilbare Ganze, wo Geistiges, Körperliches, Religiöses, Gesellschaftliches und Persönliches ineinandergreifen; wenn nicht diese lebende Synthese, die gewiß nicht vererbt sein kann und die im Grunde mit seiner »Person« als Ganzes identisch ist?

Wir betrachten also die körperlichen und ererbten Züge des Juden als einen der Faktoren seiner Situation und nicht als eine Grundbedingung seiner Natur.

Da wir den Juden nicht durch seine Rasse definieren können, müssen wir ihn durch seinen Glauben oder durch seine Zugehörigkeit zu seiner streng jüdischen nationalen Gemeinschaft definieren? Hier wird das Problem komplizierter.

Gewiß gab es in längst vergangenen Zeiten eine religiöse und nationale Gemeinschaft, Israel benannt. Aber die Geschichte dieser Gemeinschaft ist die einer zweieinhalb Jahrtausende währenden Auflösung. Sie verlor zuerst ihre Souveränität, es folgte die babylonische Gefangenschaft, sodann die Perserherrschaft und zuletzt die Eroberung durch Rom.

Man muß darin nicht die Auswirkung eines Fluches sehen, es sei denn, daß es geographische Verwünschungen gibt. Die Lage Palästinas, am Schnittpunkt aller antiken Handelswege, eingeklemmt zwischen mächtigen Reichen, erklärt zur Genüge diesen langsamen Enteignungsprozeß. Das religiöse Band zwischen den Juden der Diaspora und denen, die auf dem Boden der Heimat geblieben waren, verstärkte sich. Es nahm Sinn und Wert eines nationalen Bandes an. Aber diese »Übertragung« ergab begreiflicherweise eine Vergeistigung der gemeinsamen Bande, und Vergeistigung bedeutet trotz allem Schwächung. Bald darauf kam übrigens die Spaltung durch das Christentum.

Das Erscheinen dieses neuen Glaubens beschwor eine große Krise im Judentum herauf und schuf einen scharfen Gegensatz zwischen den ausgewanderten Juden und den Juden Judäas. Angesichts der »starken Macht«, die das Christentum gleich von Anbeginn an war, erschien der mosaische Glaube sofort wie ein schwächliches, in Auflösung begriffenes Gebilde. Er erhielt sich nur durch eine komplizierte Politik der Zugeständnisse und des Starrsinns. Er widersteht den großen Verfolgungen und der Zerstreuung der Juden im Mittelalter, aber er widersteht weit weniger den Fortschritten der Aufklärung und des kritischen Geistes.

Die Juden unserer Umgebung haben zu ihrem Glauben nurmehr zeremonielle und Höflichkeitsbeziehungen. Ich frug einen meiner Freunde, warum er seinen Sohn habe beschneiden lassen. Er erwiderte: »Weil es meiner Mutter Freude machte und weil es sauberer ist.« — »Aber warum legte Ihre Mutter Wert darauf?« — »Wegen ihrer Freunde und Nachbarn.«

Ich fühle, daß diese allzu nüchternen Erklärungen ein dumpfes und tiefes Bedürfnis verhüllen, sich an Überlieferungen zu klammern und mangels einer nationalen Vergangenheit in einer Vergangenheit der Riten und Gebräuche Wurzel zu fassen. Aber gerade die Religion ist hier nur ein symbolisches Mittel.

Sie konnte wenigstens in Westeuropa den vereinten Angriffen des Rationalismus und des christlichen Geistes nicht widerstehen. Die atheistischen Juden, die ich befragte, gaben zu, daß ihr innerer Disput über die Existenz Gottes mit dem christlichen Glauben geführt wird. Die Religion, die sie angreifen und von der sie sich losmachen wollen, ist das Christentum. Ihr Atheismus unterscheidet sich in nichts von dem eines Roger Martin du Gard, der sagt, daß er sich vom katholischen Glauben »loslösen« will. Sie sind keinen Augenblick lang Atheisten »gegen den Talmud«, und der Priester ist für sie alle der Pfarrer und nicht der Rabbiner.

Demnach sind die Gegebenheiten des Problems folgende: Eine historische Gemeinschaft ist zuerst national und religiös, aber die jüdische Gemeinschaft, die sowohl das eine wie das andere war, büßte nach und nach ihre konkreten Eigenschaften ein. Man kann sie mit Recht als abstrakte historische Gemeinschaft bezeichnen.

Ihre Zerstreuung bedeutete die Auflösung der gemeinsamen Überlieferungen und, wie wir schon bemerkten, die zwei Jahrtausende lange Wanderschaft und politische Ohnmacht versagten ihr eine historische Vergangenheit.

Wenn es, nach Hegel, zutrifft, daß eine Gemeinschaft in dem Maße historisch ist, als sie sich ihrer Geschichte erinnert, so ist die jüdische Gemeinschaft die unhistorischste, denn sie kann sich nur eines langen Martyriums erinnern, das heißt einer langen Passivität.

Was aber ist es, das der jüdischen Gemeinschaft einen Schein von Einigkeit bewahrt? Um diese Frage zu beantworten, müssen wir auf den Begriff der »Situation« zurückkommen. Nicht ihre Vergangenheit, nicht ihr Glaube, nicht ihre Erde vereinen die Söhne Israels. Aber wenn sie ein gemeinsames Band haben und wenn alle den Namen Jude verdienen, so weil sich alle in der gleichen spezifisch jüdischen Situation befinden, das heißt, sie leben in einer Gesellschaft, die sie als Juden betrachtet. Kurz gesagt, der Jude ist von allen modernen Nationen völlig assimilierbar, aber man kann ihn als denjenigen definieren, den die Nationen nicht assimilieren wollen.

Von Urbeginn lastet auf ihm die Ermordung Christi[1]. Hat man je die unerträgliche Situation der Menschen bedacht, die verurteilt sind, inmitten einer Gesellschaft zu leben, die den Gott anbetet, den sie angeblich getötet haben? Ursprünglich ist der Jude somit Mörder oder Nachkomme von Mördern, was strenggenommen das gleiche bedeutet in einer Gesellschaft, deren Auffassung von Verantwortung prälogisch ist, und als solcher ist er verfemt.

Das erklärt gewiß nicht den modernen Antisemitismus, aber der Antisemit hat den Juden als Haßobjekt gewählt wegen der religiösen Abscheu, die er stets einflößte.

Dieser Abscheu hatte ein merkwürdiges wirtschaftliches Phänomen zur Folge, und zwar: Wenn die Kirche im Mittelalter die Juden duldete, anstatt sie mit Gewalt zu assimilieren oder auszurotten, so nur deshalb, weil sie eine wirtschaftliche Funktion erster Ordnung erfüllten.

Verflucht, übten sie ein verfluchtes, aber unentbehrliches Gewerbe aus. Da sie weder Grund und Boden besitzen noch im Heer dienen durften, trieben sie Geldhandel, womit ein Christ nicht in Berührung kommen durfte, ohne sich zu beschmutzen.

1 Vermerken wir hier gleich, daß es sich um eine von der christlichen Propaganda der Diaspora geschaffene Legende handelt. Es ist bekannt, daß die Kreuzigung eine römische Form der Todesstrafe war und daß Christus als politischer Aufrührer von den Römern hingerichtet wurde.

So verdoppelte sich der ursprüngliche Fluch bald durch einen wirtschaftlichen Fluch, und vor allem dieser ist an ihnen haftengeblieben.

Man wirft den Juden heute vor, unproduktive Gewerbe zu treiben, ohne zu bedenken, daß ihre anscheinende Autonomie inmitten der Nation daher stammt, daß man sie anfangs in diese Gewerbe trieb, während man ihnen alle anderen untersagte.

Es ist demnach keine Übertreibung, zu sagen, daß die Christen den Juden *erschaffen* haben, indem sie seine Assimilation jäh unterbrochen haben und indem sie ihm gegen seinen Willen eine Funktion aufgezwungen haben, in der er sich seitdem ausgezeichnet hat.

Aber auch in diesem Fall handelt es sich nur um eine Erinnerung, denn die Differenzierung der wirtschaftlichen Funktionen ist heute derart, daß man den Juden kein bestimmtes Betätigungsfeld mehr zuschreiben kann. Man kann höchstens feststellen, daß ihr langwährender Ausschluß von gewissen Gewerben sie von deren Ausübung ablenkte, als die Gelegenheit dazu sich ergab. Aber die modernen Gesellschaften haben diese Erinnerung verwertet und sie zum Vorwand und zur Grundlage ihres Antisemitismus gemacht.

Wenn man also wissen will, was der heutige Jude ist, so muß man das christliche Gewissen befragen. Man darf nicht fragen: »Was ist ein Jude?« sondern: *»Was hast du aus den Juden gemacht?«*

Der Jude ist der Mensch, den die anderen als solchen betrachten. Das ist die schlichte Wahrheit, von der man ausgehen muß. In diesem Sinn hat der Demokrat dem Antisemiten gegenüber recht. Der Antisemit *macht* den Juden. Aber man würde fehlgehen, dieses Mißtrauen, diese Neugier, diese verkappte Feindseligkeit, die den Israeliten überall begegnet, auf die sporadischen Ausschreitungen vereinzelter Fanatiker zu reduzieren.

Wie wir gesehen haben, ist der Antisemitismus vor allem der Ausdruck einer primitiven, blinden, verschwommenen Gesellschaft, die in latentem Zustand im Rechtsstaat fortbesteht. Man darf daher nicht glauben, daß eine großmütige Geste, ein paar gute Worte, ein Federstrich genügen, ihn abzuschaffen. Es ist, als würde man glauben, der Krieg sei abgeschafft, weil man seine Folgen in einem Buch gebrandmarkt hat.

Der Jude weiß die ihm dargebrachte Sympathie zu schätzen, aber dessenungeachtet sieht er den Antisemitismus als integrierenden Bestandteil des Staates, in dem er lebt. Er weiß auch sehr wohl, daß die Demokraten und alle seine Verteidiger die Tendenz haben, den Antisemitismus zu schonen. Erstens leben wir tatsächlich in einer Republik, und es herrscht Meinungsfreiheit, zweitens übt der Mythos der geheiligten Union (»Union Sacrée«) auf die Franzosen noch eine derartige Wirkung aus, daß sie, insbesondere zu Zeiten internationaler Krisen, zu den größten Konzessionen bereit sind, Zeiten, in denen wohlgemerkt auch der Antisemitismus am verheerendsten ist.

Natürlich ist es der gutwillige und naive Demokrat, der alle Konzessionen macht, der Antisemit macht überhaupt keine. Er genießt die Vorteile des Fanatikers. »Reizen wir ihn nicht«, sagt man und wagt es nicht, in seiner Umgebung laut zu sprechen.

Im Jahre 1940 zum Beispiel scharten sich viele Franzosen um die Regierung Pétain, die mit den bekannten Hintergedanken die Union predigte. In der Folge ergriff diese Regierung antisemitische Maßnahmen. Die »Pétainisten« protestierten nicht. Sie fühlten sich in ihrer Haut nicht wohl, aber was soll man machen? Wenn Frankreich um den Preis einiger Opfer gerettet werden kann, war es da nicht besser, die Augen zuzudrücken? Sie waren nicht antisemitisch — o nein —, sie sprachen sogar mit den Juden, denen sie begegneten, voll höflicher Teilnahme. Aber wie sollten diese Juden nicht fühlen, daß man ihr Los dem Trugbild eines geeinten und patriarchalischen Frankreich opferte? Heute kehren jene zurück, die die Deutschen nicht verschleppt oder ermordet haben[1]. Viele waren von der ersten Stunde an »Résistants«, andere haben einen Sohn, einen Vetter in der Armee Leclerc. Ganz Frankreich jubelt, in den Straßen verbrüdert man sich, der Klassenkampf scheint für den Augenblick vergessen, die Zeitungen widmen ganze Spalten den Kriegsgefangenen und Deportierten.

Wird man auch von den Juden sprechen? Wird man die Heimkehr der Geretteten feiern? Wird man jener gedenken, die in den Gaskammern von Lublin den Tod fanden? Kein Wort, keine Zeile in den Tagesblättern! Weil man die Antisemiten nicht reizen darf. Mehr denn je braucht Frankreich die Einigkeit. Die wohlmeinenden Journalisten sagen: »Im eigenen Interesse der Juden darf man jetzt nicht zuviel von ihnen sprechen. Die französische Gesellschaft hat vier Jahre lang ohne sie gelebt, es ist besser, ihr Wiedererscheinen nicht zu sehr zu betonen.«

Glaubt ihr denn, daß die Juden sich über die Situation keine Rechenschaft geben? Glaubt ihr, daß sie die Gründe dieses Schweigens nicht verstehen? Manche von ihnen billigen es und sagen: »Je weniger man von uns spricht, um so besser.«

Kann ein selbstbewußter Franzose, der seines Glaubens, seiner Rasse sicher ist, den Seelenzustand erfassen, aus dem ein solcher Ausspruch kommt? Seht ihr nicht, daß man jahrelang im eigenen Land Feind-

1 Geschrieben Oktober 1944.

seligkeit, stets waches Übelwollen, eine Gleichgültigkeit, die stets bereit ist, sich in Gehässigkeit zu verwandeln, erduldet haben muß, um zu dieser Weisheit der Entsagung, zu dieser Vertuschungspolitik zu gelangen? Sie sind also heimlich zurückgekehrt, und ihre Freude, befreit zu sein, hat sich nicht mit der Freude der Nation vermengt. Ich hatte in den »Lettres Françaises«, ohne weiter darüber nachzudenken, einen nichtssagenden Satz zur vollständigen Aufzählung über die Leiden der Kriegsgefangenen, der Deportierten, der politischen Gefangenen und auch der Juden geschrieben.

Einige Juden haben mir in rührender Weise gedankt. In welcher Vereinsamung mußten sie sich gefühlt haben, um einem Autor zu danken, der einfach das *Wort* Jude in einem Artikel erwähnt hatte?

Somit befindet der Jude sich in der Situation des Juden, weil er inmitten einer Gesellschaft lebt, die ihn als Juden betrachtet.

Er hat fanatische Feinde und laue Verteidiger. Der Demokrat macht aus seiner Mäßigung einen Beruf, er tadelt und ermahnt, während man die Tempel anzündet. Er ist tolerant aus Überzeugung, bis zum Snobismus, und erstreckt seine Toleranz sogar auf die Feinde der Demokratie. Es war in der Linken geradezu Mode, Maurras für ein Genie zu halten.

Er hat ein gewisses Verständnis für den Antisemiten, denn er ist von allem wie fasziniert, was auf seinen Untergang sinnt. Und vielleicht sehnt er sich im Grunde nach der Gewalt, die er sich versagt.

Und vor allem ist es ein Spiel mit ungleichen Kräften. Um die Sache der Juden mit etwas mehr Wärme zu verteidigen, müßte der Demokrat selbst auch Manichäer sein und den Juden für das Prinzip des Guten halten. Aber wie wäre das möglich? Der Demokrat ist ja nicht verrückt. Er macht sich zum Anwalt der Juden, weil er in ihnen einen Teil der Menschheit sieht; aber die Menschheit hat noch andere Teile, die er ebenso verteidigen muß; er befaßt sich mit den Juden, wenn er dazu Muße hat. Der Antisemit hat nur einen Feind, und auf den kann er sich ganz konzentrieren, und der Antisemit gibt den Ton an. Heftig angegriffen und schwächlich verteidigt, fühlt der Jude sich in einer Gesellschaft gefährdet, deren ständige Versuchung der Antisemitismus ist.

Das muß für uns der Ausgangspunkt näherer Betrachtungen sein. Die Mehrzahl der französischen Juden rekrutiert sich aus dem kleineren oder größeren Bürgertum. Sie üben größtenteils Gewerbe aus, die ich Gewerbe des »guten Rufes« nennen möchte, in dem Sinne, daß der Erfolg nicht von der persönlichen handwerklichen Geschicklichkeit abhängt, sondern von der Meinung der anderen über einen selbst. Ob man Anwalt oder Kleiderhändler ist, die Kundschaft kommt, wenn man gefällt. Daraus folgt, daß die besagten Gewerbe voller Zeremonien sind. Man muß verführen, schmeicheln, das Vertrauen gewinnen, die Tadellosigkeit der Kleidung, die äußere Würde gehören mit zu den tausend kleinen Tänzen, die man wohl oder übel aufführen muß, um die Kundschaft anzulocken.

Somit zählt vor allem der gute Ruf. Man *mach*t sich einen guten Ruf, und man lebt von ihm. Das bedeutet, daß man im Grunde in völliger Abhängigkeit von den anderen Menschen ist; im Gegensatz zum Landwirt, der vor allem mit seinem Boden zu tun hat, oder dem Arbeiter, der vor allem mit seiner Materie zu tun hat. Dadurch gerät der Jude in eine widersinnige Situation. Es steht ihm frei, sich wie jeder andere und mit den gleichen Mitteln einen guten Ruf zu erwerben, dieser aber überschneidet sich mit einem vorangehenden Ruf, den er sogleich bekam und den er, was immer er auch tun mag, nicht abstreifen kann – dem Ruf, Jude zu sein.

Ein jüdischer Arbeiter in seinem Bergwerk, auf seinem Wägelchen, in seiner Gießerei wird vergessen, daß er Jude ist. Ein jüdischer Kaufmann kann es nicht vergessen. Wenn er die tätigen Beweise seiner Selbstlosigkeit und seiner Ehrlichkeit vertausendfacht, wird man ihn vielleicht einen *guten* Juden nennen. Aber Jude ist und bleibt er.

Wenn man ihn ehrlich oder unehrlich nennt, weiß er zumindest, woran es liegt, und kann sich der Handlungen entsinnen, denen er diese Benennungen verdankt. Aber wenn man ihn Jude nennt, so verhält es sich ganz anders, es handelt sich in diesem Fall nicht um einen besonderen Umstand, sondern um eine bestimmte *Allure*, die all seinem Tun und Lassen anhaftet. Man hat ihm eingetrichtert, daß ein Jude jüdisch denkt, schläft, trinkt und ißt, auf jüdische Art ehrlich oder unehrlich ist. Wie er sich auch prüfen mag, er kann diese Allure in seinen Handlungen nicht entdecken.

Sind wir uns unserer Lebensform bewußt? Wir sind zu sehr mit uns selbst verwachsen, um uns objektiv zu betrachten. Aber im Leben des Juden taucht eines schönen Tages das Wörtchen »Jude« auf und verschwindet nie wieder. Manche Kinder wehren sich schon im ersten Schuljahr, mit Faustschlägen, wenn die Kameraden sie »Judenfratzen« nennen. Andere hält man lange in Unkenntnis ihrer Rasse. In einer mir bekannten Familie kannte ein Mädchen bis zu seinem fünfzehnten Lebensjahr nicht den Sinn des Wortes Jude. Während der Besetzung erzog ein jüdischer Arzt aus Fontainebleau, der in seinem Haus eingesperrt lebte, seine Enkel, ohne ihnen ein Wort von ihrer Abstammung zu sagen.

Aber wie immer, müssen sie doch eines Tages die Wahrheit erfahren, manchmal durch das bedeutsame Lächeln der Umgebung, ein anderes Mal durch ein Gerücht oder durch Insulte. Je später die Entdeckung, desto schwerer der Schock; plötzlich bemerken sie, daß die anderen etwas von ihnen wußten, was sie nicht wußten, und daß man sie mit einem verdächtigen, unheimlichen Namen nennt, den man daheim nicht gebraucht.

Sie fühlen sich abseits, aus der Gesellschaft der Kinder ausgestoßen, die ruhig spielen und umherlaufen und die keinen *besonderen Namen* haben. Sie kommen nach Hause, sehen ihren Vater an und denken: »Ist er auch ein Jude?« Und der Respekt vor ihm ist vergiftet. Wie sollen sie nicht ihr Leben lang das Brandmal dieser ersten Offenbarung tragen? Man hat tausendfach die seelischen Störungen beschrieben, die in einem Kinde entstehen, wenn es plötzlich bemerkt, daß seine Eltern geschlechtlich miteinander verkehren, wie sollten bei dem kleinen Juden nicht die gleichen Störungen entstehen, wenn er heimlich seine Eltern betrachtet und denkt: »Es sind Juden!«

Dagegen sagt man ihm daheim, daß er stolz sein muß, Jude zu sein. Er weiß nicht mehr, was er glauben soll, und ist zwischen Demütigung, Furcht und Stolz hin- und hergerissen. Er weiß, daß er *abseits* steht, aber weiß nicht mehr warum, er ist nur einer Sache sicher, daß er in den Augen der anderen, was immer er auch tun mag, der Jude ist und bleibt.

Man war mit Recht über den widerwärtigen »gelben Stern« entrüstet, den die deutsche Regierung dem Juden aufzwang. Das Unerträglichste daran war, daß man mit Gewalt die Aufmerksamkeit auf ihn lenkte und ihn zwang, sich ständig unter den Augen der anderen als Jude zu fühlen. Das ging so weit, daß man mit allen Mitteln versuchte, diesen unglücklichen Gebrandmarkten aufrichtige Teilnahme darzubringen. Aber während wohlmeinende Leute begannen, vor den Juden, denen sie begegneten, tief den Hut zu ziehen, haben mir diese gesagt, daß ihnen diese Begrüßungen äußerst peinlich waren. Unter den tränenfeuchten, pathetischen Blicken fühlten sie sich zu *Objekten* werden. Objekten des Erbarmens, des Mitleids, soviel man will, aber zu Objekten.

Sie boten diesen tugendhaften Liberalen Gelegenheit zu einer großmütigen Geste, zu einer Liberalitätskundgebung, sie waren nur ein Anlaß, die Liberalen waren dem Juden gegenüber frei, völlig frei, ihm die Hand zu drücken oder ihm ins Gesicht zu spucken; sie entschieden sich, je nach ihrer Moral, je nach dem Weg, den sie für sich erwählt hatten. Der Jude war nicht frei, Jude zu sein oder nicht. Den stärksten

Geistern unter ihnen war die Geste des Hasses noch lieber als die des Wohlwollens, weil der Haß eine Leidenschaft ist und unbewußter erscheint, während das Wohlwollen von oben herab geübt wird. Das alles war uns so klar, daß wir zum Schluß die Augen abwandten, wenn wir einem Juden mit dem Stern begegneten. Wir fühlten uns bedrückt, geniert durch unsere eigenen Blicke, die ihn, wenn sie ihn trafen, trotz ihm und trotz uns, als Juden hinstellten. Der größtmögliche Freundschaftsdienst in diesem Fall war, scheinbar nichts zu wissen. Denn was immer wir auch taten, um zum *Menschen* vorzudringen, mußten wir notgedrungen immer dem *Juden* begegnen.

Wie konnten wir so blind sein, nicht zu sehen, daß die Naziverordnung nichts tat, als eine schon gegebene Situation auf die Spitze zu treiben, eine Situation, die uns übrigens vorher sehr gut gepaßt hatte.

Gewiß trug der Jude vor 1940 keinen Stern, aber sein Name, sein Gesicht, seine Gesten und tausend kleine Züge kennzeichnen ihn als Juden. Ob er in den Straßen spazierte, ein Caféhaus, ein Geschäft, einen Salon betrat, wußte er sich als Jude *gebrandmarkt*. Wenn jemand gar zu offenherzig und liebenswürdig auf ihn zukam, wußte er, daß er als *Objekt* einer Toleranzkundgebung diente, daß sein Bekannter ihn als Vorwand ausersehen hatte, um der Welt und sich selbst zu erklären: Ich bin nicht engherzig, ich habe einen weiten Horizont, ich bin kein Antisemit, ich kenne nur Menschen und keine Rassen.

Aber trotz allem dünkt der Jude sich in seinem Inneren den anderen gleichwertig. Er spricht ihre Sprache, er hat die gleichen Klasseninteressen und nationalen Interessen, er liest die gleichen Zeitungen, er wählt wie sie, er versteht und teilt ihre Ansichten. Aber man gibt ihm zu verstehen, daß dem nicht so ist, weil er eine »*jüdische Art*« hat zu sprechen, zu lesen, zu wählen. Wenn er Aufklärungen fordert, entwirft man ihm ein Bild seiner selbst, worin er sich nicht erkennt. Und doch ist es zweifellos das seine, da Millionen von Menschen es übereinstimmend für zutreffend erklären.

Was tun? Wir werden später sehen, daß die Wurzel der jüdischen Unrast der Zwang ist, sich ständig zu befragen und sich endlich diesem unbekannten und doch vertrauten, ungreifbaren und doch so nahen Phantom zu stellen, das ihn verfolgt und das nichts anderes ist als sein Spiegelbild in den Augen der anderen.

Man wird einwenden, daß dies für uns alle gilt, daß wir alle für unsere Umgebung einen ihr vertrauten Charakter haben, der uns entgeht. Gewiß, und das ist im Grunde nichts anderes als unsere Grundbeziehung zum Nächsten; aber der Jude hat wie wir einen Charakter und ist überdies noch Jude. Es handelt sich bei ihm gewissermaßen um eine Verdoppelung seiner Urbeziehung zum anderen. Er ist überdeterminiert.

Seine Situation wird in seinen Augen für ihn noch unverständlicher dadurch, daß er die vollen Bürgerrechte genießt, zumindest solange die Gesellschaft, in der er lebt, sich im Gleichgewicht befindet.

In Krisenzeiten ist sein Leid vertausendfacht, aber wenigstens kann er sich auflehnen und kann durch eine Dialektik, wie Hegel sie im »Herr und Diener« beschreibt, seine Freiheit gegen die Unterdrückung wiederfinden und seine verfluchte jüdische Natur verleugnen, indem er mit der Waffe in der Hand sich gegen jene wehrt, die sie ihm aufzwingen wollen. Aber gegen wen soll er sich auflehnen, wenn alles ruhig ist?

Sicherlich findet er sich mit der Gesellschaft, die ihn umgibt, ab, weil er mit von der Partie sein will und sich allen üblichen Zeremonien fügt. Er tanzt wie die anderen den Tanz der Ehrenhaftigkeit und Achtbarkeit, und überdies ist er ja niemandes Sklave, er ist freier Bürger eines Staates, der ihm freien Wettbewerb gewährt, keine gesellschaftliche Würde, kein Staatsamt ist ihm verwehrt, er bekommt die Ehrenlegion, wird großer Anwalt und Minister.

Aber im gleichen Augenblick, da er den Gipfel der legalen Gesellschaft erklommen hat, enthüllt sich ihm blitzartig eine andere, amorphe, diffuse und allgegenwärtige Gesellschaft, die ihn zurückstößt.

Er fühlt am eigenen Leib die Nichtigkeit der äußeren Würden und Glücksfälle, weil auch der größte Erfolg ihm nie den Zutritt zu jener Gesellschaft ermöglichen wird, die sich die *wahre* nennt. Als Minister wird er jüdischer Minister sein, Exzellenz und Paria zugleich.

Dabei begegnet er keinem besonderen Widerstand, aber alles scheint vor ihm zurückzuweichen, es entsteht eine Leere, ein hohler Graben, und vor allem entwertet ein unsichtbarer chemischer Vorgang alles, was er berührt.

Tatsächlich werden in der bürgerlichen Gesellschaft die Werte durch das ständige Durcheinanderwürfeln der Menschen, durch die Massenströmungen, die Sitten und Moden geschaffen. Die *Werte* der Gedichte, der Möbel, der Häuser, der Landschaften entstehen größtenteils aus jenen spontanen Verdichtungen, die sich wie ein leichter Tau auf die Dinge legen. Die Werte sind streng national und ergeben sich aus dem normalen Funktionieren einer traditionalistischen und historischen Gesellschaft.

Franzose sein, bedeutet nicht nur, in Frankreich geboren zu sein, zu wählen und Steuern zu entrichten, es bedeutet hauptsächlich, Frankreichs Werte zu begreifen und sich ihrer bedienen zu können. Und wenn man an ihrer Schaffung mitwirkt, so erhöht es das Selbstbewußtsein, und man fühlt seine Daseinsberechtigung durch einen Zusammenhang mit der Gesamtheit.

Ein Louis-XVI.-Möbel, einen Ausspruch von Chamfort, eine Landschaft der Ile-de-France, ein Gemälde von Claude Lorrain würdigen zu können, bedeutet, seine Zugehörigkeit zur französischen Gesellschaft fühlen und befestigen und den stillschweigenden Gesellschaftsvertrag mit allen ihren Mitgliedern erneuern.

Mit einem Schlag verwandelt sich unser vages Zufallsdasein in eine rechtmäßige Existenz. Jeder Franzose, den die Lektüre eines Villon oder der Anblick des Versailler Schlosses erschüttert, wird zu einem Teil des Staates und Subjekt unwandelbarer Rechte.

Der Jude aber ist der Mensch, dem man grundsätzlich den Zugang zu diesen Werten verwehrt. Zweifellos gilt das auch für den Arbeiter, aber seine Situation ist eine andere. Er kann die bürgerliche Kultur und ihre Werte verschmähen und planen, seine eigenen Werte an ihre Stelle zu setzen.

Der Jude aber gehört im Prinzip zu eben jener Sorte von Leuten, die ihn verleugnen, er teilt ihren Geschmack und ihre Lebensweise, er tastet nach diesen Werten, aber angeblich fehlt ihm der Sinn für sie, er möchte sie mitbesitzen, aber man verweigert es ihm, man sagt ihm, er sei blind.

Natürlich ist dem nicht so, oder glaubt man, daß Bloch, Crémieux, Suarès, Schwob, Benda die großen französischen Werke weniger verstehen als ein christlicher Gemischtwarenhändler oder Polizist? Glaubt man, daß Max Jacob unsere Sprache weniger beherrschen konnte als ein »arischer« Gemeindeschreiber? Und verstand Proust, ein Halbjude, Racine deshalb nur halb? Und wer verstand Stendhal besser, der »Arier« Chuquet, ein berühmter Schmierer, oder der Jude Léon Blum? Aber es spielt keine Rolle, daß dies alles ein Irrtum ist, die Tatsache bleibt bestehen, daß dieser Irrtum allgemein ist. Und der Jude muß selbst entscheiden, ob es wahr oder falsch ist, mehr noch, er muß den Beweis erbringen, und man wird sich überdies immer dahin einigen, den gelieferten Beweis zu verwerfen. Er mag im Verständnis eines Werkes, einer Sitte, einer Epoche, eines Stiles so weit gehen, als er mag, aber was den wahren Wert der Dinge ausmacht, jenen Wert, der nur den Franzosen des wirklichen Frankreich zugänglich ist, so ist es eben das, was

»über seinen Begriff« geht, und was sich in Worten nicht ausdrücken läßt.

Vergebens wird er seine Bildung und seine Werke verfechten, aber es ist eine jüdische Bildung, und es sind jüdische Werke, und der Jude in ihm zeigt sich gerade darin, daß er nicht einmal ahnt, was es zu verstehen gibt. So will man ihn davon überzeugen, daß ihm der tiefere Sinn der Dinge entgeht, es bildet sich ein ungreifbarer Nebel um ihn, der das *wahre* Frankreich mit seinen *wahren* Werten, seinem *wahren* Takt, seiner *wahren* Gesittung ist, und er hat keinen Teil daran.

Ebenso kann er alle Güter der Erde erwerben, wenn er will, Grund und Boden und Schlösser, wenn er die Mittel dazu hat, aber in dem Augenblick, da er rechtmäßiger Besitzer wird, bekommt das Besitztum wie durch einen Zauber eine andere Bedeutung.

Nur ein Franzose, Sohn eines Franzosen, Bauernsohn oder Enkel kann wahrhaft besitzen. Um eine elende Hütte in einem Dorf zu besitzen, genügt es nicht, sie mit gutem Geld bezahlt zu haben, man muß alle Nachbarn, ihre Eltern und Großeltern kennen, die umliegenden Felder, die Buchen und Eichen des Waldes, man muß geackert, gefischt und gejagt haben, man muß seinen Namen in die Baumrinden geschnitten haben und die Kerbe im reifen Alter vergrößert wiedergefunden haben. Man kann fest überzeugt sein, daß der Jude diese Bedingungen nicht erfüllt, der Franzose vielleicht auch nicht, aber *da* gibt es Begnadigungen! –

Es gibt eine französische und eine jüdische Art, Hafer und Weizen zu verwechseln. So bleibt der Jude im Herzen der Gemeinschaft der Fremde, der Eindringling, der Außenseiter. Alles ist ihm zugänglich, und doch besitzt er nichts, denn, so sagt man ihm, der wahre Besitz ist nicht käuflich. Alles, was er berührt, was er erwirbt, entwertet sich in seinen Händen; die Güter der Erde, die die wahren Güter sind, sind stets die, die er nicht besitzt. Dennoch weiß er sehr gut, daß er genau wie die anderen an der Zukunft der Gemeinschaft mitwirkt, die ihn verstößt. Aber wenn auch die Zukunft ihm gehören mag, so verweigert man ihm zumindest die Vergangenheit. Übrigens muß man zugeben, daß er rückblickend sieht, daß seine Rasse keinen Anteil an ihr hat. Weder die französischen Könige, ihre Ratgeber, die großen Feldherren, die großen Herren, weder die Künstler noch die Gelehrten waren Juden. Der Jude hat auch nicht die Französische Revolution gemacht.

Der Grund hierfür ist sehr einfach. Bis zum 19. Jahrhundert standen die Juden, wie die Frauen, unter Vormundschaft, daher ist ihr Beitrag zum politischen und sozialen Leben, wie der der Frauen, jüngeren Datums. Namen wie Einstein, Charlie Chaplin, Bergson, Chagall, Kafka genügen, um zu zeigen, was sie der Welt hätten geben können, wenn man sie früher emanzipiert hätte. Aber wie dem auch sei, die Tatsache bleibt bestehen. Diese Franzosen hatten keine Eignung zur französischen Geschichte.

Ihr Massengedächtnis liefert ihnen nur dunkle Erinnerungen an Pogrome, Gettos, Vertreibungen, an große eintönige Leiden, zweitausend Jahre der Wiederholung, nicht der Entwicklung. Die Juden sind noch nicht *historisch*, und dennoch sind sie fast das älteste der Völker, daher ihr ewig ältliches und ewig kindliches Aussehen; sie haben Weisheit, doch keine Geschichte. Das soll kein Hindernis sein, wird man sagen, man muß sie nur rückhaltlos aufnehmen, so wird unsere Geschichte die ihre oder zumindest die ihrer Söhne sein.

Aber davor hütet man sich, und so treibt der Jude unsicher und entwurzelt dahin. Er soll es sich ja nicht einfallen lassen, sich Israel wieder zuzuwenden, um eine Gemeinschaft und eine Vergangenheit zu finden als Ersatz für die, die man ihm versagt.

Diese jüdische Gemeinschaft, die wenigstens im heutigen Frankreich weder auf der Nationalität noch auf dem Boden, noch auf der Religion, noch auf wirtschaftlichen Interessen beruht, sondern nur auf einer Gleichheit der Situation, könnte ein wahrhaft *geistiges* Band der Liebe, der Kultur und des Beistandes sein. Aber da würden die Feinde Israels sogleich sagen, daß es ein völkisches Band sei, und der Jude selbst, um eine richtige Bezeichnung verlegen, würde vielleicht das Wort Rasse aussprechen. Damit gibt er sofort dem Antisemiten recht: »Sehen Sie, daß es eine jüdische Rasse gibt, sie geben es selbst zu, und übrigens finden sie sich überall zusammen.«

Und wenn die Juden aus dieser Gemeinschaft einen berechtigten Stolz schöpfen wollen, so müssen sie, da sie ihn weder aus einem spezifisch jüdischen Gesamtwerk noch aus einer eigenen jüdischen Zivilisation oder einem gemeinsamen Mythos schöpfen können, letzten Endes rassische Merkmale verherrlichen.

So siegt der Antisemit auf jeden Fall. Kurz, man verlangt von dem Juden, der in die französische Gesellschaft eingedrungen ist, daß er isoliert bleibt. Tut er es nicht, so insultiert man ihn. Gehorcht er, so assimiliert man ihn trotzdem nicht, man duldet ihn und überdies mit einem Mißtrauen, das ihn bei jeder Gelegenheit zwingt, »die Probe zu bestehen«.

Im Falle von Krieg oder Aufruhr hat der *wahre* Franzose keine

Probe zu bestehen, er erfüllt einfach seine militärischen und zivilen Pflichten. Aber für den Juden gilt das nicht. Er kann überzeugt sein, daß man ohne Wohlwollen die Zahl der Juden im Heer nachrechnen wird. So wird er mit einem Schlag mit all seinen Glaubensgenossen solidarisch.

Sogar wenn er das wehrfähige Alter überschritten hat, wird er sich gezwungen fühlen – er mag es tun oder nicht –, sich zu melden, weil man allseits behauptet, daß die Juden sich drücken. Ein wohlfundiertes Gerücht, wird man sagen. Keineswegs: In einer Analyse von Steckel über einen Rassenkomplex, auf die ich später zu sprechen komme, lese ich folgenden Satz aus dem Mund einer jüdischen Patientin: »Die Christen sagen immer, daß die Juden sich drücken, wo sie nur können. Da wollte mein Mann als Freiwilliger einrücken.« Nun handelt es sich hier um den Beginn des Krieges im Jahre 1914, und Österreich hatte seit 1866 keinen Krieg gehabt, und diesen hatte es mit einem Berufsheer geführt. Dieser Ruf, den man den Juden in Österreich und auch in Frankreich machte, war also nichts als ein spontanes Mißtrauensvotum.

Im Jahre 1938, im Augenblick der Krise, die sich dann in München löste, mobilisierte die französische Regierung nur bestimmte Kategorien von Reservisten, die Mehrzahl der wehrfähigen Männer war demnach noch nicht einberufen. Trotzdem warf man in Belleville schon Steine in das Schaufenster eines mir befreundeten jüdischen Kaufmannes und behandelte ihn als Drückeberger.

Somit müßte der Jude, um in Frieden gelassen zu werden, vor den anderen mobilisiert werden, er müßte im Fall einer Hungersnot mehr Hunger leiden als die anderen, und wenn eine Massenkatastrophe das Land heimsucht, müßte er mehr betroffen sein –.

Diese ständige Verpflichtung, den Beweis zu erbringen, daß er Franzose ist, erzeugt beim Juden einen *Schuldkomplex.* Wenn er nicht bei jeder Gelegenheit mehr, viel mehr tut als die anderen, macht er sich schuldig – er ist ein schmutziger Jude. Man könnte einen Satz von Beaumarchais parodieren und sagen: Nach den Eigenschaften zu urteilen, die man von einem Juden verlangt, um ihn einem »wahren« Franzosen anzugleichen, wie viele Franzosen wären würdig, in ihrem eigenen Lande Juden zu sein?

Da der Jude in seinem Beruf, in seinen Rechten, in seinem Leben von der Meinung der anderen abhängt, ist seine Situation äußerst labil. Rechtlich unanfechtbar ist er den Launen und Leidenschaften der

»wirklichen« Gesellschaft auf Gnade und Ungnade ausgeliefert. Er wittert die Fortschritte des Antisemitismus, er ahnt die Krisen und die unterirdischen Strömungen, wie der Bauer die Gewitter voraus=ahnt. Er berechnet unentwegt die Rückwirkungen der äußeren Ereig=nisse auf seine eigene Situation. Er mag die gesetzlichen Garantien, die Reichtümer, die Ehrungen anhäufen, er ist darum den Angriffen noch mehr ausgesetzt, und er weiß es. So erscheint es ihm einerseits, als wären seine Bemühungen stets von Erfolg gekrönt, denn er kennt die blitzartigen Aufstiege seiner Rasse, anderseits, als wären sie mit dem Fluch der Nichtigkeit geschlagen; nie wird ihm die Sicherheit des armseligsten Christen zuteil werden. Vielleicht ist es mit ein Sinn des Romans »Prozeß« des Israeliten Kafka: Wie der Held des Romans, so ist der Jude in einen langen Prozeß verwickelt. Er kennt seine Richter und seine Anwälte kaum, er weiß nicht, was man ihm vor=wirft, und doch weiß er, daß man ihn für schuldig hält. Das Urteil wird stets von Termin zu Termin verschoben; er benützt das, um sich auf tausendfache Weise zu schützen, aber alle seine ins Blaue getroffenen Vorkehrungen verstricken ihn noch mehr in seine angeb=liche Schuld. Seine äußere Situation mag noch so glänzend erscheinen, aber dieser nicht endenwollende Prozeß nagt heimlich an ihm, und wie im Roman kann es geschehen, daß fremde Männer, unter dem Vorwand, er habe seinen Prozeß verloren, ihn packen, in einen un=bekannten Vorort verschleppen und dort massakrieren.

Es stimmt, wenn die Antisemiten sagen, daß der Jude wie ein Jude ißt, trinkt, schläft und sogar stirbt. Wie denn auch anders? Sie haben seine Nahrung, seinen Schlaf, ja seinen Tod tückisch vergiftet, wie sollte er da nicht gezwungen sein, jede Minute zu dieser Vergiftung Stellung zu nehmen? Sowie er den Fuß vor die Tür setzt, sowie er den anderen auf der Gasse oder in der Öffentlichkeit begegnet, sowie er den Blick derer, die eine jüdische Zeitung »Jene« genannt hat, mit einem Gemisch von Ängstlichkeit, Verachtung, Vorwurf und Nächstenliebe auf sich ruhen fühlt, muß er sich entscheiden: Will er, ja oder nein, die Rolle spielen, die man ihm zuweist? Wenn ja, in=wieweit, und wenn nein, lehnt er jede Verwandtschaft mit den anderen Israeliten ab oder nur eine völkische Verwandtschaft?

Was immer er tut, kommt er an diesen Kreuzweg. Es steht ihm frei, mutig oder feige, traurig oder heiter zu sein, die Christen zu töten oder sie zu lieben, aber es steht ihm nicht frei, kein Jude zu sein, oder vielmehr, wenn er das will, wenn er erklärt, daß es keine Juden gibt, wenn er verzweifelt und mit allen Kräften den Juden in sich verleugnet, so ist er gerade darin Jude. Denn ich, der Nichtjude, habe nichts zu leugnen, nichts zu beweisen, während der Jude, wenn er zum Entschluß gekommen ist, daß seine Rasse nicht existiert, persönlich den Beweis erbringen muß.

Jude sein, heißt der Situation des Juden ausgeliefert sein und zu gleicher Zeit in und durch seine eigene Person für das Geschick und sogar für die Natur selbst des jüdischen Volkes verantwortlich sein.

Denn was immer der Jude sagt oder tut, ob er ein mehr oder weniger klares Bewußtsein seiner Verantwortlichkeit hat, so spielt sich alles bei ihm ab, als müßte er seine Taten einem Kantischen kategorischen Imperativ unterbreiten, als müßte er sich in jedem Fall fragen: »Wenn alle Juden so wie ich handeln würden, was wird aus dem Judentum?« Und auf die Fragen, die er sich stellt (»was geschieht, wenn alle Juden Zionisten würden, oder wenn sie sich im Gegenteil alle taufen ließen, wenn alle Juden leugnen würden, Juden zu sein« und so weiter), muß er allein und hilflos antworten, indem er seinen Weg wählt.

Wenn wir übereinkommen, daß der Mensch eine durch seine Situation bedingte Willensfreiheit darstellt, so wird man leicht begreifen, daß man diese als echt oder unecht bezeichnen kann, je nachdem sie sich in der entscheidenden Stunde einstellt.

Die Echtheit, das versteht sich von selbst, besteht in einem klaren und wahrhaften Erfassen der Situation und darin, daß man alle Gefahren und Verantwortlichkeiten auf sich nimmt, die sie mit sich bringt, und daß man stolz oder demütig, manchmal auch voll Haß und Entsetzen für sie einsteht.

Zweifellos erfordert die Echtheit, man kann auch Wahrhaftigkeit sagen, viel Mut und mehr als Mut, und es ist nicht zu verwundern, daß die Lüge verbreiteter ist. Ob es sich nun um Bourgeois oder Christen handelt, die meisten sind in dem Sinne unwahr, als sie es ablehnen, ihre Situation als Bourgeois oder Christ bis in die letzten Konsequenzen durchzuhalten und daß sie immer einige Aspekte ihrer Situation vor sich verschleiern.

Und wenn die Kommunisten die »Radikalisierung der Massen« auf ihr Programm schreiben, wenn Marx erklärt, daß die Proletarier sich ihrer selbst bewußt werden *müssen,* so heißt das nichts anderes, als daß auch der Arbeiter zuerst unwahr ist.

Der Jude entgeht dieser Regel nicht: Wahrhaftigkeit bedeutet für ihn, seine Situation als Jude bis zu Ende zu durchleben, Lüge, ihr auszuweichen oder sie abzuleugnen. Für ihn ist die Versuchung, eine

Lüge zu leben, gewiß größer als für die anderen Menschen, denn seine Situation annehmen und durchleben, bedeutet einfach das Martyrium.

Im allgemeinen verbindet sogar die ärmsten Stiefkinder des Schicksals ein festes Band der Solidarität mit anderen Menschen. Die wirtschaftliche Situation der Festbesoldeten, vom revolutionären Standpunkt aus erlebt, die Lage des Mitgliedes einer verfolgten Sekte, tragen beide eine tiefe materielle und geistige Interessengemeinschaft in sich.

Wir aber haben gezeigt, daß die Juden untereinander keine Interessengemeinschaft haben und daß kein gemeinsamer Glaube sie verbindet, sie haben nicht einmal das gleiche Vaterland, und sie haben keine Geschichte. Das einzige gemeinsame Band ist die feindselige Verachtung, mit der die Umwelt sie behandelt.

Der aufrechte Jude ist somit jener, der der Verachtung, die man ihm entgegenbringt, die Stirn bietet; die Situation, die er voll erfassen und durchleben will, ist in Friedenszeiten nahezu untragbar. Sie ist eine Atmosphäre, ein verborgener Sinn in den Worten und Mienen, eine versteckte Drohung hinter den Dingen, ein abstraktes Band, das ihn mit anderen, ansonsten von ihm grundverschiedenen Menschen verbindet.

Dagegen scheint sich alles verschworen zu haben, damit er sich selbst als einfacher Franzose sieht. Sein Wohlstand ist eng mit dem des Landes verknüpft, das Los seiner Söhne hängt vom Frieden, von Frankreichs Größe ab, die Sprache, die er spricht, die Bildung, die man ihm gab, gestatten es ihm, seine Berechnungen und Erwägungen auf die Grundsätze einer ganzen Nation zu stützen.

Er brauchte sich also nur gehen zu lassen, um seine Situation als Jude zu vergessen, wenn er nicht, wie wir gesehen haben, überall diesem heimlichen Gift begegnen würde, der Feindseligkeit der Nebenmenschen.

Was uns wundernehmen kann, ist nicht, daß es verschämte Juden gibt, sondern daß es relativ weniger verschämte Juden als verschämte Christen gibt. Und doch hat der Antisemit seinen Mythos vom Juden überhaupt aus dem spezifischen Benehmen der verschämten Juden geschöpft.

Was sie tatsächlich kennzeichnet, ist, daß sie vor ihrer Situation fliehen; sie haben beschlossen, sie zu verleugnen oder sich ihrer Verantwortung zu entziehen oder ihre ihnen unerträglich scheinende Verlassenheit abzuleugnen.

Das bedeutet nicht unbedingt, daß sie den Begriff Jude abschaffen wollen oder daß sie die Existenz eines Judentums ausdrücklich leugnen. Aber ihre Gesten, ihre Gefühle und ihre Handlungen streben dumpf danach, diese Tatsachen aus der Welt zu schaffen.

Kurz, die verschämten Juden sind Menschen, die von den anderen als Juden betrachtet werden und die beschlossen haben, vor dieser untragbaren Situation zu fliehen. Das ergibt bei ihnen verschiedene Arten des Betragens, die nicht alle gleichzeitig bei derselben Person auftreten, die aber alle deutlich erkennbare *Fluchtwege* sind.

Der Antisemit hat alle diese unterschiedlichen, oft untereinander unvereinbaren Fluchtwege gesammelt und zusammengefügt und so das ungeheuerliche Bild des typischen Juden geschaffen. Zugleich schildert er diese freiwilligen Anstrengungen, einer peinlichen Situation zu entgehen, als tief eingekerbte, ererbte und daher unverbesserliche Charakterzüge des Israeliten.

Um klar zu sehen, müssen wir dieses Bild zergliedern, wir müssen die *Fluchtwege* als solche hervorheben, anstatt sie als angeborene Eigenschaften zu betrachten.

Selbstverständlich gilt die Nomenklatur dieser Fluchtwege nur für die *verschämten* Juden (der Ausdruck verschämt bedeutet natürlich kein Werturteil) und muß durch eine Beschreibung der *aufrechten* Juden vervollständigt werden. Endlich müssen wir uns fest einprägen, daß die Situation des Juden uns unter allen Umständen als Leitfaden dienen muß. Wenn man diese Methode genau erfaßt hat und sie streng durchführt, wird man vielleicht den großen manichäischen Mythos durch präzisere, wenn auch fragmentarischere Wahrheiten ersetzen können.

Wie lautet der erste Satz der antisemitischen Mythologie? Der Jude, sagt man, ist ein kompliziertes Wesen, das seine Zeit damit verbringt, sich zu analysieren und Spitzfindigkeiten zu ersinnen. Man nennt ihn mit Vorliebe »Haarspalter«, ohne sich auch nur zu fragen, ob diese Neigung zur Analyse und Einschau mit der Geldgier und der blinden Streberei vereinbar ist, die man ihm anderseits zuschreibt.

Was uns betrifft, so geben wir zu, daß der Entschluß, der eigenen Situation zu entfliehen, bei vielen, zumeist intellektuellen Juden eine konstant grüblerische Einstellung erzeugt. Aber verstehen wir uns recht, dieser Hang zum Grübeln ist nicht ererbt, er ist ein Fluchtweg, und wir sind es, die den Juden zwingen zu fliehen.

Steckel und andere Psychoanalytiker sprechen in diesen Fällen von einem »Rassenkomplex«, und viele Juden erwähnen ihren Minderwertigkeitskomplex. Ich sehe nicht ein, warum man diesen Ausdruck nicht gebrauchen soll, wenn man daran festhält, daß dieser Komplex nicht von außen hervorgerufen wurde, sondern daß der Jude sich selbst *mit dem Komplex belastet,* wenn er beschließt, sich zu tarnen.

Kurz, er hat sich von den Antisemiten überzeugen lassen, er ist das erste Opfer ihrer Propaganda. Er stimmt den Antisemiten bei, daß, *wenn es einen Juden gibt,* er so sein muß, wie der übelwollende Volksmund ihn schildert, und sein Streben geht dahin, sich als Märtyrer darzustellen, als Glaubensheld im eigentlichen Sinn des Wortes, das heißt, *durch seine eigene Person* zu beweisen, daß es keinen Juden gibt. Die Angst nimmt bei ihm häufig eine besondere Form an: die Furcht, als Jude zu denken oder zu handeln. Man kennt jene Psychopathen, die von der Zwangsvorstellung gepeinigt werden, zu töten, sich zum Fenster hinauszustürzen oder anstößige Worte auszusprechen. In gewissem Maß, und wenn auch ihre Beklemmungen selten ein pathologisches Maß erreichen, kann man manche Juden mit ihnen vergleichen. Sie haben sich von einer bestimmten Vorstellung, die die anderen von ihnen haben, vergiften lassen und zittern nun davor, daß ihre Handlungen dieser Vorstellung entsprechen könnten. So können wir in Wiederholung einer bereits gebrauchten Wendung sagen, daß ihr Benehmen stets von innen heraus überdeterminiert ist. Tatsächlich haben ihre Handlungen nicht nur die Beweggründe, die man auch den Nichtjuden zuschreiben kann, wie Interesse, Leidenschaft, Selbstlosigkeit und so weiter, sondern sie zielen außerdem dahin, sich radikal von den als »typisch jüdisch« geltenden Handlungen zu unterscheiden.

Wie viele Juden sind mit Vorbedacht freigebig, selbstlos, ja sogar großartig, weil *man* den Juden gewöhnlich für einen reinen Geldmenschen hält. Aber das bedeutet, wohlgemerkt, nicht, daß sie eine »Tendenz« zum Geiz bekämpfen müssen. Es besteht von vornherein kein Grund, daß ein Jude geiziger sein sollte als ein Christ.

Es bedeutet vielmehr, daß ihre großmütigen Gesten durch die Absicht, großmütig zu sein, vergiftet werden. Ursprünglichkeit und vorbedachte Absicht sind hier unentwirrbar vermengt. Das erstrebte Ziel ist, einerseits ein konkretes Resultat zu erzielen, außerdem aber, sich und den anderen zu beweisen, daß es keine typisch jüdische Natur gibt. So spielen verschämte Juden das Spiel, *keine Juden zu sein.*

Viele haben mir ihre merkwürdigen Reaktionen nach dem Waffenstillstand berichtet. Man kennt die wunderbare Rolle der Juden in der Résistance. Sie haben, noch bevor die Kommunisten in Aktion traten, die Hauptkader gestellt, sie haben vier Jahre lang einen Mut und eine Entschlossenheit bewiesen, vor denen man sich mit Freuden verneigt. Trotzdem haben viele lange gezögert, sich der Résistance anzuschließen, sie schien ihnen dermaßen den jüdischen Interessen zu entsprechen, daß es ihnen zuerst widerstrebte, ihr beizutreten.

Sie wären gern sicher gewesen, daß sie nicht *als Juden,* sondern *als Franzosen* kämpfen würden. Dieses Bedenken zeigt zur Genüge die spezifische Art ihrer Erwägungen. Der Faktor Judentum gesellt sich jedes Mal hinzu, und es ist ihnen nicht möglich, sich einfach nach Überprüfung der nackten Tatsachen zu entscheiden. Kurz, sie haben sich ursprünglich auf die Ebene der Selbstbeobachtung begeben.

Wie der Schüchterne und Ängstliche begnügt der Jude sich nicht damit, spontan zu handeln oder zu denken, er *sieht sich* handeln, er sieht sich denken.

Wir müssen jedoch folgendes bemerken. Die jüdische Selbstbeobachtung entspringt nicht dem reinen Forschungstrieb noch dem Wunsch nach moralischer Bekehrung, sondern sie verfolgt einen *bestimmten Zweck.* Der Jude will durch seine Einschau nicht den Menschen in sich erkennen, sondern den Juden, und zwar, *um ihn zu verleugnen.* Sie wollen nicht ihre Fehler erkennen und bekämpfen, sondern durch ihr Benehmen zeigen, daß sie diese Fehler nicht besitzen. So erklärt sich die spezifisch jüdische Ironie, die zumeist auf Kosten der Juden selbst geht und die das ständige Bemühen darstellt, sich selbst von außen zu sehen. Weil der Jude sich ständig beobachtet fühlt, greift er den Dingen vor und versucht, sich mit den Augen der anderen zu sehen. Diese Objektivität in bezug auf sich selbst ist eine weitere Tarnungslist. Während er sich mit der »Unbefangenheit« eines Dritten betrachtet, fühlt er sich tatsächlich von sich selbst *befreit,* er ist ein anderer, ein bloßer Zeuge.

Er weiß indessen sehr gut, daß diese Loslösung von sich nur eine Wirkung haben kann, wenn die anderen sie akzeptieren. Daher stammt seine außergewöhnlich große Anpassungsfähigkeit. Er verschlingt alles Wissen mit einer Gier, die man nicht mit gewöhnlichem Wissensdurst verwechseln darf. Er will nur ein »Mensch«, ein Mensch wie die anderen, sein, und dazu füllt er sein Gehirn mit allen Ideen der Menschheit und eignet sich so eine universelle Weltanschauung an. Er bildet sich, um den Juden in sich zu vernichten. Er würde wünschen, daß man die Worte von Terenz, leicht abgewandelt, auf ihn anwendet: *Nil humani mihi alienum puto ergo homo sum.* Und gleichzeitig möchte er sich in der Masse der Christen verlieren. Wir haben gesehen, daß die Christen die Kühnheit und die Schlauheit hatten, dem Juden entgegenzuhalten, daß sie keine andere Rasse wären, sondern einfach der Mensch an sich. Wenn der Jude von den Christen fasziniert ist, so nicht wegen ihrer Tugenden, die er nicht schätzt, sondern weil sie das Anonymat repräsentieren, die Menschheit ohne Rasse.

Wenn er sich bemüht, in die exklusivsten Kreise einzudringen, so nicht aus jenem unbändigen Ehrgeiz, den man ihm so häufig vorwirft, vielmehr hat dieser Ehrgeiz eine besondere Bedeutung. Der Jude trachtet danach, von den anderen Menschen als Mensch *anerkannt* zu werden. Wenn er sich überall einschleichen will, so tut er dies, weil er keine Ruhe findet, solange es noch ein Milieu gibt, das ihm widersteht und ihn so in seinen eigenen Augen zum Juden stempelt. Das Prinzip dieses Wettrennens zur Assimilation ist vortrefflich. Der Jude fordert seine Rechte als Franzose. Unseligerweise ist sein Projekt von vornherein zum Scheitern verurteilt, er möchte als »Mensch« aufgenommen werden; aber sogar in den Kreisen, in die er gelangen konnte, wird er als Jude aufgenommen. Er ist der reiche oder der mächtige Jude, mit dem man »wohl oder übel« verkehren muß, oder der »gute«, der Ausnahmsjude, mit dem man aus Freundschaft *trotz* seiner Rasse verkehrt. Er ist sich dessen bewußt, aber wenn er sich eingestehen müßte, daß man ihn als Juden empfängt, würde sein Streben jeden Sinn verlieren, und er würde den Mut sinken lassen. Demnach fehlt ihm der gute Glaube, er verschleiert vor sich die Wahrheit, die er im Grunde seines Herzens erkennt. Er erobert eine Stellung, er behauptet sie mit *seinen* Mitteln, das heißt mit jüdischen Mitteln, aber er betrachtet jede neue Eroberung als Symbol eines höheren Grades der Assimilation.

Selbstverständlich reagieren die Kreise, in die er eingedrungen ist, sofort mit Antisemitismus und lassen ihn nicht lange in Unkenntnis dessen, was er so gern verkennen möchte. Aber die Angriffe der Antisemiten haben die paradoxe Wirkung, den Juden zur Eroberung anderer Kreise und anderer Gruppen anzufeuern, weil sein Ehrgeiz im Grunde nur die Suche nach Sicherheit ist, so wie sein Snobismus, falls er ein Snob ist, nur die Bemühung ist, die nationalen Bilder, Bücher und so weiter zu assimilieren.

So durcheilt er wie ein Komet alle Schichten der Gesellschaft, aber in den Kreisen, die ihn aufgenommen haben, bleibt er der unverdauliche Kern. Seine Assimilation ist ebenso glänzend wie kurz, was man ihm häufig vorwirft. So glauben, nach Siegfried, die Amerikaner, daß der Hauptgrund des amerikanischen Antisemitismus in der Tatsache liegt, daß die jüdischen Emigranten, die sich scheinbar am schnellsten assimilieren, in der zweiten oder dritten Generation wieder zu Juden wurden. Wohlgemerkt legt man das so aus, als würde der Jude sich gar nicht assimilieren wollen und als würde er unter einer geheuchelten Geschmeidigkeit eine bewußte Anhänglichkeit und Zugehörigkeit an die Traditionen seiner Rasse verbergen. Aber es ist gerade umgekehrt.

Weil man ihn niemals als Menschen, sondern immer und überall als Juden aufnimmt, ist der Jude unassimilierbar.

Diese Situation schafft ein neues Paradoxon, und zwar, daß der verschämte Jude sich in der christlichen Welt verlieren will und gleichzeitig in der jüdischen verankert bleibt.

Überall, wohin der Jude vor der jüdischen Wirklichkeit geflohen ist, fühlt er, daß man ihn als Juden aufgenommen hat und ihn in jedem Augenblick als solchen betrachtet.

Das Leben unter den Christen ist keine Entspannung und verleiht ihm nicht das ersehnte Anonymat, es ist im Gegenteil eine ständige Spannung. Bei dieser Flucht zu den Menschen hin nimmt er überall das Bild mit, das ihn verfolgt. Das ist es, was die Juden untereinander solidarisch macht, und diese Solidarität beruht nicht auf der Gleichheit der Handlungen oder der Interessen, sondern auf der Gleichheit der Situation. Was sie mehr als das zweitausendjährige Leiden vereint, ist die gegenwärtige Feindseligkeit der Christen. Sie können noch so energisch behaupten, daß nur der Zufall sie in den gleichen Vierteln, den gleichen Mietshäusern, den gleichen Unternehmungen vereint: es besteht unter ihnen eine starke, verwickelte Bindung.

Der Jude ist für den Juden der einzige Mensch, mit dem er *wir* sagen kann. Und was sie alle gemeinsam haben (zumindest alle verschämten Juden), ist diese Zwangsvorstellung, »sich für anders als die anderen Menschen« zu halten, diesen Taumel vor der Meinung der anderen und der blinde und verzweifelte Entschluß, sich von dieser Zwangsvorstellung zu befreien.

Aber wenn sie allein, in der Intimität ihrer Heime, ohne den nichtjüdischen Zeugen sind, schließen sie im gleichen Augenblick die jüdische Wirklichkeit aus. Dabei erscheinen sie den vereinzelten Christen, die in diese Heime eindringen konnten, jüdischer denn je; aber das kommt daher, weil sie sich gehenlassen; das bedeutet aber nicht etwa, daß sie sich mit Wonne ihrer jüdischen »Natur« hingeben, wie man behauptet, sondern im Gegenteil, daß sie an sie vergessen. Wenn die Juden unter sich sind, so ist jeder für die anderen und somit auch für sich nur ein Mensch.

Was das nötigenfalls beweisen würde, ist, daß die Mitglieder einer

Familie häufig die ethnologischen Züge ihrer Verwandten nicht sehen (unter ethnologischen Zügen verstehn wir hier die ererbten biologischen Gegebenheiten, die wir als unanfechtbar akzeptiert haben).

Ich kannte eine jüdische Dame, deren Sohn im Jahre 1934 gezwungen war, Geschäfte halber nach Nazideutschland zu reisen. Dieser Sohn trug die typischen Züge des französischen Juden, gebogene Nase, abstehende Ohren und so weiter . . ., aber als man einmal während einer seiner Reisen um ihn besorgt war, sagte seine Mutter: »Oh! Ich bin beruhigt, er sieht absolut nicht jüdisch aus.«

Jedoch durch eine eigene Dialektik der jüdischen Tarnung wird diese Zuflucht in das Heim, dieser Versuch, eine jüdische Immanenz zu schaffen, in der jeder Jude – statt der Zeuge des anderen zu sein, in einer Gesamtsubjektivität verschmelzen würde –, der Versuch, die Blicke der Christen auszuschalten, werden all diese Ausflüchte zunichte durch die ständige Allgegenwart des Nichtjuden.

Sogar in ihren intimsten Zusammenkünften könnten die Juden von ihm sagen, wie St. John Perse von der Sonne: »Ihr Name wird nicht genannt, aber sie ist unter uns.« Sie wissen auch, daß eben der Hang, miteinander zu verkehren, sie in den Augen der Christen zu Juden stempelt. Und wenn sie wieder in das grelle Licht der Öffentlichkeit treten, sind sie durch ihre Solidarität mit ihren Glaubensgenossen gebrandmarkt.

Der Jude, der in einem christlichen Haus einem anderen Juden begegnet, ist wie ein Franzose, der in der Fremde einen Landsmann trifft. Aber der Franzose freut sich, sich vor der Welt als Franzose zu bekennen. Der Jude dagegen würde als einziger Jude in dieser nichtjüdischen Gesellschaft sich bemühen, sich nicht als Jude *zu fühlen*. Da aber ein anderer Jude mit ihm da ist, fühlt er sich dort *durch ihn* gefährdet.

Und er, der vor kurzem die ethnologischen Züge seines Sohnes oder Neffen nicht sah, belauert nun seinen Glaubensgenossen mit den Augen des Antisemiten. Mit einem Gemisch von Furcht und Fatalismus späht er bei ihm nach sichtbaren Merkmalen ihrer gemeinsamen Abstammung, er hat derartige Angst, daß die Christen etwas bemerken könnten, daß er sich beeilt, sie zu warnen. – Ein Antisemit aus Ungeduld und auf Kosten anderer.

Und jeder jüdische Zug, den er zu entdecken glaubt, ist ihm ein Dolchstoß, denn er glaubt ihn bei sich selbst wiederzufinden, aber nicht zu fassen, objektiv, unheilbar und gegeben. Es kommt nicht darauf an, durch wen sich die jüdische Rasse *offenbart;* im Augenblick, da sie offenbar ist, werden alle Anstrengungen des Juden, sie zu leugnen, zunichte.

Man weiß, daß die Feinde Israels zur Bekräftigung ihrer eigenen Meinung mit Vorliebe das Argument vorbringen, »daß es keine ärgeren Antisemiten gibt als die Juden«. Tatsächlich hat der Jude sich am Antisemitismus des Christen angesteckt. Es ist vor allem die quälende Angst, bei seinen Eltern und seinen Nächsten die Fehler wiederzufinden, die er mit allen seinen Kräften ablegen will.

Wir zitieren aus der bereits erwähnten Analyse von Steckel: »Punkto Erziehung muß zu Hause alles auf Befehl (des jüdischen Gatten) gehen. In Gesellschaft ist es noch ärger: er verfolgt sie (die Gattin, die sich psychoanalysieren läßt) mit den Blicken und kritisiert sie so, daß sie die Fassung verliert. Als junges Mädchen war sie selbstbewußt, und alle Welt lobte ihr vornehmes und sicheres Benehmen. Jetzt zittert sie immer davor, etwas schlecht gemacht zu haben, sie fürchtet den Tadel ihres Mannes, den sie in seinen Augen liest ... *Beim kleinsten Schnitzer warf er ihr vor, daß sie sich jüdisch benommen hätte.«*

Man glaubt diesem Drama zu zweien beizuwohnen. Der kritische, pedantische, ewig grübelnde Gatte, der seiner Frau vorwirft, Jüdin zu sein, weil er vor Angst vergeht, es selbst zu scheinen. Die Frau, durch diese mitleidlosen, feindseligen Blicke erdrückt, wider Willen in der »jüdischen Sippe« gefangen, ahnt, ohne es zu begreifen, daß jede ihrer Bewegungen, jedes Wort einen Mißklang ergibt und allen Augen ihre Abstammung verrät. Es ist für sie beide die Hölle. –

Außerdem muß man aber im Antisemitismus des Juden den Versuch sehen, sich von den angeblichen Fehlern seiner »Rasse« zu distanzieren und sich zum objektiven Richter und Zeugen zu machen.

So kommt es oft vor, daß Leute über sich selbst mit unerbittlicher, durchdringender Strenge urteilen, weil diese scharfe Selbstkritik sich als Verdoppelung der Persönlichkeit auswirkt, und weil man der Schuldsituation entgeht, wenn man sich als Richter fühlt. Immerhin erzeugt das sichtbare Vorhandensein jener »jüdischen Realität« beim Nebenmenschen, gegen die er selbst sich verzweifelt wehrt, im Herzen des verschämten Juden ein mystisches, unerklärliches Gefühl seiner Verbindung mit den übrigen Juden. Dieses Gefühl ist im Grunde die Erkenntnis eines Zusammenhanges. Die Juden hängen einer mit dem anderen zusammen, das Leben eines jeden wird vom Leben der anderen heimgesucht, und diese mystische Verbindung ist um so stärker, je mehr der verschämte Jude sein Judentum verleugnen will.

Ich führe als Beweis nur ein Beispiel an: Bekanntlich sind die Prostituierten in der Fremde häufig Französinnen. Die Begegnung mit einer Französin in einem öffentlichen Haus in Deutschland oder Algier war für einen Franzosen immer peinlich. Aber das Zugehörigkeitsgefühl zur Nation ist bei ihm von ganz anderer Art. Frankreich ist eine *Nation*, und der Patriot kann sich als Teil einer echten Gemeinschaft fühlen, deren Form sich durch ihre wirtschaftlichen, kulturellen und militärischen Betätigungen ausdrückt, und wenn Nebenerscheinungen unerfreulich sind, kann er sich gestatten, sie zu übersehen.

Das ist aber keineswegs die Reaktion des Juden, der eine Jüdin unter gleichen Umständen antrifft. Er sieht, sich selbst zum Trotz, in den Demütigungen der Prostituierten ein Symbol der Demütigungen Israels. Mir sind über dieses Thema mehrere Anekdoten zu Ohren gekommen. Ich zitiere nur die, die mir als persönliches Erlebnis berichtet wurde. Ein Jude betritt ein öffentliches Haus, wählt eine Prostituierte und zieht sich mit ihr zurück. Sie gesteht ihm, daß sie Jüdin ist. Er wird auf der Stelle impotent, und es befällt ihn ein unerträgliches Gefühl der Demütigung, das sich in heftigem Erbrechen ausdrückt. Ihn ekelt nicht vor dem Geschlechtsverkehr mit einer Jüdin, da doch im Gegenteil die Juden untereinander heiraten, es ist vielmehr der Umstand, selbst in der Person der Prostituierten und somit in seiner eigenen Person zur Demütigung der jüdischen Rasse beizutragen. Letzten Endes ist *er* der Prostituierte und Gedemütigte, er und mit ihm das ganze jüdische Volk. –

Somit ist der verschämte Jude, was immer er auch tun und lassen mag, vom Bewußtsein erfüllt, Jude zu sein. Im selben Augenblick, da er sich durch sein ganzes Benehmen bemüht, das Bild Lügen zu strafen, das man von ihm entwirft, erkennt er es beim anderen und fühlt, wie es auf ihn zurückstrahlt. Er sucht und flieht zugleich seine Glaubensgenossen, er sagt, daß er nur ein Mensch wie die anderen sei, und doch fühlt er sich durch die Haltung des ersten besten bloßgestellt, wenn dieser erste beste ein Jude ist.

Er ist Antisemit, um alle Bande mit der jüdischen Gemeinschaft zu zerreißen, und bleibt ihr im innersten seines Herzens doch verbunden, denn jede Demütigung, die die Antisemiten den anderen Juden zufügen, spürt er im eigenen Fleisch.

Dieses ewige Schwanken zwischen Stolz und Minderwertigkeitsgefühl, zwischen dem leidenschaftlichen Wunsch, alle Züge ihrer Rasse abzulegen, und dem mystischen Zusammenhang mit dem Judentum, ist ein typischer Zug der verschämten Juden.

Diese qualvolle, unentwirrbare Situation kann so manchen zum Masochismus führen, weil der Masochismus wie eine flüchtige Lösung, wie ein Aufschub, wie eine Rast erscheint.

Was den Juden belastet, ist, daß er, der wie jeder andere Mensch für sich selbst verantwortlich ist und stets nach freiem Willen und bestem Gewissen handelt, trotzdem von einer feindseligen Gesellschaft ständig beschuldigt wird, daß alle seine Handlungen den Schandfleck des Jüdischen tragen. So scheint es ihm, daß er sich im gleichen Augenblick zum Juden stempelt, da er dem Judentum entfliehen will. Er fühlt sich in einen ungleichen Kampf verwickelt, wo er ewig der Besiegte sein muß, und wo er sich zu seinem eigenen Feind macht.

Je nach der Stärke seines Verantwortungsgefühles fühlt er die niederschmetternde Verpflichtung, sich vor den anderen Juden sowie vor den Christen als Jude zu bekennen. Durch ihn besteht, ihm zum Trotz, das Judentum in der Welt.

Nun ist der Masochismus der Wunsch, als Objekt behandelt zu werden. Gedemütigt, verachtet oder einfach vernachlässigt, genießt der Masochist die Wonne, wie eine Sache herumgestoßen, abgegriffen, mißbraucht zu werden. Er versucht, ein lebloses Ding zu sein, und im selben Augenblick entledigt er sich jeder Verantwortung.

Diese völlige Abdankung übt auf manche Juden eine Anziehung aus, die des ewigen Kampfes gegen dieses nebulose, gemarterte und ewig wiederauferstehende Judentum müde sind. Wohl bedeutet es, aufrechter Jude zu sein, wenn man sich als Jude bekennt, doch haben die Juden nicht begriffen, daß das aufrechte Judentum sich erst im Kampf wirklich offenbart; sie wollen nur, daß die Blicke, die Angriffe, die Verachtung der anderen sie ein für allemal zu Juden stempeln, so wie ein Stein ein Stein ist, mit einem sicheren Platz und feststehenden Eigenschaften.

So werden sie für einen kurzen Augenblick von ihrer teuflischen Willensfreiheit erlöst, die sie ihrem Schicksal nicht entrinnen läßt und nur da zu sein scheint, um sie für das verantwortlich zu machen, was sie mit aller Gewalt abwehren.

Natürlich darf man auch die anderen Ursachen dieses Masochismus nicht übersehen. In einem wunderbaren und grausamen Satz der Antigone schreibt Sophokles: »Du bist zu stolz für jemanden, der im Unglück ist.« Man könnte sagen, daß es, im Gegensatz zu Antigone, ein Hauptcharakterzug des Juden ist, durch die tausendjährige Vertrautheit mit dem Unglück angesichts der Katastrophe bescheiden zu sein. Man darf daraus nicht den üblichen Schluß ziehen, daß er frech im Erfolg und demütig im Mißerfolg ist. Das ist ganz anders. Er hat jenen denkwürdigen Rat befolgt, den die Weisheit des Griechen der Tochter Ödipus' gab, er hat begriffen, daß Bescheidenheit, Geduld und Stillschweigen dem Unglück geziemt, weil das Unglück in den Augen der Welt an sich schon eine Sünde ist. Und gewiß kann diese Erkenntnis sich in Masochismus, in die Lust am Leiden verwandeln. Jedoch das Wesentliche bleibt die Sehnsucht, sein Ich abzulegen und endlich ein für allemal mit einem jüdischen Wesen und einer jüdischen Bestimmung gekennzeichnet zu werden, die ihn jeder Verantwortung und jedes Kampfes entheben.

So bilden der Antisemitismus des verschämten Juden und sein Masochismus gewissermaßen die beiden Pole seines Fluchtversuches. Im ersten Falle geht er so weit, seine Rasse zu verleugnen, um nichts zu sein als ein Mensch ohne Schandfleck unter anderen Menschen. Im zweiten Fall verleugnet er seine Menschenwürde, um der Sünde zu entgehen, ein Jude zu sein, und um zu versuchen, zur Passivität und Stumpfheit des leblosen Dinges zurückzukehren.

Aber der Antisemit fügt dem Bild neue Töne hinzu. Der Jude, sagt er, ist ein abstrakter Intellektueller, ein reiner Vernunftmensch, und wir fühlen, daß die Worte abstrakt, intellektuell und vernunftgemäß in seinem Mund einen verächtlichen Klang annehmen. Wie könnte es auch anders sein, da der Antisemit sich als den tatsächlichen Besitzer »von Gottes Gnaden« aller Güter der Nation bezeichnet.

Aber wenn wir bedenken, daß die Anwendung der Vernunft ein Hauptfaktor bei der Befreiung des Menschen war, so weigern wir uns, sie als reine Gedankenspielerei zu betrachten, und bestehen im Gegenteil auf ihrer schöpferischen Kraft. Zwei Jahrhunderte, und nicht die schlechtesten, setzten ihre ganze Hoffnung in sie, ihr entsprangen die Wissenschaften und deren praktische Anwendungen. Sie war ein Ideal und eine Leidenschaft. Der Rationalismus versuchte die Menschen zu versöhnen, als Entdecker ewiger Wahrheiten, die sie einen sollten, und in seinem rührenden, kindlichen Optimismus verwechselte er kühn das Böse mit dem Irrtum.

Man wird den Rationalismus der Juden nie verstehen, wenn man in ihm weiß Gott welche Lust an der Diskussion sieht, statt ihn für das zu nehmen, was er ist, nämlich eine unverbrauchte lebendige Liebe zu den Menschen.

Und doch ist er zugleich ein Fluchtweg, ja vielleicht der Hauptfluchtweg. Bisher haben wir tatsächlich nur jene Israeliten ins Auge gefaßt, die sich bemühen, durch ihren Körper und ihren Geist ihre Si=

tuation als Juden zu verleugnen. Andere wieder wählen eine Weltanschauung, in der die Rassenidee keinen Platz haben kann; wohl handelt es sich immer darum, *die Situation, Jude zu sein,* vor sich zu maskieren, aber wenn sie sich und andere überzeugen könnten, daß der Begriff Jude ein Widersinn ist, wenn sie ihr Weltbild so einstellen könnten, daß sie für die jüdische Realität in der Art blind würden, wie der Farbenblinde für Rot oder Grün, könnten sie dann nicht guten Glaubens behaupten, daß sie »Menschen unter Menschen« sind?

Der Rationalismus der Juden ist eine Leidenschaft. Die Leidenschaft für das Allumfassende. Und sie haben diese und keine andere erwählt, um die partikularistischen Anschauungen zu bekämpfen, die aus ihnen Sonderwesen machen.

Die Vernunft ist die Sache, die in der Welt am gerechtesten verteilt ist, sie gehört allen und keinem, und sie ist bei allen gleich. Wenn es eine Vernunft gibt, so gibt es keine französische Wahrheit und keine deutsche Wahrheit, keine Negerwahrheit und keine jüdische Wahrheit. – Es gibt nur eine Wahrheit, und der ist der Erste, der sie entdeckt. Angesichts der ewigen kosmischen Gesetze wird der Mensch selbst zum Weltbürger. Es gibt weder Polen noch Juden, es gibt Menschen, die in Polen leben und andere, auf deren Familienpapieren steht, »zur mosaischen Religion gehörig«, zwischen ihnen wird es immer eine Möglichkeit der Übereinstimmung geben, sowie es sich um das Universelle handelt.

Man denkt an das Abbild des Philosophen, das Plato im Phädon entwirft, wie das Erwachen zur Vernunft bei ihm den Tod des Körperlichen und den Tod aller Charaktereigentümlichkeiten bedeutet, wie der vergeistigte Philosoph, der reine Sucher der abstrakten, absoluten Wahrheit all seine besonderen Züge verliert und zum Auge der Welt wird.

Manche Juden erstreben eben dieses völlige Aufgehen im Geistigen. Das beste Mittel, sich nicht als Jude zu fühlen, ist die Hingabe an die reine Logik; die Logik gilt für alle, und jeder kann auf ihren Wegen wandeln.

Es gibt keine *jüdische Art,* Mathematik zu treiben, und der jüdische Mathematiker, wenn er seine Schlüsse zieht, vergeistigt sich und wird Universalmensch; und der Antisemit, der seinen Gedankengängen folgt, wird wider Willen sein Bruder.

Somit ist der Rationalismus, an dem der Jude so leidenschaftlich hängt, vor allem eine Übung der Askese und der inneren Reinigung und eine Flucht ins All. – Und in dem Maße, wie der junge Jude an den leuchtenden und abstrakten Folgerungen Geschmack findet, ist er wie der Neugeborene, der seinen Körper betastet, um ihn kennenzulernen, er erprobt und besichtigt die berauschende Situation des Weltbürgers. Er verwirklicht auf einer höheren Ebene die Übereinstimmung und Verständigung, die man ihm auf der gesellschaftlichen Ebene verweigert. Die Wahl des Rationalismus ist bei ihm die Entscheidung für ein Menschenschicksal und eine menschliche Natur.

Daher ist es zugleich wahr und unwahr, daß »der Jude klüger ist als der Christ«. Ich möchte eher sagen, daß er eine Liebe zur reinen Vernunft hat und sie gern beim geringsten Anlaß spielen läßt, und daß ihre Ausübung nicht durch die unzähligen Tabus gehemmt ist, die der Christ als Rückstände in sich trägt, noch durch eine gewisse Art partikularistischer Sentimentalität, die der Nichtjude mit Vorliebe betont. Man muß hinzufügen, daß er von einer Art leidenschaftlichen Imperialismus der Vernunft beseelt ist. Er will nicht nur die anderen davon überzeugen, daß er im Recht ist, er will sie auch dazu bekehren, daß der Rationalismus einen unbedingten und absoluten Wert darstellt.

Er sieht sich als Missionar des Universellen und als Gegengewicht zur katholischen Religion, von der er ausgeschlossen ist, will er die »Katholizität« der reinen Vernunft aufstellen als Mittel der Erkenntnis und als geistiges Band zwischen den Menschen.

Es ist kein Zufall, daß der jüdische Philosoph Léon Brunschwig die Fortschritte der Vernunft denen der Vereinigung gleichstellt (Vereinigung der Ideen, Vereinigung der Menschen).

Der Antisemit wirft dem Juden vor, »nicht schöpferisch zu sein und einen zersetzenden Verstand zu haben«. Diese sinnlose Anschuldigung (sind Spinoza, Proust, Kafka, Darius Milhaud, Chagall, Einstein, Bergson keine Juden?) konnte plausibel erscheinen, weil der jüdische Verstand häufig eine kritische Färbung hat. Aber auch hier handelt es sich nicht um eine besondere Formation der Gehirnzellen, sondern um die Wahl einer Waffe.

Man hat gegen den Juden die übersinnlichen Kräfte der Tradition, der Rasse, des nationalen Schicksals und des Instinktes aufgeboten. Man behauptet, diese Mächte hätten Denkmäler errichtet, eine Kultur und eine Geschichte geschaffen: praktische Werte, die noch den Stempel ihrer irrationalen Entstehung tragen und die nur der Intuition zugänglich sind.

Zu seiner Verteidigung leugnet der Israelit sowohl die Intuition als das Irrationale und entkräftet die dunklen Mächte der Magie und der Unvernunft, alles, was sich nicht durch die Grundgesetze der Natur erklären läßt, alles, was zur Absonderung oder Ausnahme neigt. Er mißtraut grundsätzlich jenen totalitären Blocks, die der christliche Geist von Zeit zu Zeit auftauchen läßt. Er *bestreitet*.

Und zweifellos kann man in diesem Zusammenhang von Zerstörung sprechen, aber was der Jude zerstören will, ist streng lokalisiert. Es ist die Gesamtheit jener irrationalen Werte, die eine sofortige unverbürgte Erkenntnis vermitteln sollen.

Der Jude fordert für alles, was sein Gegner vorbringt, eine Bürgschaft, eine Garantie, weil er dadurch sich selbst schützt. Er mißtraut der Intuition, weil sie *undiskutierbar* ist und weil sie in der Folge dahin führt, die Menschen zu trennen. Wenn er mit seinem Gegner leidenschaftlich diskutiert, so tut er das, um von Anfang an die geistige Verständigung herzustellen; er will sich vor jeder Debatte über die Grundprinzipien einigen, von denen man ausgeht.

Auf Grund dieser vorhergehenden Verständigung schlägt er sodann vor, eine Gesellschaftsordnung zu schaffen, die auf der allgemeinen Gleichheit der menschlichen Natur beruht. Diese ständige Kritik, die man ihm vorwirft, verbirgt die Sehnsucht nach einem gerechten Übereinkommen mit seinen Gegnern und den kindlichen Glauben, daß die Gewalt in den Beziehungen der Menschen keineswegs notwendig ist. Während der Antisemit, der Faschist und so weiter, von absichtlich nicht mitteilbaren Intuitionen ausgeht und zwangsmäßig zur Gewalt greifen muß, um seine Erleuchtungen, die er nicht vermitteln kann, den anderen aufzuzwingen, beeilt der verschämte Jude sich, durch kritische Analyse alles aufzulösen, was die Menschen trennen und zur Gewalt verführen könnte, weil er das erste Opfer dieser Gewalt wäre.

Ich weiß sehr wohl, daß Spinoza, Husserl und Bergson in ihren Lehren der Intuition einen Platz eingeräumt haben, aber bei den beiden ersten ist die Intuition *rational*, das heißt vernunftgemäß und kritikfest und hat universelle Wahrheiten zum Gegenstand. Sie ähnelt in nichts dem Feingefühl Pascals, und in diesem unwiderleglichen, lebendigen, auf tausend unsichtbaren Wahrnehmungen aufgebauten Feingefühl erblickt der Jude seinen schlimmsten Feind.

Was Bergson betrifft, so bietet seine Philosophie das merkwürdige Beispiel einer antiintellektualistischen Lehre, die von der kritischsten, logischsten Intelligenz geschaffen wurde. Er beweist die Existenz einer reinen Zeit und einer philosophischen Intuition durch logische Schlußfolgerungen. Und diese Intuition selbst, die den Sinn von Zeit und

Leben entdeckt, ist universell in dem Sinn, als sie jedem zugänglich ist, und sie bezieht sich auf das Universelle, weil man ihre Objekte nennen und erfassen kann.

Ich höre, daß Bergson tausend Umstände macht, ehe er sich entschließt, sich der Sprache zu bedienen, aber endlich gibt er zu, daß die Worte als Führer, Wegweiser und halbverläßliche Boten verwendbar sind. Was will man mehr? Und sehen Sie, wie ihm der Streit behagt? Lesen Sie wieder das erste Kapitel des Essays über die unmittelbaren Gegebenheiten, die klassische Kritik des psycho-physiologischen Parallelismus und die Kritik über Brocas Theorie über die Aphasie. — Und tatsächlich, wie man mit Poincaré sagen konnte, daß die nicht-euklidische Geometrie eine Sache der Definition ist und in dem Augenblick entstand, als man beschloß, eine bestimmte Form der Kurven, zum Beispiel die Umfänge, die man auf der Oberfläche einer Kugel ziehen kann, Gerade zu nennen, so ist die Philosophie Bergsons ein Rationalismus, der sich seine eigene Sprache gewählt hat.

Was die frühere Philosophie das »Kontinuierliche« nannte, nennt er Leben, reine Zeit und so weiter, und das Verständnis dieses »Kontinuierlichen« hat er »Intuition« umbenannt. Aber da der Weg zu diesem Verständnis über Forschungen und vernunftgemäße Kritik führt, da sie ein Universelles erfaßt und keine nicht übermittelbaren Einzelheiten, kommt es auf das gleiche heraus, es irrationale Intuition oder synthetische Funktion des Verstandes zu nennen.

Wenn man mit Recht das Gedankengut eines Kierkegaard oder Novalis Irrationalismus nennt, so kann man vom Bergsonschen System sagen, daß es ein umbenannter Rationalismus ist.

Ich für meinen Teil sehe in ihm die äußerste Verteidigung eines Verfolgten. Angreifen, um zu parieren, den Irrationalismus des Gegners besiegen, das heißt ihn unschädlich machen und einer aufbauenden Vernunft assimilieren. Und tatsächlich führt der Irrationalismus Sorels geradewegs zur Gewalt und in der Folge zum Antisemitismus, während der Irrationalsimus Bergsons völlig harmlos ist und nur der allgemeinen Verbrüderung dienen kann.

Man findet diesen Universalismus, diesen kritischen Rationalismus im allgemeinen beim Demokraten. Sein abstrakter Liberalismus bekräftigt, daß Juden, Chinesen und Neger die gleichen Rechte haben müssen wie die anderen Mitglieder der Gemeinschaft, aber er fordert diese Rechte für sie in ihrer Eigenschaft als Menschen und nicht in ihrer Eigenschaft als spezielle Ergebnisse der Geschichte. Daher versuchen auch manche Juden, das Interesse der Demokraten zu erwecken.

Vom Gespenst der Gewalt, diesem unverdauten Rest kriegerischer, partikularistischer Gesellschaftsformen, verfolgt, träumen sie von einer vertraglichen Gemeinschaft, in der die Idee selbst die Vertragsform darstellen würde, weil sie bis in ihre letzten Konsequenzen durchdacht wäre und die Partner sich von Anbeginn über die Grundsätze einigen würden und in der der »Gesellschaftsvertrag« das einzige gemeinsame Band wäre.

Die Juden sind unter den Menschen die sanftmütigsten, sie verabscheuen die Gewalt. Und diese unerschütterliche Sanftmut, die sie inmitten der grauenhaftesten Verfolgungen bewahren, dieser Sinn für Gerechtigkeit und Vernunft, den sie als einzige Waffe einer feindseligen, rohen und ungerechten Gesellschaft entgegenhalten, ist vielleicht der beste Teil ihrer Botschaft an uns und das wahre Zeichen ihrer Größe.

Aber der Antisemit bemächtigt sich sogleich dieses aufrichtigen Bemühens seitens der Juden, durchzuhalten und ihrer Situation Herr zu werden; er macht daraus einen starren Charakterzug, der die Assimilationsunfähigkeit der Juden beweist.

Der Jude ist für ihn kein Rationalist, sondern ein Haarspalter, seine stete Suche ist nicht der Wunsch nach positiver Erforschung des Universellen, sondern ein Beweis seiner Unfähigkeit, die vitalen, rassischen und nationalen Werte zu erfassen. Der Geist der freien Kritik, aus dem er die Hoffnung schöpft, sich gegen Aberglauben und Mythen zu verteidigen, wird zum mephistophelischen Geist der Verneinung und zum zersetzenden Gift.

Statt ihn als Mittel der Selbstkritik, spontan inmitten der modernen Gesellschaft entstanden, zu schätzen, will man in ihm eine ständige Gefahrdung der nationalen Bande und der spezifisch französischen Werte sehen. Es schien uns aufrichtiger und nützlicher, den Rationalismus der Juden zu erklären, als ihre Liebe zur Vernunft zu leugnen.

Ein weiterer Fluchtversuch ist die Einstellung mancher Juden zu ihrem eigenen Körper. Man weiß, daß die einzigen ethnologischen Züge des Juden körperlich sind. Der Antisemit hat sich dieser Tatsache bemächtigt und sie zu einem Mythos ausgebaut, er behauptet, seinen Feind auf den ersten Blick zu erkennen.

Die Reaktion mancher Israeliten darauf ist, den Körper zu verleugnen, der sie verrät. Natürlich ist diese Abwehr stärker oder schwächer, je nachdem ihr Äußeres mehr oder minder verräterisch ist. Jedenfalls hängen sie nicht mit jenem Wohlgefallen, mit jener heimlichen Besitzerfreude an ihrem Körper wie die meisten »Arier«. Für diese entspringt ihr Körper der Erde Frankreichs, sie besitzen ihn vermöge dieses tiefen magischen Zusammenhanges, der ihnen schon den Genuß ihrer Kultur und ihres Bodens vermittelt hat. Weil er sie mit Stolz erfüllt, verleihen sie ihm gewisse, streng irrationale Werte, die dazu bestimmt sind, die spezifischen *Lebens*ideale auszudrücken. Scheler hat sie mit Recht »vitale Werte« benannt, sie betreffen tatsächlich weder die Urbedürfnisse des Körpers noch die Erfordernisse des Geistes, sondern eine gewisse Art der Entfaltung, einen biologischen Stil, der scheinbar das geheimste Funktionieren des Organismus, die Harmonie und Selbständigkeit der Organe, den Grundumsatz der Zellen und vor allem den »Lebenswillen« offenbart, diesen blinden, verschlagenen Willen, der der eigentliche Sinn alles Lebenden ist.

Die Anmut, die Vornehmheit, die Lebhaftigkeit gehören zu diesen Werten. Bekanntlich anerkennen wir sie sogar bei den Tieren. Man spricht von der Anmut der Katze, der Vornehmheit des Adlers. Selbstverständlich zwängt man viele dieser biologischen Werte in den Begriff der *Rasse*.

Ist denn die Rasse selbst nicht ein vitaler Wert? Enthält sie nicht in ihren Grundlagen ein Werturteil, da ja schon der Begriff Rasse den Begriff der Ungleichheit in sich trägt?

Daher empfindet der Christ, der Arier seinen Körper auf besondere Art. Er hat nicht nur einfache Organgefühle, sondern alle Sensationen, die sein Körper ihm vermittelt, sind idealistisch gefärbt und sind mehr oder minder Symbole vitaler Werte. Er verwendet sogar Zeit und Mühe, seinem biologischen Ideal zu entsprechen. Die Nonchalance unserer Modejünglinge, der »Schwung« und die Lebhaftigkeit, die zu gewissen Zeiten modern waren, der »grimmige« Gang der italienischen Faschisten, die Anmut der Frauen, alle diese Verhaltungsarten sollen den Adel des Körpers ausdrücken.

Diesen Werten stehen natürlich gewisse Unwerte gegenüber, wie der Verruf der *niederen Funktionen* des Körpers sowie gewisse Formen des Benehmens und soziale Gefühle, zum Beispiel das Schamgefühl. Dieses ist tatsächlich nicht nur die Scham, seine Blößen zu zeigen, sondern auch eine gewisse Art, den Körper heilig zu halten, ein Protest dagegen, ihn als einfaches Werkzeug zu betrachten, eine Form, ihn in Gewändern wie eine Reliquie zu verbergen.

Der Christ beraubt den Juden seiner vitalen Werte. Wenn er sich seines Körpers bewußt wird, so erscheint sofort das Gespenst der Rasse und vergiftet seine verborgensten Sensationen. Die Arier haben die Werte der Anmut und Vornehmheit gepachtet. Würde er diese Werte anerkennen, müßte er den Begriff der völkischen Überlegenheit mit all seinen Konsequenzen nochmals revidieren.

Im Namen der Idee des *universellen* Menschen schenkt er jenen eigenartigen Sensationen seines Körpers kein Gehör, im Namen der *Vernunft* verwirft er alle irrationalen Werte und akzeptiert nur die geistigen. Da die Universalität für ihn an höchster Stelle steht, ersinnt er eine Art *universellen, vernunftgemäß organisierten Körper.*

Er hat für seinen Körper keine asketische Verachtung, er sieht ihn nicht als »eitlen Tand« oder als »Bestie«, aber auch nicht als Kultobjekt. Insofern er ihn *nicht vergißt,* behandelt er ihn als Werkzeug, nur darauf bedacht, ihn möglichst präzis seinen Zwecken anzupassen. Und ebensowenig er die irrationalen Werte des Lebens anerkennt, ebensowenig anerkennt er eine Rangordnung der natürlichen Funktionen. Er verfolgt damit einen doppelten Zweck; erstens verneint er die ethnische Besonderheit Israels, zweitens ist es eine imperialistische Angriffswaffe, die die Christen davon überzeugen soll, daß ihre Körper nichts sind als einfache Werkzeuge.

Die Schamlosigkeit, die die Antisemiten sich nicht scheuen, manchen Juden vorzuwerfen, hat den gleichen Usprung; sie ist vor allem eine Affektation, den Körper möglichst unsentimental zu behandeln. Wenn der Körper ein reiner Mechanismus ist, warum sollten die Bedürfnisse der Ausscheidung tabu sein? Warum soll man den Körper ständig beobachten? Man muß ihn freud- und lieblos sowie ohne Scham säubern, pflegen und erhalten wie eine Maschine.

Aber in manchen Fällen entspringt diese Schamlosigkeit zweifellos einer Art Verzweiflung. – Wozu die Blößen eines Körpers verhüllen, den die Arier ein für allemal nackt ausgezogen haben? Ist Jude sein in ihren Augen nicht ärger, als nackt sein?

Überdies ist dieser Rationalismus keineswegs typisch jüdisch; es gibt viele Christen, zum Beispiel Ärzte, die diesen nüchternen Standpunkt in bezug auf ihren Körper und den ihrer Kinder teilen, doch handelt es sich dann meist um einen Sieg, um eine Befreiung, die meist mit vielen prälogischen Erbschaften einhergeht. Der Jude dagegen hat keinen Sinn für die vitalen Werte und will ihn nicht haben.

Man muß übrigens auch dem Antisemiten entgegenhalten, daß diese Unlust am eigenen Körper ganz entgegengesetzte Wirkungen haben kann und zu einer übertriebenen Keuschheit und einem übertriebenen Schamgefühl führen kann. – Ich kenne viele Juden, die den Christen an Keuschheit weit überlegen sind und die stets besorgt sind, ihren Körper zu verhüllen, und wieder andere, die ihn sublimieren wollen.

Das heißt, weil man ihm die vitalen Werte abspricht, wollen sie ihn mit geistigen Merkmalen bekleiden. Auf einen Christen wirken das Gesicht und die Gesten gewisser Juden peinlich, *weil sie zu bedeutsam sind.* Sie drücken zu stark und zu nachhaltig Verstand und Güte, Entsagung und Schmerz aus.

Es ist üblich, die hastigen, und wenn ich so sagen darf, volubeln Gesten der Juden beim Sprechen zu verspotten; diese mimische Lebhaftigkeit ist übrigens seltener, als man glaubt. Aber man muß sie vor allem von anderen, äußerlich ähnlichen Gestikulationsformen unterscheiden, zum Beispiel von der des Marseillers. Beim Marseiller entspringt die hitzige, hastige, unerschöpfliche Mimik einem inneren Feuer, einer ständigen Nervosität, einem Wunsch, mit seinem ganzen Körper wiederzugeben, was er sieht oder fühlt. Den Juden beherrscht vor allem der Wunsch, bedeutsam zu sein, seinen Organismus als Wahrzeichen in den Dienst der Idee zu stellen, diesen Körper, der ihn bedrückt, zu sublimieren und zu den Erkenntnissen zu erheben, die sein Geist ihm enthüllt.

Übrigens muß man bei der Schilderung so heikler Dinge sehr vorsichtig sein; das eben Gesagte trifft nicht auf alle verschämten Juden zu, und vor allem kommt ihm in der allgemeinen Haltung des Juden, je nach seiner Erziehung, seiner Abstammung und seinem Gesamtbenehmen eine mehr oder minder große Bedeutung zu.

Ich glaube, man könnte die berühmte jüdische Taktlosigkeit ebenso erklären. Natürlich steckt in dieser Anschuldigung ein gut Teil Gehässigkeit. Jedoch entspringt der Takt dem sogenannten »Feingefühl«, und der Jude mißtraut diesem Feingefühl. Taktvoll sein heißt, die Situation mit einem Blick erfassen, sie synthetisch überschauen, sie mehr erfühlen als analysieren; aber es heißt auch, sein Benehmen nach einer Menge unklarer Prinzipien richten, die sich teilweise auf die vitalen Werte beziehen und teilweise völlig sinnlose, veraltete Höflichkeitsformen und Zeremonien ausdrücken.

Taktvoll handeln setzt somit eine traditionelle, synthetische und rituelle Weltauffassung voraus. Man kann Takt nicht *logisch* erklären, er erfordert auch einen besonderen Sinn für das jeweilige psychologische Klima, er ist keineswegs *kritisch* und kommt nur in einer fest umgrenzten Gesellschaft, die ihre eigenen Ideale, Sitten und Gebräuche hat, voll zu Geltung.

Der Jude hat genausoviel natürlichen Takt wie jedweder andere, wenn man darunter das ursprüngliche Verständnis für den Nächsten versteht, aber er *bemüht* sich nicht, taktvoll zu sein.

Sich durch den Takt leiten lassen, hieße zugeben, daß die Vernunft in den Beziehungen zwischen den Menschen kein ausreichender Führer ist, und daß Überlieferungen sowie die geheimen Kräfte der Intuition dem Verstand bei der Anpassung an die Menschen und bei ihrer Behandlung überlegen sind. Das hieße einer Kasuistik, einer Ausnahmsmoral zustimmen und würde so den Verzicht auf die Idee einer allgemeinen menschlichen Natur mit allgemeinen Reaktionen bedeuten.

Er müßte sich eingestehen, daß die konkreten Situationen wie die Individuen einander nicht gleichen und müßte den Partikularismus anerkennen. In diesem Augenblick aber unterzeichnet er sein Todesurteil, denn im Namen eben dieses Taktes brandmarkt der Antisemit ihn als Sonderfall und schließt ihn aus der nationalen Gemeinschaft aus. Daher klammert sich der Jude an den Glauben, daß man die größten Schwierigkeiten mit dem Verstand überwinden kann. Er *sieht nicht* das Irrationale, das Magische, die besondere Nuance, er *glaubt* nicht an Gefühlsnuancen. Durch einen sehr verständlichen Protest leugnet dieser Mann, der von der Meinung der anderen lebt, den Wert der Meinung, er versucht eine Logik, die auf die leblosen Dinge paßt, auf den Menschen anzuwenden. Er nähert sich so dem analytischen Rationalismus des Ingenieurs und des Arbeiters, nicht weil die Dinge ihn geformt oder angezogen haben, sondern weil die Menschen ihn verstoßen haben.

Seine analytische Psychologie setzt mit Vorliebe an Stelle seelischer Synthesen das Kräftespiel der Interessen und Triebe und die algebraische Summe der Neigungen. Die Kunst, zu beherrschen, zu verführen, zu überzeugen wird zum Rechenexempel.

Nur führt die Erklärung menschlichen Betragens durch Allgemeinbegriffe naturgemäß zur Abstraktion. Und tatsächlich erklärt diese Liebe zum Abstrakten die besondere Beziehung des Juden zum Geld. Der Jude, sagt man, liebt das Geld. – Trotzdem verwechselt der Volksmund, der den Juden so gern habgierig nennt, ihn selten mit dem volkstümlichen Märchen vom Geizigen, und es ist sogar ein Lieblingsthema des Antisemiten, den Juden wegen seiner Verschwendungssucht anzuprangern.

Tatsächlich liebt der Jude das Geld nicht aus einem besonderen Geschmack an Münzen und Banknoten, sondern es nimmt bei ihm häufig die Form von Aktien, Schecks oder Bankkontos an. Er hängt also nicht an seiner greifbaren, sondern an seiner abstrakten Form, an der Kaufkraft, und er zieht diese Form des Eigentums jeder anderen vor, weil sie universell ist.

Die Erwerbung durch Kauf hängt in der Tat nicht von der Rasse des Käufers ab und ändert sich nicht mit seiner Idiosynkrasie. Der Preis des Objektes gilt für *jeden* Käufer unter der einzigen Bedingung, daß er ihn bezahlen kann. Und im Augenblick, da die Summe ausbezahlt ist, wird der Käufer legaler Besitzer des Objektes. Das Eigentum durch Kauf ist demnach eine abstrakte und allgemeine Form des Eigentums, im Gegensatz zur besonderen und irrationalen Aneignung durch Partizipation.

Hier ergibt sich ein circulus vitiosus; je reicher der Jude ist, desto heftiger wird der übliche Antisemit beteuern, daß der wahre Besitz nicht der gesetzmäßige ist, sondern eine Anpassung von Seele und Leib an das Objekt, das man besitzt. Auf diese Weise erlangt der Arme den Boden Frankreichs und seine geistigen Güter wieder.

Die antisemitische Literatur ist voll stolzer Erwiderungen tugendhafter Waisenkinder oder verarmter Edelmänner an reiche Juden mit dem stets gleichbleibenden Leitmotiv, daß Ehre, Liebe, Tugend, Geschmack und so weiter nicht *käuflich sind*. Aber je mehr der Antisemit auf dieser Art der Besitzergreifung besteht, die bezweckt, den Juden aus der Gemeinschaft auszuschließen, desto energischer behauptet der Jude, daß die einzige Form des Eigentums die gesetzmäßige, durch Kauf erworbene ist.

Als Protest gegen diesen magischen Besitz, den man ihm verweigert und der ihm sogar die Dinge rauben will, die er gekauft hat, klammert er sich an das Geld als an die gesetzliche Kaufkraft des universellen und anonymen Menschen, der er sein will. Er besteht auf der Macht des Geldes, um seine Verbraucherrechte in einer Gemeinschaft zu verteidigen, die sie ihm bestreitet, und um zugleich das Band zwischen Eigentümer und Eigentum zu rationalisieren, so daß der Begriff des Eigentums sich in den Rahmen der rationellen Weltanschauung einfügt. Der Kauf als rationelle, kommerzielle Handlung legitimiert das Eigentum, und dieses wird einfach als Gebrauchsrecht definiert.

Der *Wert* des erworbenen Gegenstandes, anstatt Gott weiß was für ein geheimes *Idol* darzustellen, das sich nur den Eingeweihten offenbart, wird dem offiziellen Preis gleichgestellt, der bekannt ist und den jeder sofort erfahren kann.

Man sieht deutlich die Hintergründe der Liebe des Juden zum Geld. Wenn das Geld den Wert bestimmt, so ist der Wert allgemeingültig und rational und entspringt nicht irgendwelchen okkulten Quellen der Gesellschaft, er ist jedem zugänglich. Nun kann der Jude nicht mehr aus der Gesellschaft ausgeschlossen werden, er wird ihr als Käufer und anonymer Verbraucher einverleibt.

Auf die üblichen Phrasen wie »Geld ist nicht alles« oder »es gibt Dinge, die nicht käuflich sind«, erwidert er manchmal mit einer Verherrlichung der Allmacht des Geldes: »Man kann alle Seelen kaufen, es kommt nur auf den Preis an.« Das ist weder Zynismus noch niedere Gesinnung, sondern ein Gegenangriff. Er möchte dem Antisemiten klarmachen, daß die irrationalen Werte nur Einbildungen sind, und daß es niemanden gibt, der sie nicht gern zu Geld machen würde.

Läßt der Antisemit sich kaufen, so ist der Beweis erbracht, denn das heißt, daß auch er im Grunde die gesetzmäßige Aneignung durch Kauf der mystischen durch Partizipation vorzieht.

Sofort taucht er in der Menge unter und ist numehr ein allgemeiner Mensch, der sich nur durch seine Kaufkraft unterscheidet. Das erklärt zugleich die »Habgier« des Juden und seine wahrhafte Großmut. Seine »Liebe zum Geld« ist nur der Beweis seiner festen Überzeugung, daß nur die rationalen, abstrakten und allgemeinen Beziehungen der Menschen zu den Dingen Geltung haben.

Der Jude ist Utilitarist, weil man ihm jeden Genuß an den Gegenständen abspricht, außer dem des einfachen *Gebrauches.* Zugleich will er durch das Geld die gesellschaftlichen Rechte erwerben, die man ihm als Person verweigert. Es stört ihn nicht, um seines Geldes willen geliebt zu werden, denn die Achtung, die Schmeicheleien, die sein Reichtum ihm einträgt, gelten dem anonymen Wesen, das *eine solche Kaufkraft* besitzt; und eben dieses Anonymat sucht er, er will auf paradoxe Art reich sein, *um unbemerkt zu bleiben.* Diese Hinweise dürften genügen, die Hauptzüge des jüdischen Gemütes zu schildern. Wie vorauszusehen war, ist es durch die Wahl, die der Jude für sein Ich getroffen hat, und durch die Bedeutung seiner Situation scharf charakterisiert.

Aber wir wollen hier kein Porträt zeichnen. Wir erinnern nur an die Langmut des Juden, an dieses Erwarten der Verfolgungen, diese Vorahnung der Katastrophe, die er während der glücklichen Jahre unterdrückt, und die dann plötzlich als prophetische *Aura* hervorbricht, sowie der Himmel sich umwölkt, wir verweisen auf die besondere Art seiner Menschlichkeit, diesen Willen zur allgemeinen Verbrüderung, der sich am borniertesten aller Partikularismen stößt, und jene wunderliche Mischung von Liebe, Verachtung, Bewunderung und Mißtrauen, die er jenen Menschen entgegenbringt, die nichts von ihm wissen wollen.

Glauben Sie aber nicht, daß es genügt, mit offenen Armen auf ihn zuzukommen, um sein Vertrauen zu gewinnen: Er hat gelernt, den

Antisemitismus unter den hochtönendsten liberalen Phrasen zu wittern. Er ist den Christen gegenüber ebenso mißtrauisch wie die Arbeiter gegen die jungen Bourgeois, die »einen Hang für das Volk« haben. Seine utilitaristische Psychologie sieht hinter den sporadischen Sympathiekundgebungen Einzelner persönliche Interessen, Berechnung und geheuchelte Toleranz, und leider täuscht er sich selten.

Und trotzdem sonnt er sich an diesen Sympathiekundgebungen, an diesen Ehrungen, denen er mißtraut. Er träumt den unerfüllbaren Traum, plötzlich durch sichtbare Zuneigung und echte Beweise guten Willens von seinem Mißtrauen geheilt zu sein. Er sehnt sich danach, jenseits der Schranken, mit den anderen, in ihrer Mitte zu sein.

Man müßte diese Welt mit zwei Polen, dieses gespaltene Stück Menschheit schildern und zeigen, daß der Jude zweierlei Arten Gefühle in sich birgt, je nachdem, ob sie einem Christen oder einem Juden gelten. Die Liebe des Juden zu einer Jüdin ist nicht die gleiche wie die zu einer Arierin. Unter dem Gewand allgemeiner Menschenliebe verbirgt sich im jüdischen Gemüt ein tiefer Zwiespalt.

Wir müssen endlich noch die entwaffnende Frische und die unverbildete Ursprünglichkeit des jüdischen Gemütes schildern, das ganz davon erfüllt ist, die Welt zu rationalisieren. Der getarnte Jude kann zweifellos seine Gefühle *analysieren,* aber nicht kultivieren. Er mag ein Proust, aber kein Barrès sein; weil die Pflege der Gefühle und des eigenen Ichs einen tiefen Sinn für Tradition, eine Vorliebe für das Unerklärliche, ein Zurückgreifen auf empirische Methoden und einen ruhigen Genuß wohlverdienter Rechte voraussetzt. Es sind das die Grundzüge eines aristokratischen Gemütes.

Davon ausgehend ist der Christ eifrigst darauf bedacht, sich wie eine Treibhauspflanze zu pflegen, oder wie jene Fässer edlen Weines, die man nach Indien und wieder zurück verschiffte, weil so die Seeluft sie durchdrang und dem Wein, den sie enthielten, ein köstliches Aroma verlieh. Die Pflege des Ichs ist rein magisch und partizipationistisch, aber die stete Aufmerksamkeit, die man dem eigenen Ich darbringt, trägt im Laufe der Zeit ihre Früchte.

Der Jude, der vor sich selbst flieht und der die psychischen Vorgänge mehr als Mechanismen denn als die Entfaltung eines Organismus auffaßt, sieht zweifellos auch dem Spiel seiner Neigungen zu, weil er auf dem Boden der objektiven Betrachtung steht, aber er arbeitet nicht an ihnen. Er ist nicht einmal sicher, ihren wahren Sinn zu erfassen. Die logische Analyse ist nicht das beste Mittel der Seelenerforschung. So wird der Rationalist ständig von einem frischen Strom von

Leidenschaften und Sensationen überflutet. Er vereint ein urwüchsiges Gemüt mit den Verfeinerungen einer intellektuellen Kultur.

Die Freundschaftsbezeigungen des Juden haben eine Offenheit, Frische und Wärme, wie man sie bei den ganz in ihre Traditionen und Förmlichkeiten verstrickten Christen selten findet. Das gibt auch dem jüdischen Leid, dem bittersten aller Leiden, den hilflosen Zug. Aber wir können hier nicht näher darauf eingehen. — Es genügt, auf die möglichen Folgen der Tarnung der Juden hinzuweisen.

Zum Abschluß begnügen wir uns, in kurzen Zügen die bekannte jüdische *Unrast* zu beschreiben, denn die Juden kennen keine Rast und keine Ruh'. Ein Jude ist nie seines Platzes oder seines Eigentums sicher, er weiß nicht einmal, ob er morgen noch in dem Lande ist, das er heute bewohnt, seine Stellung, sein Vermögen, ja sein Recht zu leben sind stündlich bedroht. Überdies wird er, wie wir gesehen haben, ständig von dem demütigenden, nicht greifbaren Bild verfolgt, das die feindseligen Massen von ihm gemacht haben. Seine Geschichte ist die einer zweitausendjährigen Irrfahrt, und jeden Augenblick muß er darauf gefaßt sein, wieder zum Wanderstab zu greifen. Bis ins innerste Mark von Unbehagen erfüllt, unversöhnlicher Feind des eigenen Körpers, stets auf der Jagd nach dem unerfüllbaren Traum der Assimilation, die in dem Maße vor ihm flieht, als er sich ihr nähert, hat er nie die unerschütterliche Sicherheit des Ariers, der fest an seiner Scholle klebt und der seiner verbürgten und verbrieften Eigentumsrechte so sicher ist, daß er sie vergißt und das Band, das ihn mit seiner Heimat verbindet, für *naturgegeben* hält.

Nur darf man nicht glauben, daß die jüdische Unrast metaphysischer Natur ist, und darf sie nicht mit jener fragenden, unheimlichen Unruhe verwechseln, die uns packt, wenn wir die Lage der Menschheit betrachten. Ich möchte fast sagen, daß diese metaphysische Besorgnis ein Luxus ist, den der Jude sich heute ebensowenig leisten kann wie der Arbeiter.

Man muß seiner Rechte sicher und fest in der Welt verwurzelt sein, man muß frei von jenen tausend Ängsten sein, die das tägliche Brot der Unterdrückten und Schwachen sind, um nach der Stellung des Menschen im Kosmos und nach seiner Bestimmung zu fragen.

Kurz, die Metaphysik ist das Vorrecht der herrschenden arischen Klassen. Diese Bemerkung soll keineswegs die Metaphysik entwerten. Sie wird wieder nach der Befreiung der Menschen ihre Hauptsorge sein.

Die große Fragestellung des Juden ist nicht metaphysisch, sondern sozial. Ihn bekümmert noch nicht die Stellung des Menschen im Welt=

all, sondern seine Stellung in der menschlichen Gesellschaft. Er sieht nicht die Verlassenheit jedes einzelnen in einem stummen Kosmos, weil er noch nicht aus der menschlichen Gesellschaft bis zum Kosmos vorgedrungen ist.

Er fühlt sich inmitten der Menschen einsam und verlassen, und die Rassenfrage beschränkt seinen Horizont. Seine Unrast ist nicht jene, die ewig suchend fortbestehen will, er gefällt sich nicht darin, er möchte Ruhe finden.

Man hat mich aufmerksam gemacht, daß es in Frankreich keinen jüdischen Surrealisten gegeben hat: weil der Surrealismus auf seine Art die Frage nach dem Schicksal der Menschheit stellt. Seine Zerstörungswut; der große Lärm, den er schlug, waren die Luxusspiele junger Bourgeois, die sich in einem Siegerstaat, der ganz ihnen gehörte, breitmachten.

Der Jude will nicht zerstören, und er will sich über die hilflose Lage der Menschheit keine Gedanken machen. Er ist *Gesellschaftsmensch* par excellence, weil es die Gesellschaft ist, an der er leidet. Die Gesellschaft und nicht Gottes Gebot hat ihn zum Juden gemacht, sie hat die Judenfrage geschaffen, und weil er sich mit seinem ganzen Ich zu diesem Problem einstellen muß, so wählt er sogar sein Dasein in und durch die Gesellschaft.

Sein Projekt, sich der nationalen Gemeinschaft einzufügen, ist sozial, der Wille, sich den anderen Menschen anzugliedern, ist sozial, seine Freuden und seine Leiden sind sozial, weil der Fluch, der auf ihm lastet, sozial, das heißt von der Gesellschaft geschaffen, ist.

Wenn man ihm daher seine metaphysische Gleichgültigkeit vorwirft, wenn man ihm vorwirft, daß seine stete Unrast seinem radikalen Positivismus widerspricht, so darf man nicht vergessen, daß die Vorwürfe auf jene zurückfallen, die sie erheben.

So wird dieser Verfolgte dazu verdammt, sein Ich auf Grund falscher Probleme in einer falschen Situation zu wählen, durch die drohende Feindseligkeit der Umgebung seines metaphysischen Sinnes beraubt, in einen Rationalismus der Verzweiflung gedrängt.

Sein Leben ist eine stete Flucht vor sich und den anderen. Man hat ihm alles, sogar seinen bloßen Leib entfremdet, man hat sein Gemüt zerrissen, man hat ihm nichts gelassen als den Traum der Weltverbrüderung in einer Welt, die ihn verstößt.

Wessen Schuld ist dies? In unseren Augen spiegelt sich für ihn das unerträgliche Bild seiner selbst, vor dem er sich verbergen will. Unsere Worte und Gesten, *all* unsere Worte und Gesten, unser Antisemitismus genau wie unser herablassender Liberalismus haben ihn bis ins

Herz vergiftet. Wir zwingen ihn, *Jude zu sein,* einerlei, ob er flieht oder die Stirn bietet. Wir haben ihn vor die Wahl gestellt, verschämter oder aufrechter Jude zu sein. Wir haben diese Spezies Mensch geschaffen, die nur als künstliches Produkt einer kapitalistischen oder feudalen Gesellschaft bestehen kann und deren einziger Zweck es ist, in einer Gemeinschaft, die noch keine Logik kennt, als Prügelknabe zu dienen; diese Spezies Mensch, die wie keine andere *für den Menschen Zeugenschaft ablegt,* weil sie im Schoß der Menschheit aus sekundären Reaktionen entstanden ist; diese Quintessenz des verfemten, entwurzelten, von Urbeginn der Tarnung oder dem Martyrium geweihten Menschen. – Keiner von uns ist unter diesen Umständen unschuldig, wir sind Verbrecher, und das Blut, das die Nazis vergossen haben, kommt auf unser Haupt.

Der Jude ist frei, wird man sagen, frei, aufrechter Jude zu sein. Gewiß, aber vor allem muß man verstehen, daß *das nicht uns betrifft.* Auch der Häftling ist frei, zu entweichen, aber nur, wenn er bei einem Fluchtversuch sein Leben aufs Spiel setzt. Ist sein Kerkermeister darum weniger schuldig?

Aufrechter Jude sein, bedeutet, sich *als Jude* bekennen und das jüdische Los auf sich nehmen. Der aufrechte Jude entsagt dem Traum des Weltbürgers, er kennt sich und will in der Geschichte freiwillig die Rolle des Verdammten übernehmen, er flieht nicht mehr vor sich selbst und schämt sich nicht mehr der Seinen. Er hat begriffen, daß die Welt schlecht ist, er glaubt nicht, wie der verschämte Jude, kindlich an den Monismus, sondern an die Mächte der Gesellschaft. Er weiß, daß er *abseits* steht, unberührbar, geächtet, und *dazu* bekennt er sich.

Mit einem Schlag entsagt er seinem rationalistischen Optimismus, er sieht, daß die Welt sinnlos zerstückelt ist, und für sein Teil fügt er sich darein und zieht seine Lehre daraus. Er wählt seine Brüder und seine Kameraden unter den anderen Juden und setzt seine Karte auf die menschliche Größe, weil er freiwillig Lebensbedingungen auf sich nimmt, die nachweisbar untragbar sind, und weil er aus seiner Demütigung seinen Stolz schöpft.

Im Augenblick, da er aufgehört hat, passiv zu sein, nimmt er dem Antisemiten alle Macht und alle Kraft, denn der verschämte Jude floh vor dem Judentum, und erst der Antisemit machte ihn zum Juden wider Willen; statt dessen *macht* der aufrechte Jude, allen und allem zum Trotz, *sich selbst zum Juden,* er nimmt alles auf sich, bis zum Martyrium, und der entwaffnete Antisemit muß sich begnügen, ihn anzugeifern, ohne ihn brandmarken zu können.

Sogleich entgeht der Jude, wie jeder aufrechte Mensch, der Karikatur; die gemeinsamen Züge der verschämten Juden rührten von ihrer gemeinsamen Tarnung her, und wir finden keinen einzigen dieser Züge beim aufrechten Juden; er ist, wozu er sich gemacht hat, das ist alles, was man sagen kann. In seiner freiwilligen Vereinsamung wird er ein Mensch, ein ganzer Mensch mit dem metaphysischen Horizont, der der Lage der Menschheit entspricht.

Aber die guten Seelen können nicht einfach sagen: »Nun gut, wenn der Jude einen freien Willen hat, so soll er in Gottes Namen aufrechter Jude sein, und wir werden Ruhe haben.« Das offene Bekenntnis zum Judentum ist keine soziale Lösung der Judenfrage, es ist nicht einmal eine individuelle Lösung.

Gewiß sind die aufrechten Juden heute weit zahlreicher, als man annimmt. Die ausgestandenen Leiden der letzten Jahre haben ihnen die Augen geöffnet, und vielleicht gibt es heute sogar mehr aufrechte Juden als aufrechte Christen. Aber ihre freiwillige Selbstbestimmung erleichtert keineswegs ihren individuellen Lebenskampf, ganz im Gegenteil.

Zum Beispiel: Ein aufrechter Jude, der im Jahre 1940 mitgekämpft hat, leitet während der Besetzung Frankreichs in London eine französische Propagandazeitschrift. Er schreibt unter einem Pseudonym, um seiner in Frankreich zurückgebliebenn »arischen« Frau keine Unannehmlichkeiten zu bereiten. Das gleiche taten viele emigrierte Fransosen, und in ihrem Fall findet man es recht und billig. Aber ihm verweigert man dieses Recht und sagt: »Aha, wieder so ein schmutziger Jude, der sich tarnt.« Er wählt die Artikel, die er veröffentlicht, rein nach ihrem Wert. Wenn er zufällig verhältnismäßig viel jüdische Artikel annimmt, so schreibt man ihm: »Na also, da wäre die ganze Sippe wieder beisammen.« Wenn er dagegen einen jüdischen Artikel refüsiert, so sagt man, daß er »in Antisemitismus macht«. »Nun«, wird man sagen, »wenn er ein aufrechter Jude ist, so soll er sich nicht darum kümmern.« Das ist leichter gesagt als getan, er kann es nicht ignorieren, weil seine Tätigkeit in der Propaganda besteht und er daher von der Meinung der anderen abhängig ist. »Sehr gut, dann ist diese Tätigkeit eben nichts für die Juden, und sie sollen sie nicht ausüben.« Hier ist der springende Punkt. »Sie sind mit dem aufrechten Judentum nur einverstanden, wenn es geradewegs ins Getto führt; und Sie sind es, die diese Lösung der Frage sabotieren.«

Sozial stehen die Dinge übrigens nicht besser; die Umstände, die wir geschaffen haben, führen zu einer Spaltung unter den Juden. Der Entschluß, ein aufrechter Jude zu sein, kann tatsächlich zu einander entgegengesetzten politischen Entscheidung führen. Der Jude kann seinen Platz als Jude mit seinen Rechten und seinem Martyrium in der französischen Gemeinschaft beanspruchen, er kann vor allem zeigen wollen, daß für ihn selbst die beste Form. Franzose zu sein, ist, sich als *französischer Jude* zu bekennen.

Er kann aber auch die Wiedergeburt einer selbständigen jüdischen Nation auf eigener Erde fordern in der Überzeugung, daß das aufrechte Judentum durch einen jüdischen Staat gestützt werden muß. Es wäre denkbar, daß diese beiden Auffassungen sich als Kundgebungen aufrechten Judentums vereinen und ergänzen könnten. Aber dazu dürften die Juden nicht ständig unter Verdacht stehen und sie dürften nicht riskieren, den Gegnern Waffen gegen sich selbst in die Hand zu spielen. Hätten wir den Juden nicht in seine spezifisch jüdische *Situation* gedrängt, so würde es sich nur um eine freie Wahl zwischen Jerusalem und Frankreich handeln. Die erdrückende Mehrheit der französischen Israeliten würde für Frankreich stimmen, und nur eine kleine Anzahl würde im jüdisch nationalen Sinn Palästina wählen. Das würde keineswegs bedeuten, daß den zur französischen Gemeinschaft gehörigen Juden mit Tel-Aviv feste Bande verknüpfen würden, allerhöchstens wäre ihm Palästina eine Art Ideal, ein Symbol, und der Bestand eines selbständigen jüdischen Staates wäre für die Integrität der französischen Gesellschaft unendlich weniger gefährlich als die Existenz eines ultramontanen Klerus, die wir widerspruchslos dulden.

Aber der heutige Zeitgeist macht aus einer so berechtigten Wahl eine Quelle der Zwietracht zwischen den Juden.

Der Antisemit sieht in der Errichtung einer jüdischen Nation den Beweis dafür, daß der Jude im französischen Staat ein Eindringling ist. Einst warf man ihm seine Rasse vor, und nun betrachtet man ihn als Ausländer. Er hat bei uns nichts zu suchen — auf nach Jerusalem!

Somit ist das aufrechte Bekenntnis zum Judentum, wenn es zum Zionismus führt, den Juden, die in ihrer ursprünglichen Heimat bleiben wollen, schädlich, weil es den Antisemiten Beweismaterial liefert.

Der französische Jude seinerseits zürnt dem Zionismus, weil er eine ohnedies schon allzu heikle Situation noch kompliziert, und der Zionist zürnt dem französischen Juden, den er a priori der Tarnung bezichtigt.

Wir sehen also, daß der Entschluß, ein aufrechter Jude zu sein, zwar eine *moralische* Lösung ist, die dem Juden in ethischer Beziehung einen Halt gibt, aber keineswegs eine soziale oder politische. Die Situation des Juden ist derart, daß sich alles, was er tut, gegen ihn wendet.

IV

Das bisher Gesagte kann selbstverständlich nicht zu einer Lösung der Judenfrage führen, aber es ist immerhin denkbar, daß es den Ausgangspunkt zur Präzisierung von Bedingungen bildet, in denen man eine Lösung ins Auge fassen kann.

Wir haben nun gesehen, daß entgegen einer weitverbreiteten Ansicht nicht der Charakter des Juden den Antisemitismus macht, sondern daß im Gegenteil der Antisemit den Juden schafft.

Das Urphänomen ist demnach der Antisemitismus, ein rückschrittliches soziales Gebilde und eine noch nicht auf Logik aufgebaute Weltanschauung.

Was folgt aus dieser Feststellung? Zur Lösung der Frage gehört die Definition des Zweckes und seiner Mittel. Man streitet oft über die Mittel, ohne den Zweck zu kennen.

Was kann man in der Tat anstreben? Die Assimilation? Sie ist ein leerer Wahn, denn der wahre Gegner der Assimilation ist, wie gesagt, nicht der Jude, sondern der Antisemit.

Seit der Emanzipation, also seit ungefähr anderthalb Jahrhunderten, bemüht der Jude sich redlich um die Aufnahme in eine Gesellschaft, die ihn zurückweist. Es wäre daher nichtig, diese Integration, die sich ihm stets entzieht, durch ihn beschleunigen zu wollen. Solange es einen Antisemitismus gibt, ist die Assimilation unmöglich. In der Tat will man zu Gewaltmitteln greifen. Manche Juden verlangen selbst, daß man alle Juden umbenennt, daß man sie zwingt, Namen wie Durand oder Dupont anzunehmen. Aber das wäre eine ungenügende Maßnahme, man müßte auch eine Politik der Mischehen betreiben und strenge Verbote gegen die Riten und insbesondere gegen die Beschneidung erlassen.

Ich aber sage ohne Umschweife, daß diese Maßnahmen mir unmenschlich erscheinen. Es mag sein, daß Napoleon sie durchführen wollte, aber Napoleon wollte ja gerade die Individuen dem Staat opfern. Keine Demokratie kann die Assimilation um den Preis derartiger Zwangsmaßnahmen dulden. Überdies kann ein solches Vorgehen nur von getarnten Juden gepredigt werden, die an einer antisemitischen Psychose leiden; es bedeutet nichts weniger als die Tilgung der jüdischen Rasse, und es stellt letzten Endes die schon beim Demokraten vermerkte Tendenz dar, den Juden zugunsten des »*Menschen*« abzuschaffen. Aber der »*Mensch an sich*« existiert nicht, es gibt Juden, Protestanten und Katholiken, es gibt Franzosen, Engländer und Deutsche, es gibt Weiße, Schwarze und Gelbe. Mit einem Wort, es geht darum, eine aus Sitten und Gefühlen bestehende Gemeinschaft zugunsten einer nationalen Gemeinschaft zu vernichten. Die meisten Juden würden eine Assimilation unter diesen Gesichtspunkten ablehnen.

Gewiß träumen sie davon, sich der Nation einzuverleiben, aber *als Juden*, und wer dürfte ihnen das verargen?

Man hat sie gezwungen, sich als Juden zu betrachten, man hat ihnen das Bewußtsein der Solidarität mit den anderen Juden beigebracht, ist es dann verwunderlich, wenn sie sich gegen die Maßnahmen wehren, die Israel zerstören wollen?

Man wird zu Unrecht einwenden, daß die Juden eine Nation innerhalb der Nation bilden. Wir haben zu beweisen versucht, daß die jüdische Gemeinschaft weder national noch international noch religiös noch ethisch noch politisch ist, sie ist eine quasi-historische Gemeinschaft.

Was den Juden ausmacht, ist seine besondere Situation, was ihn mit den anderen Juden verbindet, ist die Gleichheit der Situation. Diese gleichsam historische Körperschaft darf nicht als fremdes Element der Gesellschaft angesehn werden, ganz im Gegenteil, sie ist ihr notwendig. Wenn die Kirche sie zu einer Zeit duldete, da sie allmächtig war, so nur deshalb, weil sie sich durch Übernahme bestimmter wirtschaftlicher Funktionen unentbehrlich gemacht hatten. Heute sind diese Funktionen allen zugänglich, aber das soll nicht heißen, daß die Juden als geistiger Faktor nicht dazu beitragen, der französischen Nation ihren speziellen Charakter und ihr Gleichgewicht zu geben.

Wir haben die Züge des verschämten Juden scharf und vielleicht etwas streng gezeichnet; es gibt keinen einzigen unter ihnen, der sich *als solcher* der Assimilation durch die französische Gesellschaft widersetzen würde. Im Gegenteil, sein Rationalismus, sein kritischer Geist, sein Traum von einer vertragsmäßigen Gesellschaft und einer Weltverbrüderung und sein Humanismus machen aus ihm ein unentbehrliches auftreibendes Element dieser Gesellschaft.

Wir empfehlen hier einen echten Liberalismus. Das heißt, daß alle, die durch ihre Mitarbeit zur Größe eines Landes beitragen, die vollen Bürgerrechte beanspruchen dürfen, und zwar nicht auf Grund einer abstrakten, problematischen »menschlichen Natur«, sondern auf Grund ihrer werktätigen Mitarbeit am Leben der Gemeinschaft. Das bedeutet, daß Juden sowohl als Araber oder Neger in dem Augenblick, da sie mit dem nationalen Unternehmen solidarisch sind, ein Einspruchsrecht in diesem Unternehmen haben. Daß sie Staatsbürger sind.

Aber sie genießen diese Rechte *in ihrer Eigenschaft als* Juden, Neger oder Araber, das heißt als Individuen. In den Staaten mit Frauenwahlrecht verlangt man von den Wählerinnen nicht, daß sie ihr Geschlecht verändern, wenn sie zur Urne gehen; die Stimme der Frau wiegt genausoviel wie die des Mannes, aber sie wählt in ihrer Eigenschaft als Frau mit ihren weiblichen Sorgen und Leidenschaften, mit ihrem weiblichen Charakter.

Wenn es sich um die legalen Rechte des Juden handelt und um jene nicht minder wichtigen ungeschriebenen Rechte, die in keinem Gesetzbuch stehen, so darf man ihm diese Rechte nicht nur in dem Maße zuerkennen, als ein potentieller Christ in ihm steckt, sondern als französischem Juden. Wir *müssen* ihn mit seinem Charakter, seinen Sitten, seinem Geschmack, seiner Religion, falls er religiös ist, seinem Namen und seinem Äußeren akzeptieren.

Wenn diese Aufnahme aufrichtig und rückhaltlos ist, so wird sie es vor allem dem Juden erleichtern, sich als aufrechter Jude zu bekennen, und nach und nach wird sie, ohne Gewalt und nur durch die historische Evolution, jene Assimilation ermöglichen, die man durch Machtmittel erzwingen wollte.

Aber dieser konkrete Liberalismus, wie wir ihn definieren, ist ein Ziel, doch kann er leicht zur Schimäre werden, wenn wir nicht den Weg bezeichnen, zu diesem Ziel zu gelangen.

Wie wir gezeigt haben, kommt es nicht in Frage, die Sache von der jüdischen Seite anzupacken. Die Judenfrage ist durch den Antisemitismus entstanden, und wir müssen den Antisemitismus abschaffen, um sie zu lösen. Der Kernpunkt der Frage lautet demnach: Wie soll man dem Antisemitismus beikommen? Man darf die üblichen Methoden wie Propaganda und Erziehung keineswegs vernachlässigen; es wäre wünschenswert, den Schulkindern eine Erziehung zu geben, die sie vor den Irrtümern der Leidenschaft bewahrt. Aber man muß befürchten, daß die Ergebnisse rein individuell wären. Ebenso darf man sich nicht scheuen, durch feststehende Gesetze die Herabsetzung durch Wort und Tat einer bestimmten Kategorie von Franzosen energisch zu verbieten.

Aber geben wir uns über die Wirksamkeit solcher Maßnahmen keinen Illusionen hin. Gesetze haben den Antisemiten nie gestört und werden ihn nie stören, er fühlt sich einer mystischen Gemeinschaft zugehörig, die außerhalb der Gesetze steht. Man mag die Verordnungen und Verbote anhäufen, sie werden immer vom offiziellen

Frankreich ausgehen, während der Antisemit behauptet, der Vertreter des »wahren« Frankreichs zu sein.

Bedenken wir, daß der Antisemitismus eine manichäistische, primitive Weltauffassung ist, in der der Judenhaß an Stelle des großen erklärenden Mythos tritt.

Wir haben gesehen, daß es sich nicht um eine vereinzelte Ansicht unter anderen Ansichten handelt, sondern darum, wie ein Mensch in einer bestimmten Situation sich mit seinem ganzen Ich einstellt und um die Wahl seiner Weltanschauung. Sie entspricht einem gewissen wilden, mystischen Sinn für die eigene Scholle. Um diese Einstellung unmöglich zu machen, genügt es nicht, durch Propaganda, Erziehung und legale Verbote an den *freien Willen* des Antisemiten zu appellieren. Da er, wie jeder Mensch, einen durch die Situation bedingten freien Willen darstellt, so ist es die Situation, die wir von Grund auf ändern müssen. Man muß nur die Chancen dieser Selbstbestimmung von Grund auf ändern, um die Ich-Wahl zu verwandeln. Man trifft dadurch nicht den freien Willen, aber der freie Wille entscheidet auf Grund anderer Gegebenheiten und im Hinblick auf andere Formationen.

Der Politiker kann nie auf den freien Willen der Staatsbürger einwirken, denn schon seine Stellung verbietet es ihm, sich anders als in negativer Form mit ihm zu befassen, das heißt, indem er sich bemüht, ihn nicht zu hemmen; er befaßt sich nur mit den Situationen.

Wir konstatieren, daß der Antisemitismus ein verzweifelter Versuch ist, *gegen* die Schichtung der Gesellschaft in Klassen eine nationale Union zu verwirklichen. Er ist ein Versuch, die Zersplitterung der Gesellschaft in einander feindselige Gruppen dadurch abzuschaffen, daß man die gemeinsamen Leidenschaften derart erhitzt, daß die Schranken schmelzen. Aber da die Trennungen fortbestehen, da ihre wirtschaftlichen und gesellschaftlichen Ursachen nicht beseitigt wurden, will man sie alle in einer einzigen zusammenfassen: Die Unterschiede zwischen reich und arm, Arbeitern und Arbeitgebern, gesetzlichen und okkulten Mächten, Städtern und Bauern und so weiter, sie alle faßt man in den einen Gegensatz zwischen Juden und Nichtjuden zusammen.

Das bedeutet, daß der Antisemitismus eine bourgeoise und mystische Darstellung des Klassenkampfes ist, und daß er in einer Gesellschaft ohne Klassen nicht bestehen könnte. Er offenbart die *Trennung* der Menschen, ihre Isolierung inmitten der Gemeinschaft, die Interessenkonflikte, die Zerstückelung der Leidenschaften. Er kann nur in einer

Gemeinschaft bestehen, wo eine geschwächte Solidarität stark gegliederte Mehrheiten vereint, er ist ein Phänomen des sozialen Pluralismus.

In einer Gesellschaft, in welcher alle solidarisch sind, weil alle die gleichen Interessen haben, gäbe es keinen Raum für ihn. Endlich offenbart er einen gewissen mystischen Zusammenhang zwischen dem Menschen und seinem Hab und Gut, der dem heutigen Regime des Privateigentums entspricht.

In einer klassenlosen und auf gemeinsamem Besitz der Produktionsmittel begründeten Gesellschaft, in der der Mensch, von seinen Wahnvorstellungen der Vorzeit befreit, sich endlich *seinem wahren Beruf* hingeben wird, der da ist, das Reich des Menschen erstehen zu lassen, wird der Antisemitismus keine Daseinsberechtigung mehr haben. Er wird mit der Wurzel ausgerottet sein. Daher widersetzt sich der aufrechte Jude, der sich dank dem Antisemiten als Jude fühlt, der Assimilation nicht mehr als der klassenbewußte Arbeiter der Abschaffung der Klassen. Ganz im Gegenteil, in beiden Fällen wird das Erwachen des Selbstbewußtseins das Ende des Rassen- und Klassenkampfes beschleunigen.

Kurz, der aufrechte Jude verzichtet *für seine Person* auf die heute unmögliche Assimilation, aber er erhofft sie für seine Söhne durch die radikale Abschaffung des Antisemitismus.

Der heutige Jude steht mitten im Kampf, woraus folgt, daß die soziale Revolution notwendig ist und die Kraft haben wird, den Antisemitismus aus der Welt zu schaffen. Wir werden die Revolution *auch* für die Juden machen.

Und was geschieht bis dahin? – Denn auf die künftige Revolution warten, um die Judenfrage abzuschaffen, ist eine unbefriedigende Lösung! – Wir sind doch alle direkt an ihr interessiert, wir alle sind mit den Juden solidarisch, weil der Antisemitismus geradewegs zum Nationalsozialismus führt. Wenn wir die Person des Israeliten nicht achten, wer wird uns achten? Wenn wir uns dieser Gefahren bewußt sind, wenn wir die Schande unserer widerwilligen Mitschuld mit den Antisemiten, die uns zu Henkern gemacht haben, durchlebt haben, wird es vielleicht in uns aufdämmern, daß wir nicht mehr und nicht minder für die Juden kämpfen müssen als für uns selbst.

Ich erfahre, daß wieder eine jüdische Liga gegen den Antisemitismus ins Leben gerufen wurde. Ich bin höchst erfreut darüber, denn es beweist, daß der Sinn für aufrechtes Judentum sich bei den Israeliten wieder entwickelt. Aber wird diese Liga etwas vermögen? Viele

Juden – und mit die besten – zögern aus einer Art Bescheidenheit, ihr beizutreten. Einer von ihnen sagte mir jüngst: »Was das für Sachen sind« und fügte etwas linkisch, jedoch mit einer aufrichtigen und tiefen Schamhaftigkeit hinzu, »der Antisemitismus und die Verfolgungen sind nicht so wichtig«.

Diese Scheu ist leicht begreiflich, aber dürfen *wir* Nichtjuden sie teilen? Richard Wright, der Negerschriftsteller, sagte kürzlich: »Es gibt in den Vereinigten Staaten kein Negerproblem, es gibt nur ein Problem der Weißen.« Wir sagen ebenso, der Antisemitismus ist kein jüdisches Problem, er ist *unser* Problem.

Weil wir Unschuldigen auch stets Gefahr laufen, seine Opfer zu werden, müssen wir mit Blindheit geschlagen sein, um nicht zu sehen, daß er vor allem unsere Sache ist. Es ist nicht an den Juden, als erste eine Liga gegen den Antisemitismus zu gründen, sondern an uns.

Es versteht sich von selbst, daß eine solche Liga das Problem nicht aus der Welt schaffen wird. Aber wenn sie sich in ganz Frankreich verzweigen würde, wenn sie staatlich anerkannt würde, wenn ihr Beispiel in anderen Ländern weitere Ligen schaffen würde, die sich alle zusammenschließen würden, um endlich eine internationale Gesellschaft zu gründen, wenn diese dann überall einschreiten würde, von wo Ungerechtigkeiten gemeldet werden, wenn sie durch Presse, Propaganda und Erziehung einwirken würde, so könnte sie ein dreifaches Resultat erzielen.

Erstens würde sie den Gegnern des Antisemitismus Gelegenheit geben, sich zu versammeln und zu einer werktätigen Gemeinschaft zusammenzuschließen, sodann würde sie durch die Anziehungskraft, die jeder organisierten Gruppe eigen ist, so manche Zauderer, die sich über die Judenfrage *überhaupt keine* Gedanken gemacht haben, heranziehen. Endlich würde sie einem Gegner, der mit Vorliebe das wahre Vaterland dem Staat gegenüberstellt, das Schauspiel einer wirklichen Gemeinschaft vorführen, die jenseits der allgemeinen Abstraktion des Staates ihren eigenen Kampf kämpft.

So würde sie dem Antisemiten sein Lieblingsargument rauben, das auf dem Mythos des Wirklichen beruht.

Die Sache der Juden wäre halb gewonnen, wenn ihre Verteidiger nur einen Bruchteil der Leidenschaft und der Ausdauer aufbringen würden, die ihre Feinde daransetzen, sie zu vernichten. Um diese Leidenschaft zu entfachen, darf man sich nicht an die Großmut der Arier wenden. Auch bei den Besten ist diese Tugend nur sporadisch, aber man wird jedem Einzelnen darlegen müssen, daß das Schicksal der Juden auch *sein* Schicksal ist.

Kein Franzose wird frei sein, solange die Juden nicht im Vollbesitz ihrer Rechte sind.

Kein Franzose wird sicher sein, solange ein Jude in Frankreich, *in der ganzen Welt*, um sein Leben zittern muß.

NACHWORT

I

Jean-Paul Sartre schrieb seinen Aufsatz »Ist der Existentialismus ein Humanismus?« im Jahre 1946. Die ursprüngliche Konzeption war die eines Vortrags, den Sartre vor dem Pariser »Maintenant«-Club hielt. Damals hatte der Existentialismus in Frankreich als Philosophie der résistance seine erste historische Phase abgeschlossen und mußte gegen Angriffe aus dem marxistischen und dem christlichen Lager sowie gegen die Mißdeutungen seiner modischen Mitläufer in Rollpullover und Fransenhaar die Substanz verteidigen. Der knappe, übersichtlich gegliederte Text in seinem pamphletischen Grundcharakter, der die hauptsächlichen Gegenpositionen der Philosophie der Existenz deutlich markiert und daran die Selbstdefinition dieser Philosophie entwickelt, ist einer der Grundtexte zum Verständnis der neuen Lehre geworden. Wer nichts von ihr weiß, erfährt hier aus dem Munde ihres konsequentesten Verfechters das Wesentliche, und er kann, als kritischer Leser, hier auch bereits den immanenten Widersprüchen des Existentialismus auf die Spur kommen.

Das Gesamtgebiet ist sehr ausgedehnt. Sartre zerlegt es gleich zu Anfang in zwei Großprovinzen, in die der christlichen Existentialisten, zu denen er Karl Jaspers und Gabriel Marcel rechnet; und die der »atheistischen Existentialisten«, zu denen er Martin Heidegger und sich selber zählt. In seinem philosophischen Hauptwerk »Das Sein und das Nichts« (1943 erschienen) hatte Sartre die Unterschiede zwischen Heideggers Lehre und der eigenen stark betont. In dem vorliegenden Essay läßt er den »atheistischen Existentialismus« als einheitliche Philosophie auftreten. Die Entstehungsgeschichte des Existentialismus setzte Sartre bei seinen Hörern (und Lesern) damals voraus. Wir versuchen, sie hier mit ein paar Hilfslinien anzudeuten.

Seit rund hundert Jahren hat sich im Nachdenken des Menschen über sich selbst, über seine Lage in der Welt und über seine Stellung im Kosmos ein zentrales Mangelempfinden eingestellt und bis zur Unerträglichkeit verschärft: das Gefühl, wir seien in ein auswegloses Verhängnis verstrickt, und die Frage, was der Mensch sei, müsse von daher in einer neuen »denkenden Gesamthaltung des Menschen im Medium unendlicher Reflexion« (Jaspers) neu beantwortet werden. Philosophen, Dichter, Schriftsteller, wo sie überhaupt von den Fundamenten sprechen, sprechen seitdem von nichts anderem als von diesem Zentralgefühl einer ungeheuren Veränderung. Sie umkreisen die Symptome der Langeweile, der Sinnzersetzung, der Nichtigkeit, der Angst, des hoffnungslosen Alleinseins in einem gleichgültigen Universum und schließlich das Abbruchgefühl, alles sei absurd und weiterzuleben ebenso sinnlos wie sich umzubringen.

Am Anfang der spezifischen Verschlimmerung dieses Prozesses steht Nietzsches Wort »Gott ist tot«; steht Karl Marx mit seiner die Epoche herausfordernden Entmachtung des Gottesbegriffs zu einer bloßen Ideologie, mit deren Hilfe der Mensch versuche, der Wirklichkeit zu entfliehn; und am Ende steht Sartres Slogan »Der Mensch ist eine gemeine Marmelade« mit einem neuen Radikalismus und einem neuen Tonfall des humanen Selbstverständnisses. Während die Angst und das Nichts zu tragenden Begriffen der Philosophie werden, formiert sich in der Literatur der lange Gestaltenzug moderner Entfremdungsvisionen. Hofmannsthals Lord Chandos, Kafkas Gregor Samsa, der Steinwälzer Sisyphos, wie Albert Camus ihn beschrieb, und schließlich die Krüppelwesen Samuel Becketts, die in Mülleimern und Blumentöpfen über die Unbegreiflichkeit des Daseins nachsinnen, verkörpern das Absurde der Existenz. Aber schon Nietzsche und gleichzeitig mit ihm der Däne Sören Kierkegaard glaubten, einen substantiellen Schwundvorgang im Wesen des Menschen selbst wahrzunehmen. Von da an hat das Empfinden einer totalen Ent=Schöpfung (decréation) der Wirklichkeit immer stärkere Prägekraft für die abendländische Philosophie und Literatur gewonnen.

Seit er diese Schwundzustände bewußt erlebt und darüber reflektiert, begreift sich der Mensch erst als ein eigentlich »modernes« Wesen. Der moderne Mensch ist aus diesem Insuffizienzgefühl an sich selbst hervorgegangen, und zugleich mit ihm geht aus seiner Selbstreflexion »das Ganze des Seienden« (Heidegger) überhaupt erst hervor. Martin Heidegger schrieb die fundamentalen Sätze: »Der Mensch — ein Seiendes unter anderm — treibt Wissenschaft. In diesem ›Treiben‹ geschieht nichts Geringeres als der Einbruch eines Seienden, genannt Mensch, in das Ganze des Seienden, so zwar, daß in und durch diesen Einbruch das Seiende in dem, was und wie es ist, aufbricht. Der auf=

brechende Einbruch verhilft in seiner Weise dem Seienden allererst zu ihm selbst.«

Die Philosophie dieses neuartigen, höchst subjektiven, zugleich aber auch welthervorbringenden Zustandes, die ihn durchdrungen, definiert, systematisiert und literarisch ansichtig gemacht hat, ist die Existenzphilosophie und ihre radikalere wie auch politisch aktive Ausformung: der Existentialismus. Beide erkennen die aktuelle menschliche Situation als eine Entfremdung der Existenz vom Wesen. Unser Dasein (Existenz) und unser Wesen (in philosophischer Sprache unsere Essentia) sind auseinandergefallen, entzweit, entfremdet. Das heißt: der Mensch ist nicht mehr das, was er für lange Jahrhunderte der Philosophie einmal war; was er seiner Schöpfungsbestimmung nach anfänglich hatte sein sollen. Der Mensch erfüllt das metaphysische Plansoll nicht mehr. Wir sind vom Grundplan Abgefallene, dem ursprünglichen Wesen Entfremdete, und wir wissen, *daß* wir es sind. In dieser Lage stellen wir Fragen und stoßen fragend auf uns selbst; stoßen auf Seiendes außer uns, und treffen in unserm Selbst die Fähigkeit an, ein Gegenteil dieses Selbst und ein Gegenteil dieses Seienden zu denken: nämlich das Nichts. Unter allen Lebewesen vermag allein der Mensch zu fragen: warum ist das Sein, warum ist nicht vielmehr nichts? Indem er diese Frage durchdenkt, sieht er alles Bestehende »gleichsam verzehrt in einer schwindelerregenden Bewegung« (Jaspers). Aber auch ohne daß er denkt, besitzt er eine Erfahrung dieses »Gegenteils«, das ist die unmittelbare (emotionale) Erfahrung der Angst. Die Angst, schrieb Kierkegaard, hat zum Gegenstande das Etwas, das nichts ist. Die Angst ist eine subjektive Erfahrung, jeder Mensch macht sie irgendwann. In der Existenzphilosophie hat sie eine grundlegende seinsenthüllende Bedeutung gewonnen. Die Angst ist vor allem Denken und Reflektieren da, sie hat »praecognitiven« Charakter, sie ist, wie Heidegger formuliert, eine »Befindlichkeit«, das heißt eine vor allem rationalen Erkennen uns mitgegebene Gestimmtheit durch das Seiende.

Hierin liegt das eigentlich Umstürzende, das die Existenzphilosophie in die Geschichte des menschlichen Bewußtseins als Novum eingebracht hat. Nicht in der Helligkeit des Geistes, sondern in unseren Befindlichkeiten, in den Zuständen der Angst, der Langeweile, des Mißmuts, der Triebbesessenheit, des Schuldigwerdens machen wir unmittelbare Erfahrungen des Seins. »Das ontische Offenbaren selbst ... geschieht in stimmungsmäßigem und triebhaftem Sichbefinden inmitten von Seiendem« (Heidegger). In Heideggers System, aus dem Sartre seine

Philosophie der Freiheit abgeleitet hat, ist die Angst die humane »Grundbefindlichkeit«. Die Angst ist die Mutter des modernen Bewußtseins. Nachdem das Dasein durch die Angst vor dem Nichts hindurchgegangen ist, ist es auch über sich hinausgegangen, ist es, wie die philosophische Fachsprache sagt, »ein transzendierendes Dasein geworden« (Kränzlin). Es sieht sich erst von diesem Augenblick der Selbstüberschreitung an zu einer neuen Würde aufgerufen. »Die Hineingehaltenheit des Daseins in das Nichts auf dem Grunde der verborgenen Angst macht den Menschen zum Platzhalter des Nichts« (Heidegger).

Der Paragraph 40 im sechsten Kapitel von Heideggers »Sein und Zeit« ist überschrieben »Die Grundbefindlichkeit der Angst als eine ausgezeichnete Erschlossenheit des Daseins«. Er enthält die klassische Analyse des Angstphänomens aus existenzphilosophischer Sicht mit dem Ergebnis, daß »das Wovor der Angst ... die Welt als solche« ist. Das bedeutet: nicht einzelne Wahrnehmungsdaten, nicht »dieses oder jenes« flößen uns Angst ein, »auch nicht alles Vorhandene zusammen als Summe«, sondern wovor die Angst sich ängstet, ist das »In-der-Welt-sein selbst«. Der Paragraph enthält weiter die Analyse des Begriffs der Erschlossenheit. In der Angst konnten wir die Erfahrung machen, daß Dasein »vereinzeltes, reines, geworfenes Seinkönnen« ist. Als solches hatte die Angst es uns erst »erschlossen«, es uns offenbart in seiner ganzen Zufälligkeit (Kontingenz).

Wie sieht dieses Erlebnis des Zufälligen am Erlebenden selbst aus? Verlassen wir Heideggers Begriffsanalyse für einen Augenblick und wenden wir uns Sartres Roman »La Nausée« zu. Seine Hauptfigur, Antoine Roquentin, notiert sich Einzelheiten eines solchen Erlebnisses: »Der Augenblick war ungewöhnlich. Ich stand da, unbeweglich und erstarrt, verloren in einer grauenvollen Ekstase. Aber sogar im Schoße dieser Ekstase zeigte sich etwas Neues: ich begriff den Ekel, ich besaß ihn ... das Wesentliche ist die Kontingenz ... die Kontingenz ist kein falscher Schein, keine Erscheinung, die man zerstreuen kann, sie ist das Absolute, konsequenterweise das vollkommen Grundlose. Alles ist grundlos, dieser Garten, diese Stadt und ich selbst.« Die Angst seiner grauenvollen Ekstase hat Antoine Roquentin das Dasein als grundloses, vereinzeltes, geworfenes Seinkönnen »erschlossen«: als reine Zufälligkeit.

Vor dieser Erfahrung und solange wir uns in den Geborgenheiten geschlossener Denk- oder Glaubenssysteme, Konventionen und Gewohnheiten bewegen, ist uns das Dasein »verschlossen«. Wir leben unterworfen unter Konformitäten, handeln gemäß anerkannten Normen, leben dahin in der Anpassung, im »Gerede«, in den »Illusionen des Man« (Heidegger), im Vertrauen auf Richtigkeit und Zweckmäßigkeit dessen, was alle tun. Erst von dem Augenblick an, wenn uns die Angst alle diese Verschließungen »erschlossen« hat; nachdem wir das neue Elementargefühl grenzenloser Bedrohung erlebt und die neue negative Würde einer Platzhalterschaft im Nichts angeeignet haben, sind wir nicht mehr bloß Teile eines sich schließenden konformistischen Ganzen: jetzt bestimmen allein wir, was wir sind und was wir tun. Dahin sind die festen Werte, dahin die ewigen Wahrheiten, dahin die ethischen Normen und Kriterien für das, was recht und unrecht ist. »Das Denken in Werten ist hier und sonst die größte Blasphemie, die sich dem Sein gegenüber denken läßt« (Heidegger). Der Punkt ist erreicht, von dem aus die Welt und mein eigenes Dasein keinen Sinn mehr darbietet als den, den ich selbst ihnen verleihe. Der letzte Schritt in die Autonomie, die Selbstherrlichkeit und Selbstgewißheit, aber auch in den Titanismus der menschlichen Natur ist mit der Loslösung aus den transzendenten Bindungen endgültig vollzogen. Es gibt einen Aufsatz von Heidegger über Nietzsches Wort »Gott ist tot«. Da wird die These vertreten, daß dieses neue Menschentum und nicht eine künftige biologische Superspezies Nietzsches Übermensch sei, und es ist kein Grund, diese These anzuzweifeln. Der Übermensch sind wir; wir sind bereits der neue Menschenschlag, der die Angst seiner endlichen Existenz »entschlossen« auf sich nimmt; der von sich aus festsetzt, was recht und was unrecht ist und dessen letztes Glaubensbekenntnis lautet: »Alles geschieht und nichts bedeutet etwas.« Dieser neue Menschenschlag ist dabei, in eine andere Geschichte einzutreten als die bisherige war. Er, der eigentlich moderne Typus begibt sich an die Wesensvollendung eines Zeitalters und einer Weltgestalt, auf die kein Gott mehr einwirkt und die nur er allein verantwortet – vor sich selbst. Der Einzelne wie die Menschheit im ganzen entwirft sich selbst aus seiner »Ge-worfenheit« in ein eigenes Selbstsein. Das ist seine »Entschlossenheit«, für die er selbst die Verantwortung trägt – vor sich selbst. Diese Moral der Entschlossenheit eines ganz und frei auf sich selbst gestellten Menschen (und Menschentums), ist eine der historischen Funktionen von Heideggers Philosophie. Sein Begriff der Entschlossenheit weckt Erinnerungen an Hitler und dessen Art, dieses Wort auszusprechen. Er hatte sich entschlossen, und im selben Augenblick überschritten seine Truppen die Grenze. Man denkt auch an die Entschlossenheitspolitik des anderen totalitären Lagers. Dennoch blickt Heideggers philosophische Prognose ohne Zweifel in weitere Zeiträume voraus. Auch nach einer Überwindung der totalitären Systeme wird der Mensch nicht wieder in die Vormundschaft eines naturbedingten oder gottgegebenen Moralgesetzes zurückkehren. Jedenfalls haben wir hier die Stelle des intensivsten Kontakts zwischen Heidegger und Sartre. Wenn wir in Sartres Essay »L'Existentialisme est un humanisme« lesen, daß der Mensch frei ist, ja daß er mit seiner Freiheit identisch ist, daß er verurteilt ist, frei zu sein und für alles verantwortlich ist, was er tut – dann sind das Weiterentwicklungen von Heideggers Moral der Entschlossenheit. Sartre geht über Heidegger hinaus. Während im Hintergrund von Heideggers Philosophie ein letzter mystischer Seinsbegriff erhalten bleibt, hat Sartre sich davon ganz frei gemacht und geht ausschließlich vom Menschen selber aus: daher darf er seine Philosophie »humanistisch« nennen.

Dazu Paul Tillichs Charakteristik: »Das ist der Grund, weshalb er (Sartre) zum Symbol des heutigen Existentialismus wurde, eine Stellung, die er nicht so sehr wegen der Originalität seiner Grundbegriffe verdient als durch den Radikalismus, die Konsequenz und psychologische Genauigkeit, mit der er sie durchgeführt hat. Ich beziehe mich vor allem auf seine These, daß die »Essenz des Menschen seine Existenz« ist. Dieser Satz ist wie ein Blitzlicht, das die ganze existentialistische Szene erhellt. Man könnte ihn den verzweifeltsten und den mutigsten Satz in der ganzen existentialistischen Literatur nennen. Was er sagt, heißt, daß es keine essentielle Natur des Menschen gibt, außer in dem einen Punkt, daß er aus sich machen kann, was er will. Der Mensch »macht«, was er ist. Nichts ist ihm gegeben, seine Kreativität zu bestimmen. Die Essenz seines Seins, das »Müßte-sein«, das »Sollte-sein« ist nichts, was er vorfindet, er macht es. Der Mensch ist, was er aus sich macht. Und der Mut man selbst zu sein, ist der Mut aus sich zu machen, was man sein möchte.«

Sartres Existentialismus will als ein Humanismus des denkenden, sich selbst entwerfenden Subjekts verstanden werden. (In späteren Ausgaben des Essays blieb das Fragezeichen hinter dem Titel weg!) Dieser existentielle Humanismus setzt sich von den tradierten Formen des Humanismus entschieden ab. Scholastik, Renaissancemenschentum, Deutscher Idealismus, Auguste Comte und seine Vorstellung einer Menschheitsreligion, deren krönendes Gottwesen die Menschheit selbst sein sollte – alle diese humanistischen Systeme sind geschlossene, das Sein verschließende Weltanschauungsgebilde und als solche dem Humanismus der Existenz nicht annehmbar: »Der Menschheitskultus endet bei dem in sich geschlossenen Humanismus Comtes und, das muß gesagt sein, beim Faschismus. Das ist ein Humanismus, von dem wir nichts wissen wollen.« Gehen wir darüber hinweg, daß von der im Kommunismus endenden Form des »Menschheitskultus« hier geschwiegen wird, und versuchen wir zu verstehen, was Sartre meint. Sein neuer atheistischer Existenz-Humanismus ist ein Humanismus »der menschlichen Ichheit«, des sich entwerfenden und sich transzendierenden Menschen, der keinen Gesetzgeber außer sich selbst anerkennt, in seiner Verlassenheit »über sich selbst entscheidet« und auf keine Vergebung seiner Schuld rechnen darf. Die »menschliche Ichheit«, das ist der Einzelne, ist die Entscheidung des einsamen Individuums, das kein moralisches Gesetz in sich vorfindet und an den gestirnten Himmel über sich nicht glaubt.

Da aber begegnet uns nun der erstaunliche Passus bei Sartre: »Der individuelle Akt bindet die ganze Menschheit«! Wir lesen weiter und finden, was das heißt: der Einzelne, wenn er sich entscheidet, für Kommunismus, Einehe, christliche Gewerkschaft oder vegetarische Lebensweise, entscheidet nicht für sich allein, sondern ist »außerdem ein Gesetzgeber, der gleichzeitig mit sich die ganze Menschheit wählt«. Ganz ähnlich hatte das Kant mit seinem kategorischen Imperativ ausgedrückt. Woher dieser Anklang? Man muß sich vorstellen, was Sartres aktuelle Aufgabe war, als er vor dem »Maintenant«-Club 1946 den Existentialismus als einen salonfähigen Humanismus darstellte. Es galt, das Mißverständnis zu zerstreuen, Existentialist sein bedeute soviel wie sich aus Überzeugung ausleben. Es galt, die Freiheit der Entschlossenheitsethik irgendwo zu begrenzen; zu zeigen, daß sie nicht einfach die Freiheit der Libertinage sei. Und da unterlief diese ohne Zweifel kantianische Kurve und brachte Sartres Lehre in einen offenkundigen Widerspruch zu sich selbst. Kant hatte bewiesen, daß der auf persönliche Freiheit gestellte Wille dennoch nichts bloß Subjektives ist; daß das, was wir als Pflicht, als »kategorischen Imperativ« in uns vorfinden, etwas Überindividuelles, ein kategorisches Sollen sei, auf das der »gute Wille« sich bei seinen Handlungen einstelle. Sartres Lehre leugnet das Bestehen kategorialer Werte, die unabhängig von unserer Einwirkung und Zustimmung da sind, indem er aber den in Freiheit wählenden Einzelnen mit seiner Wahl zum »Gesetzgeber« promovieren und ihn »gleichzeitig mit sich die ganze Menschheit« wählen läßt, öffnet Sartre eben doch dem kategorialen Element den Einschlupf in seine Ethik und bringt sich als Moralphilosoph in eine Position, »die nicht nur jenseits der Krise, sondern überhaupt jenseits des Existentialismus liegt« (Kuhn).

Wer aus Sartres Essay konkrete Fingerzeige für sein Verhalten in moralischen Konfliktsituationen ableiten will, sieht sich der Ungewißheit gegenüber. Es geht ihm wie dem jungen Franzosen während der Besetzung Frankreichs, der zu Sartre kommt und ihn fragt, was er tun solle, ob er bei seiner Mutter bleiben oder sich den Widerstandskämpfern anschließen müsse. Er findet nirgends einen wirklichen Halt, er hört, daß es für unser moralisches Handeln überhaupt keine Grundsätze gebe, und liest: »Tue was du willst, aber tue es gründlich und erfinderisch. Erfinde die Person, die du sein willst, und stehe zu deiner Erfindung ...« So lautet Sartres Rat an den jungen Mann. Damit wahrt Sartre einmal den obersten Leitsatz seiner Moralphilosophie, den Satz von der Freiheit als der einzigen Wertquelle der humanen Moral. »Wir wollen die Freiheit um der Freiheit willen«, steht auch in unserm Essay zu lesen, und in »Das Sein und das Nichts« findet man die Sätze: »Die Ontologie kann nicht selbst moralische Vorschriften machen. Sie beschäftigt sich einzig mit dem Seienden, und es ist nicht möglich, aus Imperativen Indikative zu erhalten.« Aber die unausgesprochene Hoffnung des Philosophen, als er seinen imperativen Rat erteilte, war darüber hinaus die: daß der junge Mann in der konkreten Situation des Zusammenbruchs Frankreichs schon die »richtige« Entscheidung treffen werde. Hier darf der Leser auf die besondere Ausgangslage des französischen Existentialismus hingewiesen werden. Für diesen war die Katastrophe Frankreichs gleichbedeutend mit der Katastrophe des modernen Menschen. Sie war die Sintflut und traf alle. Die aus dieser Lage abgeleitete Philosophie erhob den Anspruch, die Situation des unter der deutschen Besatzung leidenden Franzosen sei die menschliche Ursituation und daher für alle verbindlich. Hier der Einzelne, und ihm gegenüber die Andern, die ihn quälen, foltern und seine »Hölle« sind. Die Andern waren damals wir, die Deutschen, die Faschisten. Wer unter ihnen, bevor er als Unterdrücker nach Frankreich kam, Heidegger gelesen hatte, konnte von der gleichen Entschlossenheitsphilosophie in seiner Freiheit bestärkt wie seine Opfer, die Erfindung seiner Person als einer faschistischen »gründlich« vollziehen, tun was immer er wollte und hinterher zu seiner Erfindung stehn. Viele dieser »Platzhalter des Nichts« hatten ihren Philosophen gelesen und führten seine Schrift »Was ist Metaphysik?« im Tornister mit. In dieser politischen Phase standen sich Menschen zweier Nationen im erbittertsten Konflikt ihre Geschichte gegenüber und bezogen die

Rechtfertigung dafür, einander umzubringen, aus den gleichen philosophischen Fundamentalsätzen. Heideggers Metaphysik rechtfertigte Hitler als die aktuelle Verkörperung des Seins. Sartre lehrte der französischen résistance »Tu was du willst, aber tue es gründlich und erfinderisch ...«

II

Die Freiheit des Einzelnen, zu tun was immer ihm bei der Erfindung der eigenen Person als geboten erscheint, bedurfte einer einschränkenden Bestimmung, um nicht als subjektiver Immoralismus abgetan zu werden. Sartre gibt sie mit dem Satz: »Ich kann mir nicht die Freiheit zum Ziel setzen, wenn ich mir nicht gleichzeitig die der Anderen zum Ziele setze.« Am Beispiel des antisemitischen Verhaltens ließ sich das deutlich machen. Der Essay »Betrachtungen zur Judenfrage« entstand 1945 und erschien zuerst unter dem Titel »Porträt des Antisemiten« (Portrait de l'antisémite) im Dezember 1945 in »Les Temps modernes«. Im Gesamtwerk spielt er die Rolle einer Nutzanwendung und Probe aufs Exempel. Sartre gibt eine Analyse des Antisemitismus vom Boden seiner Philosophie der Freiheit aus und umreißt das Wesensbild eines Menschen unserer Zeit, der sich im Zuge des freien Selbstentwurfs als Antisemiten wählt. Der Antisemit ist der Musterfall zu Sartres Konzeption des Hasses, wie sie im einschlägigen Kapitel von »Das Sein und das Nichts« dargestellt wird. Der Hassende »will eine Welt verwirklichen, in der es den Anderen nicht gibt«. Wer haßt, haßt daher nicht eine isolierte Eigenschaft des Anderen, sondern er haßt dessen Existenz als solche. Der Andere soll nicht vorhanden sein. Wer haßt, will die »Endlösung«. Darum ist Haß gegen wen auch immer im Kern stets Haß gegen alle übrigen Menschen. Haß mit Vernichtungstendenz, und sie gehört notwendig zum Haß, trachtet danach, das Prinzip der Fremdexistenz auszulöschen. Der Hassende möchte selbst einschränkungslos frei sein und sogar noch die Bindung des Hasses los werden, die ihn an den Andern kettet; darum will er den Andern beseitigen. Der Antisemit hat seine Beziehungen zur Evidenz abgebrochen. Die Tatsache, daß »Jude« ein anthropologisch nicht exakt zu definierendes Phänomen darstellt, wird vom Antisemiten außer acht gelassen. Die Griechen definierten den Barbaren als den, der Gründen nicht zugänglich ist. Das trifft auf den Antisemiten zu. Er ignoriert alles Entlastende zugunsten des Judentums, das sich aus der Eigenart seiner Geschichte und Soziologie ergibt. Der Antisemit, sagt uns Sartre, hat vor allem und in erster

Linie den Haß gewählt. Er hat sich ferner entschlossen, fürchterlich zu sein. Die Person, als die er sich entworfen hat, soll den Andern Schrecken bereiten. Gut und Böse sind dem Antisemiten in ihm selber gegeben, er bringt sie als Erbschaft des Blutes mit zur Welt und hat sie gemeinsam mit allen, die gleichen Blutes sind. Indem er sich als Antisemiten gewählt hat, wählte er diese mystische Bluterbschaftslehre mit und glaubt von daher zu wissen, daß er zu den Guten, der Jude zu den Bösen zählt. Und er glaubt schließlich zu wissen, daß es die Mission der Guten sei, die Bösen zu vernichten.

Die letzten Konsequenzen des Hasses überhaupt hat Sartre in dem erwähnten Kapitel von »Das Sein und das Nichts« dargestellt. Was da steht, liest sich wie ausdrücklich auf unsere Situation bezogen. Der Tod der mittels »Endlösung« Vernichteten ist zu einem konstituierenden Element unserer selbst geworden. Sartre schreibt etwa: aller Haß scheitert am Ende; aber wenn auch mein Haß den Andern getötet hat, die Tatsache, daß er existiert hat, kann ich nicht aus der Welt schaffen. »Dadurch wird aber mein Für-Andere-Sein, indem es in die Vergangenheit gleitet, zu einer nunmehr unabänderlichen Dimension meiner selbst.« Ich bin durch seinen Tod in einer neuen unabwaschbaren Weise determiniert. Nachdem ich den Andern vernichtet habe, gelingt es mir endgültig nicht mehr, mich von ihm zu befreien. Solange er lebte, war mir das wenigstens für eine bestimmte Zeit möglich. Ich blickte ihn an und machte ihn so zu meinem Objekt. Als Sadist unterwarf ich mir seinen Körper, zwang ihn, sich zu erniedrigen, um Gnade zu bitten, ich ließ ihn leben, ich löschte nur seine Freiheit aus. »Was ich für den Anderen war, ist durch den Tod des Anderen zu etwas Festem geworden, und ich werde es auch für die Zukunft unabänderlich sein ... Der Tod des Anderen konstituiert mich, genau wie mein eigener Tod, als unabänderliches Objekt.«

III

Daß die existentialistische Moral der grenzenlosen Freiheit um der Freiheit willen hier eben doch an eine Grenze stößt: daß die Freiheit des Einzelnen nicht die Vernichtungslizenz für Freiheit und Leben der Anderen einschließt, war am Beispiel des Antisemitismus schlüssig aufzuweisen, und dieser Aufweis hatte den allgemeinen Konsens. Wie aber liegen die Dinge, wenn die Beispiele statt dem faschistischen dem kommunistischen Katalog der Frevel entnommen werden? Sie liegen, um das vorweg zu sagen, hier für den Unterdrücker bei weitem günstiger. Der linkstotalitäre Unterdrücker unterdrückt, sperrt ein und vernichtet auf Grund einer philosophischen Lehre und tut alles, das Gute wie das Scheußliche, mit dem Blick auf eine ferne Zukunft des Menschheitsglücks. Bei den französischen Intellektuellen darf er stets mit mildernden Umständen rechnen, weil er seine Frevel unter der Gloriole der dialektischen Vernunft begeht, die auf ewig als eine Tochter der Revolution von 1789 mit Gefühlen des Nationalstolzes betrachtet werden wird. Ihr zu vergeben ist süß. Noch immer und bis in Sartres jüngstes Werk, seine »Kritik der dialektischen Vernunft« (Critique de la raison dialectique), plädiert der französische Geist und plädiert sein repräsentativster Philosoph dafür, dem Marxismus das volle Gewicht der Verantwortung vorerst nicht aufzuhalsen, weil er eben noch immer ein Kind sei. Mögen sich in seiner Theorie heute Verkalkungssymptome zeigen: »dieser Sklerose entspricht kein normaler Alterungsprozeß«, so schreibt Sartre im ersten Kapitel seiner »Kritik«; »der Marxismus ist weit von einer Erschöpfung entfernt *(loin d'être épuisé)*, der Marxismus ist ganz jung, fast noch im Kindesalter (*presque en enfance)*« und hat »kaum angefangen, sich zu entfalten *(c'est à peine s'il a commencé de se développer)*«.

An die dialektischen Jongleurkünste, die der »rote Sartre« aufbieten mußte, um nach dem Blutbad von Budapest sein Sympathisieren mit dem Kommunismus philosophisch zu begründen und gleichzeitig die sowjetische Panzeraktion gegen die ungarischen Arbeiter als ein Verbrechen zu brandmarken, sei nur nebenher erinnert. In dem berühmten Interview, das Sartre im November 1956 dem Pariser »L'Express« gegeben hat, trat das Changierende seiner Haltung vor der Welt ans Licht und führte zu weltweiter Kritik. Sartre verurteilte und verabscheute die sowjetischen Frevel. Er unterzeichnete Proteste an die sowjetische Regierung. Aber er beharrte darauf: die Freiheit der Arbeiterklasse sei nur mit Hilfe der kommunistischen Partei zu erobern. Er sagte: »Es ist nicht möglich und wird nie möglich sein, mit den Männern, die heute an der Spitze der französischen kommunistischen Partei stehen, wieder in Verbindung zu treten. Jeder ihrer Sätze, jede ihrer Gesten ist das Ergebnis von dreißig Jahren der Lüge und Verkalkung.« Aber er sagte zur Enttäuschung vieler seiner Freunde am selben Tage auch dies: »Ich stehe nicht in Widerspruch zu den aufrichtigen und ehrlichen Männern der Linken, selbst nicht zu denen, die weiterhin in den Reihen der kommunistischen Partei bleiben. Ich erkläre mich solidarisch mit ihnen.«

Der Essay »Materialismus und Revolution« (Matérialisme et révolution) entstand zehn Jahre vor der Budapester Katastrophe. Er erschien im Erstabdruck 1946 in den Juni- und Juliheften von »Les Temps modernes« und ist geeignet, die Doppeldeutigkeit in Sartres Verhalten damals und jetzt besser zu verstehen. Die Intelligentsia des Café Flore und die Freunde des jungen Existentialismus außerhalb Frankreichs begrüßten den Essay als brillant geführte philosophische Operation zur Trennung des Existentialismus vom Kommunismus als einer philosophischen Doktrin. Sartre, dessen Ruhm in seiner Philosophie der Freiheit und nicht in seiner Mitarbeiterfunktion bei den kommunistischen Wochenblättern (Lettres françaises und Action) bestand, wies mit dieser Schrift endlich wieder auf seinen denkerischen Ausgangsort zurück, der ja die Existenzphilosophie, nicht die marxistische Gesellschaftslehre war. Sartre hatte Kierkegaard vor Marx und diesen etwa gleichzeitig mit Heidegger kennengelernt, und hier merkte man es wieder. Der Essay sprach vom Einzelnen, der durch den revolutionären Akt eine freie Entscheidung fällte, während er den Heilsversprechen der marxistischen Lehre keinen Glauben schenkte. Er fuhr dem Wissenschaftskoloß des historischen Materialismus unter die Hüllen und bewies seinen metaphysischen Charakter. »Ich erkenne jetzt, daß der Materialismus eine als Positivismus getarnte Metaphysik ist, aber eine Metaphysik, die sich selbst zerstört, denn dadurch, daß sie die Metaphysik grundsätzlich untergräbt, beraubt sie sich jeder Grundlage für ihre eigenen Behauptungen.«

Der Essay verwirft den Kommunismus als Lehre, aber rechtfertigt den Revolutionär mit Linkstendenz — das ist selbstverständlich — als existentialistischen Typus. Der Revolutionär, sagt Sartre, brauche den Mythos des Materialismus nicht. Was er brauche, sei vielmehr eine philosophische Theorie, »die zeigt, daß die Wirklichkeit des Menschen Handeln ist und daß das Handeln in der Welt eins ist mit der Erkenntnis dieser Welt, so wie sie ist, mit anderen Worten: daß das Handeln *zugleich* Enthüllung der Wirklichkeit und Veränderung dieser Wirklichkeit ist«.

Diese Theorie für den aktiven Revolutionär bietet sich ihm in idealer Form im atheistischen Existentialismus dar. In Sartres Lehre also findet der Revolutionär, falls er einer Philosophie überhaupt bedürftig sein sollte, alles, was er nötig hat und was ihm den altersschwachen Mythos des historischen Materialismus nun ganz entbehrlich macht. Aus den Fundamentalsätzen seiner Philosophie: daß das menschliche Dasein zufällig und die Welt absurd sei, leitet Sartre die Generalrechtfertigung für den revolutionären Akt her und stellt fest, daß »jede von Menschen errichtete kollektive Ordnung zugunsten anderer Ordnungen überwunden werden kann«. Und gerade das, diese einzigartige Fähigkeit des Menschen, seine aktuelle Lage zu erfassen und sich dann von ihr zu lösen, um eine neue zu gewinnen – eben dieser wesensmäßige Hang nach Lageveränderung sei »das, was man Freiheit nennt«. Das ist wichtig. Damit gewinnt die immer etwas abstrakte Beschreibung der freien Bewegung der Existenz Fleisch und Blut. Wir können nicht mehr zweifeln, daß mit dem Satz: »Tätig sein heißt, das Antlitz der Welt verändern«, im Grund die revolutionäre Tat gemeint war. Der revolutionäre Akt ist der freie Akt par excellence.

An dieser Stelle hatten die konsequenten Existentialisten aus dem alten Café Flore Ursache, sich vielsagend anzusehen. Was bedeutete denn das? Die grenzenlose Freiheit der Existenz, die als Freiheit um ihrer selbst willen definiert worden war und den Menschen in einen herrlichen schwindelerregenden Rausch der Selbstgewißheit versetzt hatte, wurde auf einmal zu etwas Spezifischem herunterdefiniert; es war anscheinend alles nur Freiheit innerhalb des politischen Raums, der Geschichte, der Gesellschaft, des Systems, aus dem einst Kierkegaard den Einzelnen herausgeführt hatte in die »Existenz«. Sie fragten sich, wohin denn soll der revolutionäre Akt den Revolutionär schließlich führen? Und sie fanden die Antwort alsbald. Es war noch beengender als man vermuten durfte. Es war die Wiederkehr des Hegelianismus. Das Wachstum der Freiheit war nichts anderes als die Geschichte selbst, ja es war noch spezieller gefaßt: es war der Sozialismus. »Der Revolutionär fordert die Möglichkeit für den Menschen, sein eigenes Gesetz zu finden. Das ist die Grundlage seines Humanismus und seines Sozialismus. Er denkt nicht in seinem Innern . . . , daß der Sozialismus an einer Ecke der Geschichte auf ihn warte. . . Er denkt, daß er den Sozialismus *schafft* . . . Und in diesem Sinne ist das mühsame, langsame Vordringen des Sozialismus nichts anderes als die Bestätigung der menschlichen Freiheit, in der Geschichte und durch die Geschichte.« Die Revolution also war der Fortschritt, beide waren identisch. Der atheistische Existentialismus empfahl sich als die Philosophie dieses Fortschritts, und alles bewegte sich in die allgemeine Richtung »einer sozialistischen Republik«, und wiewohl alles in dieser Welt zufällig und letztlich absurd sein sollte – diese mühsam und langsam zu erreichende Republik schien einen Sinn zu haben. Was blieb noch übrig von dem wilden Titanentrotz seiner Anfänge im Medium kierkegaardscher Freiheit, wenn dieser Denker jetzt seine Freiheitsphilosophie dem

Lauf der Dinge unterwarf? Es blieb die Geschichte, es blieb das »mühsame, langsame Vordringen des Sozialismus« als Bestätigung der menschlichen Freiheit. Der freie Akt des Existierenden schrumpfte zum politisch zielgerichteten Tun im Dienste einer neuen Gesellschaftsordnung. Man begriff bei der Lektüre dieses Essays, in welchem Sinne der Einzelne durch seine Tat die ganze Menschheit binden könne, wie es im Humanismusaufsatz verkündet worden war: er, der revolutionäre Akteur, konnte Gesetzgeber nur im Sinne einer sozialistisch-kommunistischen Gesellschaftsordnung sein. War nicht etwas Schreckliches geschehn, das die Geister schied? Gott, das Jenseits, die Transzendenz waren erledigt. Schön. Aber nun, nachdem der Himmel eingedrückt war, schlug diese Philosophie statt seiner eine unerbittliche Geschichtsmetaphysik über der Erde auf, die alles Geschehende rechtfertigte, wo es nur im Geist der Revolution geschah, selbst den Terror und den Massenmord. Die Trinität des christlichen Himmels war gestürzt. An ihrer Stelle thronte die Trinität des dialektischen Marxismus: Kapitalismus – Diktatur des Proletariats – Klassenlose Gesellschaft und gleiches Glück für alle. Was jetzt, im zweiten Akt der Dialektik, an Blut und Tränen in Kauf genommen werden mußte, all dieses »mühsame, langsame Vordringen des Sozialismus«, war nur die Vorbereitungsqual auf das klassenlose Paradies.

Die Geister schieden sich. Freundschaften gingen auseinander, Redaktionen wechselten die Chefs. Der Bruch zwischen Albert Camus und Jean-Paul Sartre im Jahre 1952 kam über der Frage nach dem Sinn der Revolution zustande. In seinem Essay »Der Mensch in der Revolte« hatte Camus den Nachweis geführt, daß wir in einer Ära des Nihilismus leben, dessen logische Konsequenzen Krieg, Massenvernichtung und Unterdrückung sind; den Nachweis, daß die Revolte, wenn sie bis an die Grenzen durchphilosophiert und durchpraktiziert wird, gerade die Negation der Freiheit hervorbringt, für deren Sieg auf Erden sie einst ausgezogen war. Camus' fundamentaler Essay wurde in Frankreich und andern Teilen der freien Welt mit Beifall aufgenommen. Der Widerspruch kam von seiten der »Temps modernes«, der Zeitschrift Sartres. Sartre bezeichnete die Kritik, die Camus an Marxismus und Stalinismus übte, als »objektiv reaktionär«. Von diesem Moment an gingen die Wege der beiden, die jahrelang parallel gelaufen waren, auseinander. Für die politische Linke blieb Camus seitdem – ein Reaktionär.

Lesern, die einen souveränen Blick über diese Problemlage gewinnen möchten, sei die Lektüre des Essays »Der Mensch in der Revolte« von

NACHWEISE

Die Standardliteratur des Existentialismus setze ich als bekannt voraus. Die Schriften Jean-Paul Sartres, soweit ins Deutsche übersetzt, erschienen sämtlich im Verlag Ernst Rowohlt, Reinbek bei Hamburg. Sartres »Critique de la raison dialectique« ist noch nicht ins Deutsche übersetzt; sie erschien in Paris bei Gallimard, 1960. Zur weiteren Beschäftigung mit den Problemen der hier vereinten drei Essays empfehle ich:

Jean Kanapa: Der Existentialismus ist kein Humanismus. Paris, 1947

Helmut Kuhn: Begegnung mit dem Nichts. Ein Versuch über die Existenzphilosophie. Tübingen, 1950

Gerhard Kränzlin: Existenzphilosophie und Panhumanismus. Schlehdorf, 1960

Majorie Grene: Dreadful Freedom. A Critique of Existentialism. The University Press, Chicago, 1948

Paul Tillich: Der Mut zum Sein. Stuttgart, 1958

Simone de Beauvoir: L'Existentialisme et la Sagesse des Nations. Paris, 1948
Die Mandarins von Paris. Roman. Rowohlt Verlag, Hamburg, 1955/1957

M. Merleau-Ponty: Humanisme et terreur. Paris, 1947
Les aventures de la dialectique. Paris, 1955

Walter Heist: Die Wandlungen des Jean-Paul Sartre. In: Frankfurter Hefte, 12. Jhg., Heft 4. Frankfurt am Main 1957

P. Foulquie: Der Existentialismus. Hamburg o. J. (1960)